A CAMINHO DA FORTALEZA

Saiba O Verdadeiro Caminho Para
Conquistar Todos Os Seus Objetivos De Vida

Preparo de originais: Gabrielle Antunes
Revisão: Jumara Oliveira
Diagramação: Cintia Rodrigues
Capa: Melissa Matos

Catalogação na publicação
Elaborada por Bibliotecária Janaina Ramos – CRB-8/9166

L437c

Leandro, Odair José

A caminho da Fortaleza - Saiba o verdadeiro caminho para conquistar todos os seus objetivos de vida / Odair José Leandro. – Rio de Janeiro: Ases da Literatura, 2023.

404 p.; 14 X 21 cm

ISBN 978-65-54283-05-2

1. Autorrealização. 2. Psicologia positiva. I. Leandro, Odair José. II. Título.

CDD 150.198

Índice para catálogo sistemático

I. Autorrealização : Psicologia positiva

ODAIR JOSÉ LEANDRO

A CAMINHO DA FORTALEZA

Saiba O Verdadeiro Caminho Para
Conquistar Todos Os Seus Objetivos De Vida

NOVOS ASES

Este livro foi todo escrito durante o período de pandemia da Covid-19, portanto, dedico esta obra a todas as pessoas que perderam suas vidas nessa batalha. Que este conteúdo possa acrescentar de alguma forma à vida daqueles que sobreviveram e/ou que choraram pelos seus entes queridos.

Agradeço a Deus por me dar permissão, a minha família por me dar inspiração e aos meus Pais por me apresentarem, desde cedo, o trabalho, a disciplina e a autorresponsabilidade.

“A PERSISTÊNCIA É O CAMINHO DO ÊXITO.”

EQUAÇÃO DA PROSPERIDADE

PROSPERIDADE = FORTALEZA

FORTALEZA =

Mentalidade + Capacidade + Gerenciamento

Tal que:

Mentalidade =

(Consciência + Fé + Gratidão + Autopercepção)

Capacidade =

(Disciplina + Humildade + Força + Determinação)

Gerenciamento =

(Planejamento + Execução + Foco + Equilíbrio)

Logo:

FORTALEZA =

(Consciência + Fé + Gratidão + Autopercepção)

Mente Inabalável ①

\+ (Disciplina + Humildade + Força + Determinação)

Força Indomável ②

\+ (Planejamento + Execução + Foco + Equilíbrio)

Sabedoria de Vida ③

①+②+③ = PROSPERIDADE

SUMÁRIO

INTRODUÇÃO

Você vive sob uma realidade onde tudo parece dar errado, onde todos os planos pautados não se desenvolvem a ponto de não se tornarem sucessíveis?

Você percebe que toda vez que você dá um passo à frente em algum projeto da sua vida, surgem diversos imprevistos que o empurram para trás em uma proporção tripla ao avanço anterior?

As suas frustrações recorrentes só fazem somar com um momento atual difícil e turbulento, que juntos são capazes de exterminar os seus sorrisos, a sua motivação e a devida esperança para conseguir sair desse túnel escuro que mais parece um buraco negro no meio do universo?

Você já se dá conta de que não há mais sonhos ou metas existentes na sua vida, e que está simplesmente levando-a de forma passiva, hibernado, como um simples objeto jogado ao mar?

Você já está se convencendo de que é uma pessoa incapaz de conquistar quaisquer de seus objetivos de vida, que por algum motivo não mereça a felicidade, já que nada na sua vida progride, como relacionamentos, trabalho ou situação financeira?

Você acredita mesmo que uma vida repleta de prosperidade é uma condição que foge totalmente da sua realidade, sobretudo das suas projeções futuras? Você acha mesmo que o seu destino é simplesmente trabalhar igual a um cavalo somente para manter-se vivo e consequentemente infeliz?

Será mesmo que essas conclusões são realmente vitalícias a ponto de não haver mais a possibilidade de reversão?

Essas perguntas podem estar martelando constantemente na sua cabeça e isso acaba criando outras diversas barreiras que o impedem de progredir. Sobretudo, os cega a ponto de impedi-lo de visualizar uma vida incrível e feliz lhe aguardando do outro lado do muro.

No terreno ao lado, existe um cenário de vida completamente diferente desse que está desenhado ou enraizado na sua cabeça. Por mais que a sua vida pareça estar totalmente destruída ou ao menos paralisada, tudo pode ser drasticamente revertido em virtude da sua FORTALEZA, que nada mais é do que um conjunto de habilidades físicas e mentais com as quais resultarão na grandeza da sua força e na magnitude da sua capacidade de conquistar o que bem entender.

Tudo o que você almeja na vida: a casa ou o carro dos sonhos; a construção de uma família harmoniosa e feliz; o sucesso na carreira profissional ou ao menos encontrar um trabalho que lhe proporcione mais prazer e satisfação; uma vida onde o dinheiro não é de fato um problema, mas sim o causador principal da sua liberdade; uma rotina repleta de bons hábitos que lhe proporcione mais saúde, paz, tranquilidade e qualidade de vida; enfim... todas essas conquistas, todas essas realizações, acredite, já pertencem a você. Toda essa prosperidade já está registrada em seu nome no cartório de registro de propósitos e conexos. O problema é que você ainda não está suficientemente DESPERTO para se certificar de que essas afirmações são de fato verdadeiras, como também não tem a mínima noção do que fazer para ter acesso a todas essas benfeitorias.

E não pense que essas palavras servirão apenas como uma simples estratégia da minha parte para tentar motivá-lo ou continuar essa leitura, já que a motivação, por mais que seja necessário possuí-la em momentos de luta, ela não passa apenas de um sentimento enérgico e estimulante. Não será ela que fará a diferença na sua vida, mas sim toda a sua capacidade mental e física nas quais serão extraídas através do processo de DESPERTAMENTO E TRANSFORMAÇÃO que aqui serão apresentadas.

A verdade, é que existe um caminho que o levará ao encontro de todos os seus objetivos de vida, ao encontro da sua PROSPERIDADE, e você descobrirá a direção correta que deve seguir depois de ler todo o conteúdo aqui contido.

Na estrada que lhe pertence haverá muitos obstáculos que deverão ser superados, haverá também muitas distrações que o tentarão a sair do caminho correto, mas, toda vez que você der um passo à frente no caminho da sua FORTALEZA, a sua capacidade para manter-se firme e forte na luta aumentará, e as suas conquistas começarão a surgir de forma natural e constante.

Muitas pessoas que já se tornaram vencedoras nesse mundão afora venceram todas as etapas do processo de fortalecimento e assim foram ao encontro da sua PROSPERIDADE. Tudo o que eles desejaram, conquistaram, mesmo que alguns deles não fizessem ideia por onde estavam trafegando.

O ex-futebolista Wendell Silva Lira, mais conhecido como Wendell Lira, é um brasileiro nascido em Goiânia que dedicou sua vida ao futebol atuando como atacante. Wendell começou sua carreira futebolística em 1999, na escolinha da Ovel, destacando-se nas categorias de base do Araguaína Futebol Clube. Em 2002, chegou na base do Goiás, clube pelo qual se profissionalizou em fevereiro de 2006.

No segundo semestre do mesmo ano, Wendell foi um dos destaques da Seleção Brasileira sub-20 que disputou a Copa Sendai realizada no Japão. Ao retornar ao Goiás, fez um excelente Campeonato Brasileiro sub-20, sendo eleito a revelação e terminando como artilheiro da competição com sete gols. Com isso, chamou atenção de vários clubes do Brasil e do mundo.

Enquanto o time principal do Goiás disputava a Libertadores, Wendell já mostrava talento em equipe alternativa montada para disputar o estadual. Ao final daquele ano, o Milan apresentou uma proposta de R$ 6 milhões ao Goiás, que recusou a oferta.

Na temporada seguinte, porém, o drama de Wendell começou. Ele teve a primeira de duas sérias lesões no joelho e ficou 10 meses fora dos gramados. O retorno foi muito difícil. Ele não conseguiu pegar ritmo de jogo porque sofreu com as lesões.

Em 2010, foi emprestado ao Fortaleza pouco antes de sofrer novo baque. Rompeu novamente os ligamentos do joelho e perdeu praticamente toda a temporada.

Com a carreira em decadência, o atacante rodou por clubes de pouca expressão no cenário nacional, conviveu com lesões que quase o fizeram abandonar a profissão, chegando inclusive a trabalhar na lanchonete da Mãe para conseguir o sustento da família.

No início de 2015, Wendell disputou o campeonato goiano pelo Goianésia, e o que parecia uma retomada se resultou em mais uma frustação. Ao terminar a competição, Wendell foi novamente dispensado, o que ocasionou o jogador ficar desempregado por mais um período de 6 meses.

Em novembro daquele ano, sem nenhum real no bolso e vivendo através da ajuda dos familiares, Wendell recebeu um convite para jogar um "terrão" (uma partida de futebol amador) por um valor de R$ 150,00 e mais uma ajuda de custo para pagar o combustível da viagem. E aquele episódio mexeu muito com Wendell, apesar daquele dinheiro vir em boa hora, o jogador percebeu de fato a realidade que estava vivendo. Um jogador que já tinha passagens pela seleção Brasileira e com proposta milionária de um grande clube Europeu, estava sendo convidado para jogar uma partida de futebol amador por um valor de R$ 150,00 ainda com 27 anos de idade, realmente não se tratava de vaidade, mas sim de realidade.

Wendel conta que naquele dia passou um filme na sua cabeça e todas aquelas humilhações o fizeram chegar em uma conclusão: no trajeto desta viagem me jogarei em frente a uma carreta e darei ponto final em tudo isso. Wendell entregou os R$ 150,00, que recebera adiantado, a sua esposa, se despediu dela e de sua filha de 5 meses e partiu em viagem. Wendell conta que fez o trajeto em alta velocidade e chorando muito, mas felizmente não teve coragem de fazer o que estava planejando, pelo menos não naquele momento.

Assim que retornou a casa depois de realizar a partida, Wendell recebeu uma ligação de sua Mãe dizendo o seguinte:

– Filho, a sua Tia, ao fazer uma oração, teve uma visão e enxergou você embaixo de um caminhão.

Sua Mãe completou:

– Sua Tia disse que Deus falava com você e dizia o seguinte: meu filho, chegou a hora de te levantar, você passou por muitas dificuldades e chegou ao seu limite, mas agora Eu te colocarei entre os grandes.

A partir daquele momento, Wendell se sentiu mais fortalecido e deletou dos seus pensamentos todas aquelas atrocidades as quais poderiam literalmente lhe destruir.

No dia seguinte, já mais tranquilo, Wendell saiu do treino de fortalecimento e passou na casa da sua Mãe para cumprimentá-la quando, de repente, começou a receber várias ligações em seu celular de diversas regiões diferentes. Ele até achou que fosse o Banco entrando em contato para tomar o seu "Pejôzinho" que estava com várias parcelas em atraso.

Na verdade, Wendell estava sendo avisado de que o gol que ele havia feito 7 meses atrás, na disputa do Campeonato Goiano, fora indicado a concorrer ao prêmio Puskas *(O Prêmio FIFA Ferenc Puskás foi criado em 20 de outubro de 2009 pela FIFA (Federation Internationale de Football Association), pelo presidente Joseph Blatter, a fim de premiar o jogador(a) que marcar o gol mais bonito do ano)*, e que ele estava disputando o prêmio com os craques Lionel Messi e Carlito Tevez, que na época jogavam pelo Barcelona da Espanha e Juventus da Itália, respectivamente.

Ao saber da notícia, Wendell e sua Mãe se abraçaram e deram pulos de alegria, mesmo que ainda não tivessem ideia da real dimensão do que estava acontecendo ou do que estava por vir.

E olha como é a vida. Poucos dias após tentar tirar a sua própria vida, Wendell estava se apresentando em um evento internacional, vestido de terno smoking e gravata borboleta, acompanhado das maiores celebridades do futebol mundial e sendo visto e reconhecido pelo mundo todo. Era simplesmente magnífico.

Em resumo, Wendell ganhou o prêmio pelo gol mais bonito do mundo da temporada 2015/2016 que ficou com mais de 300 mil votos em vantagem do segundo colocado (o argentino Lionel Messi), e a sua vida e a vida da sua família mudaram completamente dali para frente, tanto financeiramente como no crescimento de suas próprias FORTALEZAS.

A história de vida de Wendell Lira é realmente inspiradora, nos faz acreditar que *tudo podemos naquele que nos fortalece,* pois mesmo que a situação pareça irreversível, tudo é possível para Deus. Mas bem sabemos que a vida é capaz de nos desafiar em proporções ainda maiores, principalmente quando vivenciamos perdas de pessoas importantes em nossas vidas.

O comediante Danilo Gentili (Danilo Gentili Júnior) passou por uma fase extremamente conturbada no final da sua adolescência. Aos 18 anos de idade, Danilo perdeu o seu Pai (Danilo Gentili), que morrera em seus braços vítima de um infarto fulminante.

Menos de seis meses depois, sua irmã, Karina Gentili, faleceu vítima de um acidente de carro. Karina estava a caminho do primeiro dia de trabalho acompanhada de mais 4 pessoas, o carro capotou e só ela faleceu. Este emprego ajudaria muito a família

Gentili financeiramente, já que eles ainda recolhiam os cacos da perda do chefe da família.

Uma semana após a morte da irmã, Danilo foi socorrer um amigo que estava doente e passando mal. No caminho do hospital, houve um apagão, uma queda de energia generalizada que impactou todo o País. Com isso, eles foram obrigados a parar o veículo. Naquele momento, um bandido sacou uma arma e os roubou, levando o carro de Danilo, a única herança material que o seu Pai havia deixado.

Ao voltar para casa, depois de horas caminhando a pé, ele foi imediatamente avisado por sua Mãe (Guiomar Pereira do Nascimento), que aquela queda de energia resultou na queima de todos os aparelhos eletrônicos da sua casa, todos, sem nenhuma exceção, algo realmente inexplicável.

Em poucos meses quase tudo foi destruído na família Gentili. A realidade que eles viviam pouco tempo atrás já não existia mais, o Pai, a Irmã, alguns bens materiais que, obviamente, de tudo era o menos importante, a família completa e feliz, tudo isso, num estalar dedos, foi extinto. De fato, o mundo estava desabando sobre as cabeças das duas únicas pessoas que restaram na família Gentili, Danilo e sua Mãe Guiomar.

No entanto, ainda restava um bem muito precioso no coração da Mãe e do Filho, a fé. A fé de que juntos eles superariam todas aquelas dificuldades, que independente da grandeza dos obstáculos, Deus estava com eles, porque *em tudo dai graças*, e foi com este pensamento que os dois seguiram em frente.

Danilo, juntamente com a sua Mãe Guiomar, não só superaram a fase ruim, como de fato deram a volta por cima. Contudo, no intervalo entre o fundo do poço e as conquistas pessoais e profissionais, Danilo teve que superar a oferenda do pão amassado e ao mesmo tempo trabalhou com afinco na plantação das sementes que carregara desde criança: a fé, a determinação e a perseverança. A sua colheita, é claro, foi justamente em função e proporcional ao trabalho árduo e da sabedoria de vida extraída das suas dificuldades que, como bem vimos, não foram poucas.

Hoje, Danilo Gentili é comediante, apresentador, escritor, cartunista, repórter, publicitário, ator e empresário, também é dono de um dos programas de *talk show* mais assistido e premiado no Brasil e no mundo, tem uma vida financeira altamente satisfatória e leva a vida espalhando sorrisos, alegrias e admiração por onde passa (menos no congresso nacional...kkk)

Agora, depois de conhecer mais a fundo essas duas histórias de vida, eu te pergunto:

Você acha que o ex-futebolista Wendell Lira conseguiu dar a volta por cima somente porque foi condecorado com a benção de Deus?

Você acha que se o comediante Danilo Gentili e a sua Mãe Guiomar tivessem se revoltado com tudo e com todos por conta das suas dificuldades, eles tinham chegado aonde chegaram?

Você acha que os dois protagonistas dessas duas histórias de vida colheram os frutos sem ao menos ter plantado e cultivado as sementes da prosperidade e, ou que o sucesso é dependente somente de um fator especial para atingi-lo?

Lembre-se, Silvio Santos, em sua adolescência, vendia canetas em praça pública para sobreviver. Com muito trabalho e outras coisas mais, Silvio transformou a sua realidade de camelô para banqueiro e dono de televisão.

O chinês Jack Ma, dono da *Alibaba Group,* foi rejeitado mais de 20 vezes em entrevistas de emprego. Tentou entrar em Harvard dez vezes e em todas foi rejeitado. Tentou uma vaga na Polícia, mas não o quiseram, e ainda foi tratado como louco por algumas pessoas. Atualmente, Jack Ma possui um grupo empresarial bilionário, é considerado um dos homens mais ricos da China e já esteve por muito tempo entre as 20 pessoas mais ricas e influentes de todo mundo.

A grande questão aqui não é necessariamente se tornar uma pessoa bilionária ou mundialmente conhecida, embora nada o impeça disso. A principal lição é mostrar que você tem a total capacidade de sair de uma situação na qual a sua consciência intitula como insatisfatória, para uma outra onde a satisfação e a felicidade tomam conta da sua vida em todos os sentidos. Até porque, os objetivos de vida das pessoas e o modo de agir e de pensar de cada uma delas, são únicos, como também, relativos. Você pode muito bem ser uma pessoa bilionária e infeliz ao mesmo tempo, como também conquistar a felicidade e a prosperidade possuindo uma vida simples e modesta.

A riqueza, na verdade, é um estado, e não uma condição. Se determinadas conquistas o farão feliz, vá em busca delas com o devido apetite, independente se elas forem conquistas materiais ou sentimentais. O importante é descobrir o que realmente importa na sua vida e obtê-las.

Neste livro, eu falarei sobre os principais assuntos que incorporam todas as habilidades necessárias para que você possa trafegar no caminho da sua FORTALEZA. Também relatarei as principais experiências que passei na minha vida e que estão diretamente relacionadas ao tema principal deste livro, assim extrairemos o máximo de conhecimento possível sobre este universo de realizações e conquistas.

Além disso, criarei um passo a passo para que você realmente enxergue a distância entre você e seus objetivos de vida e, juntos, montaremos um planejamento de vida modelo para que você também tenha condições de se planejar corretamente e assim transformar os seus sonhos em realidade.

Tenho certeza que após usufruir de todo o conteúdo aqui exposto e decidir seguir à risca O CAMINHO DA FORTALEZA, a sua vida mudará radicalmente. Você se tornará um soldado tão capaz que não haverá batalha alguma que você não possa vencer. As suas vitórias serão tão grandiosas que até você se espantará com tamanha abundância. Acredite, a sua capacidade é gigantesca, você só precisa aprender a manusear as suas ferramentas comportamentais e seguir na direção correta, na estrada que lhe pertence.

De antemão, quero lhe agradecer imensamente por possuir de alguma forma este livro, que a minha energia de gratidão possa refletir positivamente em todo momento que estiver ouvindo os meus pensamentos através das palavras aqui escritas, e que o seu discernimento possa prevalecer permanentemente em toda e qualquer circunstância.

Tenha uma maravilhosa leitura e que Deus abençoe a sua caminhada. Que assim seja.

PARTE I:
DESPERTAMENTO

Despertar-se é ter o privilégio de se autodescobrir. É ampliar a quantidade de ângulos para o enxergar da própria vida. É definitivamente priorizar a percepção das coisas boas e parar de uma vez por todas a dar ênfase ao que vagarosamente te destrói.

Odair j.l.

CAPÍTULO UM

O PODER DA MENTE

Sob um olhar inocente de uma criança em frente a figura do seu super-herói favorito, é possível enxergar um balão imaginário sobre a sua cabeça descrevendo a sua pura e sincera inspiração acompanhada do seu grande desejo de possuir os mesmos superpoderes do seu grande ídolo de roupa colorida.

Contudo, como bem sabemos, todo aquele prognóstico provém de um mundo predominantemente imaginário, de uma utopia, de uma ficção. E por conta disso, a mentalidade inocente daquela criança vai vagarosamente se dissolvendo à medida que os anos se passam, até que toda aquela magia entra definitivamente em uma triste e lamentável extinção.

Por outro lado, quando efetivamente essa criaturazinha se torna uma pessoa adulta e, principalmente, quando ela adquire sabedoria através das suas experiências de vida, ela descobre que, na verdade, sempre existiu um grande poder dentro dela, uma arma extremamente poderosa capaz de derrotar qualquer tipo de adversário que queira enfrentá-la chamada O PODER DA MENTE.

Logo, a princípio, sempre que nos propusermos a falar sobre esta incrível genialidade humana, naturalmente e involuntariamente associamos a conversa a uma das mais importantes peças do corpo humano que é o nosso CÉREBRO. E rapidamente, de certa forma, até que esta ligação faz todo sentido, considerando que esta parte encefálica do nosso corpo pode ser de fato uma das mais poderosas ferramentas biológicas já vistas neste universo.

No entanto, ainda que esta relação possa parecer relativamente "semelhante", devo ressaltar que MENTE e CÉREBRO se trata de duas coisas relativamente ou completamente diferentes.

Tratando-se da ciência humana, o nosso CÉREBRO é responsável pela nossa capacidade de pensamento, movimento voluntário, linguagem, julgamento e percepção. É também responsável pelas nossas funções de movimento, equilíbrio e postura. Ou seja, o cérebro é o motor principal do nosso corpo, é ele quem comanda todas as nossas ações e movimentos literalmente falando.

Já em relação à MENTE, as interpretações vão um pouco além de uma simples tradução, conduzindo também a abordagem de outras inteligências presentes em nossa integridade mental.

O Doutor Psicanalista e autor do livro Hipnose Clínica, Lucas Naves, é referência internacional no ensino da Hipnose Clínica e especialista no assunto da neurociência. Em uma de suas diversas publicações, o Psicanalista explica minuciosamente as particularidades que diferem MENTE e CÉREBRO de uma maneira bem simples, abordando não somente esses dois aspectos como também outras capacidades essenciais para o nosso intelecto. As suas explicações seguem a seguinte linha de raciocínio no formato de exemplificação:

Imaginamos o nosso cérebro como se fosse um hardware de computador, ou seja, um disco rígido, uma máquina, uma estrutura física. Então, basicamente, os computadores, principalmente se tratando da mesma marca, são absolutamente iguais. Todavia, as programações neles existentes, isto é, os softwares instalados, podem ser diferentes.

Um computador pode conter um bom antivírus, outro pode não ter essa proteção e assim conter ameaças ao seu sistema. Um pode conter vários jogos em sua memória, outro está cheio de bugs e problemas operacionais. Ou seja, as programações se diferem.

De forma parecida, nós seres humanos também temos um CÉREBRO, de estrutura física, que pesa aproximadamente 1,30 kg a 1,50 kg, com cerca de 86 bilhões de neurônios, incluindo células da glia e sistema neuro vascular... então, ora, se temos um cérebro fisicamente igual ou semelhante, o que de fato nos diferencia?

Primeiramente, a nossa MENTE, é nela onde estão as nossas programações: as nossas crenças, as nossas experiências, as nossas emoções, os nossos medos, os nossos hábitos... por isso, por exemplo, as programações que rodam no cérebro do Elon Musk não são as mesmas que rodam no cérebro de um cidadão comum. A mente de um esportista não é a mesma de uma pessoa que não é esportista. A mente de um médico, de um engenheiro, de um pintor, de um terapeuta, enfim, e isso não só por conta do que elas fazem, mas das experiências que elas tiveram.

Logo, então, o CÉREBRO é uma estrutura física, ele não é a MENTE, mas ele precisa dela, ele precisa das suas "programações".

A boa notícia é que essa mente pode sim ser reprogramada, haja vista que podemos alterar crenças, hábitos, emoções e tantas outras coisas mais através, principalmente, das experiências de vida.

Por outro lado, existe o SUBCONSCIENTE. O subconsciente é uma parte da mente que engloba todas as nossas programações, ou seja, as nossas crenças, os nossos hábitos, as nossas emoções... estão dentro do subconsciente, o subconsciente está dentro da mente e a mente está dentro do cérebro.

Exemplificando, o subconsciente é como o Windows do computador, isto é, um sistema operacional que está dentro da nossa mente e que é capaz de gerenciar as nossas programações. Então, o cérebro é a máquina, a mente os softwares, e o subconsciente o sistema que organiza as programações que serão operadas.

Além disso, existe também a CONSCIÊNCIA. A consciência é o que dá vida ao nosso corpo, pois uma máquina não consegue ser autogerenciável, ela precisa de um programador. Um carro que anda sozinho só se dá ao fato porque antes ele foi programado por alguém, isto é, existiu um programador. Assim figura a nossa CONSCIÊNCIA, é quem de fato determina as nossas ações em função das nossas programações, que são tudo o que nos "autoinstalamos" no decorrer de nossas vidas.

Nesse ínterim, o Psicanalista defende que o grande equívoco das pessoas está em acreditar que elas são as suas memórias, que elas são as experiências que elas viveram. Mas há estudos e mais estudos mostrando que toda memória é falsa, como bem dito no documentário "Hackers da Memória".

A nossa memória é editável, alterável e manipulável, tanto que tem pessoas que vivenciaram o mesmo evento, o mesmo "trauma", e cada um tem uma visão diferente do que aconteceu. A nossa memória é apenas o que restou dela, é a interpretação da memória, ou seja, é a história que eu conto da própria história para mim mesmo, e isso é facilmente reprogramável.

Então, a CONSCIÊNCIA, como se trata do ofício da programação, pode sim variar de programador para programador, uma vez que as percepções das pessoas se divergem com uma certa facilidade praticamente sobre todas as coisas.

Assim, podemos chegar na simples conclusão de que o PODER DA MENTE, que engloba todo este conjunto de inteligências e que estão todas elas inseridas dentro de uma máquina chamada CÉREBRO, carrega consigo uma grande capacidade de TRANSFORMAÇÃO, pois é justamente ela quem define as suas escolhas, as suas percepções, a forma como enfrenta as suas dificuldades, como lida com as diferenças em sociedade, enfim, é de fato o grande responsável por traçar praticamente todas as rotas da sua vida.

Quer ver um exemplo? Experimente agora, neste exato momento, fazer uma breve reflexão consigo. Busque em sua memória uma quantidade razoável de pessoas que fizeram parte do seu ciclo de amizade desde a sua infância, de forma superficial. Inclua nessa conta os seus amigos de colégio, amigos de vizinhança, amigos de trabalho, amigos de faculdade, enfim, separe através dos seus pensamentos um pequeno conjunto de pessoas que de alguma forma participaram do seu convívio nas principais etapas da sua vida.

Perceba agora que todas essas pessoas que você acabou de trazer na sua mente em formato de boas lembranças, obtiveram rumos na vida relativamente ou completamente dissemelhantes. Entre elas poderá supostamente existir um empresário bem-sucedido, um empresário falido, um missionário, um mendigo, um policial, um presidiário, um trabalhador, um desocupado, uma pessoa que se considera feliz e realizada, e outra que se intitula fracassada, enfim, pessoas com um modo de viver totalmente diferente uma das outras.

Agora pare e pense, independentemente de qual seja a etapa da sua vida, você compreende que muitas dessas pessoas em algum momento da vida estavam relativamente no mesmo ponto de partida que você?

Que de certa forma não existia uma grande diferença de condições e oportunidades, já que estamos considerando o mesmo campo de batalha, os mesmos armamentos, as mesmas vestimentas e os mesmos adversários? Logo, bem sabemos que posteriormente todos redesenharam cenários de vida completamente diversificados, ocasionando, obviamente, vidas sociais, profissionais e financeiras totalmente alternadas.

Ora, se todos tinham a mesma ou próxima capacidade de trilhar caminhos futuros igualitários e acabaram posteriormente obtendo rumos relativamente diferentes, qual seria a causa principal dessas oscilações? Justamente, a meu ver, O PODER DA MENTE de cada envolvido.

As suas programações, as suas experiências, os seus hábitos, a forma de agir, de pensar, de tomar decisões, a forma de enxergar a vida, de encarar as dificuldades, de lidar com os privilégios recebidos aos quais outros não tiveram acesso, de acreditar em seus sonhos e, principalmente, de não se deixar dominado por traumas ou problemas operacionais passados. Todo este conjunto de fatores levaram a essas radicais alternâncias nos cenários de vida dessas pessoas.

Por outro lado, esta breve conformidade nos traz à tona uma outra questão extremamente relevante quando se trata de programações da mente, estou me referindo aos populares PARADIGMAS.

Paradigma, segundo o dicionário, significa modelo ou padrão, corresponde a algo que servirá de modelo a ser seguido, como regras ou leis fundamentais. Ou seja, é algo que você faz, em função do que outras pessoas esperam que você faça.

A título de exemplo, um pai e uma mãe educam o seu filho, quando criança, lhe transmitindo a seguinte mensagem: *"Filho, você só será alguém na vida se você estudar e se formar na faculdade, do contrário você passará fome."* Logo, esse filho pendurará essa mensagem em seu pescoço e carregará por onde for, condicionando-o, então, a se programar durante a vida para o cumprimento da tal "missão". Ou seja, os pais transmitiram uma mensagem padrão, que provavelmente trouxeram de outras gerações e que certamente influenciará no futuro do seu filho.

Inclusive, sobre este tema, é possível e necessário destacar também que tudo na vida, assim como este clássico exemplo de paradigma, é estritamente subjetivo. Pois o que é bom ou ruim para a vida das pessoas se alterna facilmente diante de bilhões de percepções diferentes. Além do mais, eu penso também que a grande maioria dos paradigmas existentes em sociedade, se não forem inverídicos, são no mínimo, indevidos.

Se olharmos para o lado negativo deste caso análogo, o filho provavelmente ingressará na faculdade o mais cedo possível, sem nenhuma experiência de vida ou entendimento de qual área profissional seguir; doará pelo menos 5 anos da sua vida por algo que ele descobre no meio do caminho que não traz nenhum sentido a ela; e mesmo que ele insista no caminho que lhe foi conduzido, ele será mais um, como a grande maioria das pessoas que estão em seus postos de trabalho, insatisfeitas, desmotivadas e, sobretudo, incapacitadas, já que a tal insatisfação jamais o permitirá chegar na melhor versão de si mesmo.

A principal mensagem aqui não é exatamente o fato, tampouco se a tal ocorrência é certa ou errada, mas sim as padronizações pelas quais todos nós somos moldados em praticamente todas as áreas de nossas vidas, sem ao menos questionarmos, sem ao menos analisarmos se realmente tudo aquilo faz sentido a nossa história. Se realmente esses destinos nos fará uma pessoa melhor, se por eles chegaremos à conquista dos nossos sonhos, dos nossos objetivos, e se conseguiremos prospectar uma vida feliz e próspera que tanto desejamos. Daí vem o termo "quebrar paradigmas", que, de fato, necessitamos.

Além desses pontos analisados, o próprio conteúdo também nos leva a entender definitivamente que: nível acadêmico, classe social e estilo de vida, não diz absolutamente nada sobre ninguém, afinal, são qualidades muito diferentes de carácter, respeito e honestidade. Até porque, nenhum ser humano é biologicamente melhor do que o outro, muito menos pelo mísero fato de carregar um título disso ou daquilo. Os verdadeiros valores são o que carregamos dentro de nossos corações, na forma como tratamos nossos semelhantes. Certamente este será o nosso único e verdadeiro inventário no final desta jornada chamada VIDA.

Mente sã, corpo são

Já podemos perceber o quão grande é O PODER DA MENTE, o quão grande é o poder de transformação que pode incidir em nossas vidas através desta incrível genialidade humana. Logo, mesmo que esta magnifica capacidade seja uma de nossas melhores habilidades, se não soubermos manuseá-la de forma sábia e inteligente, a nossa mente é capaz de nos causar malefícios na mesma proporção de grandeza, podendo ocasionar impactos negativos e destrutivos praticamente em todas as áreas de nossas vidas.

De imediato, já posso iniciar a abordagem deste tema falando sobre um problema muito comum e conhecido e que está diretamente relacionado à saúde dos nossos pensamentos, o SOFRIMENTO ANTECIPADO.

O sofrimento antecipado, que nada mais é do que uma consequência do sentimento da ansiedade, funciona basicamente como uma espécie de autossabotagem que nós próprios intitulamos em nossas vidas, mas que consequentemente nos traz como recompensa uma doença extremamente difícil de combater, a PREOCUPAÇÃO.

E observe bem esta palavra, vou repetir mais devagar: PRÉ-OCUPAÇÃO. Isto é, uma auto-ocupação antecipada, que normalmente está vinculada ao nosso estado mental e emocional e que obviamente se dá ao fato antes mesmo da ocorrência. Logo, se esta ocupação que nós mesmos nos autodesignamos se tratar de algo destrutivo ou de certa forma prejudicial a nós mesmos, o que é de fato na maioria das vezes, automaticamente sofreremos um certo dano psicológico e emocional em função desse indevido pressuposto que poderá ou não sobrevir.

Ainda assim, mesmo que isso se trate de um obstáculo causado por nós mesmos que, por conseguinte, contribui demais para que não tomemos certas atitudes em momentos em que de fato deveríamos agir, ou que simplesmente faz atrapalhar uma situação a qual estava totalmente sob controle, esse tipo de bloqueio psicológico é muito comum de se ver em nosso dia a dia, pois frequentemente falamos e ouvimos frases do tipo:

E se não der certo?

E se eu não conseguir?

E se não der tempo de chegar no horário?

E se eu perder o emprego?

E se isso acontecer, o que vou fazer da minha vida?

Percebe que em todas essas frases interrogativas existem um "se" característico de preocupação em todas elas? E será mesmo que esta conjunção condicional é realmente necessária para as tais situações?

É como meu Pai sempre diz: *"pé de "se" não nasce, tem semente chocha"*.

Então, se você possui a urgente necessidade de cessar a PREOCUPAÇÃO da sua vida até mesmo por uma questão de sobrevivência, você precisa imediatamente eliminar esse "se" de todos os roteiros que descrevem as cenas do seu abençoado dia, já que esta simples condicional o leva repetidamente ao caminho do sofrimento antecipado, ao encontro do destrutivo sentimento da preocupação.

Inclusive, essas hesitações que figuram realmente uma verdadeira autossabotagem, são atitudes típicas de pessoas negativas e pessimistas, e não que essas não sejam pessoas do bem, mas que os seus comportamentos fazem produzir um sofrimento inconveniente e, na maioria das vezes, desnecessários, conduzindo-os a um gasto energético extremamente excessivo somente através desses maus pressupostos.

Ao invés de fazer esses típicos questionamentos masoquistas, pergunte a si mesmo:

A SOLUÇÃO ESTÁ AO MEU ALCANCE?
EXISTE OUTRA POSSIBILIDADE PARA RESOLVER O PROBLEMA?

Se as respostas forem NÃO, você já fez a sua parte. Não há mais nada a se fazer a não ser contrair o pensamento positivo para que tudo corra bem. Caso contrário, a sua conduta de negatividade só atrapalhará o processo, podendo até reverter uma vitória que estava praticamente certa e garantida.

Em vários momentos de adversidades ou até mesmo de pequenos desafios que enfrentamos durante a vida, nos deixamos levar pelo descontrole emocional através da ansiedade e da preocupação, e isso faz com que automaticamente nos martirizamos intensamente por um fato que ainda não existiu. E logo, pouco tempo depois, caímos em sã consciência e percebemos que todo aquele calvário que construímos em nossos pensamentos de fato não ocorreu, e não ocorrerá. A derrota que tanto imaginávamos na verdade se transformou em uma vitória ainda mais grandiosa, nos conduzindo forçadamente ao necessário discernimento de que todo aquele sofrimento antecipado foi totalmente em vão.

É como eu sempre digo às pessoas: o mundo já está composto por tanta desumanidade e situações ruins, para quê produzirmos e entregarmos mais negatividade ao nosso entorno? Para quê ficarmos assistindo constantemente, por exemplo, imagens ou vídeos de tragédias como entretenimento ou como um simples passatempo? Para quê ficarmos alimentando em nosso corpo sentimentos danosos os quais só trarão angústias e amarguras como recompensas?

Vejamos como exemplo a sensação de pureza e tranquilidade que sentimos quando estamos isolados em contato com a natureza. Isso acontece justamente porque naquele exato ambiente não há absolutamente nada que possa gerar algum tipo de negatividade, a menos que cheguem pessoas ali carregadas de desnecessidades para estragar todo o rolê.

Por isso devemos sempre nos alimentar de tudo que promove a positividade e a benevolência, como a fé, a gratidão, as alegrias, a felicidade... precisamos estar compostos por essas boas energias, sempre e em qualquer circunstância de nossas vidas. Até porque, o universo precisa disso, o nosso entorno preciso disso, a nossa mente, que nos guiará A CAMINHO DA NOSSA PRÓPRIA FORTALEZA, depende obrigatoriamente desta positividade.

O poder da mente na vida profissional

Antes de mais nada, vamos analisar este exemplo:

Situação 1:

Vamos imaginar uma situação em que você supostamente comete uma infração perante a lei e imediatamente é autuado pela polícia. Rapidamente os seus advogados gem em prol da sua defesa e logo conseguem um alvará de soltura sob o pagamento de fiança.

No entanto e, hipoteticamente falando, em meio a uma turbulência de fatos ocorridos surgem alguns imprevistos jurídicos que acarretam retardamento do processo, o que lhe conduz obrigatoriamente a passar aquela fatídica noite trancafiado em uma cela fria, escura, de no máximo $12m^2$ e sob a companhia de pessoas totalmente imprevisíveis.

Ao saber dos tais imprevistos e o resultado que aquilo veio a ocasionar, você imediatamente fica em estado de choque, o mundo desaba sobre a sua cabeça e o desespero toma conta da sua consciência permanentemente.

Evidentemente que aquela única noite atrás das grades o destruirá emocionalmente, a sua mente enviará insistentemente ao seu corpo a mensagem de que não quer ficar ali naquele lugar de maneira alguma, fato este um tanto quanto óbvio diga-se de passagem.

Situação 2:

Agora vamos imaginar uma outra situação. Suponhamos que a infração cometida por ti é inafiançável, e você, desde o início, já tem a total ciência e consciência desta imposição. Logo, apesar de não saberem exatamente quanto tempo você ficará em reclusão, os seus advogados imediatamente o informam que seis meses seria uma previsão acertada para o seu caso, considerando no pacote o seu devido julgamento e cumprimento total da pena.

É claro que ao se dar conta da real situação em que estará metido, você sentirá os mesmos sentimentos destrutivos do caso anterior. O seu estado psicológico e emocional ficará destruído e abalado, afinal, é algo que nunca aconteceu na sua vida. Porém é bem provável que nesse segundo caso a sua primeira noite de penitência será de certa forma diferente da anterior, pois a sua mente já havia comunicado ao seu corpo que aquela primeira noite na prisão será apenas uma de mais 179 que você terá que enfrentar. Talvez esta segunda situação em função da primeira noite de penitência, seja menos torturante do que a do primeiro caso, só "talvez".

Agora, vamos buscar entender como essas duas situações hipotéticas tem muito a ver, principalmente, com a nossa VIDA PROFISSIONAL.

SOBRE A 1ª SITUAÇÃO – De modo teórico, você percebe o desespero que bateu em você por saber que teria que passar uma noite na prisão em decorrência dos tais imprevistos e da sua infração? Descrevendo e resumindo essa situação, parecia que você estava literalmente sendo conduzido para o corredor da morte. Você sentiu todo aquele sofrimento devido a mensagem que a sua mente enviou ao seu corpo o comunicando que você não quer ficar ali naquele lugar de maneira alguma.

E esta primeira situação nada mais é do que você indo trabalhar em um lugar ao qual de fato você não queria estar, ao lado de pessoas de quem você não gosta e ainda sendo remunerado por uma quantia que realmente não lhe satisfaz.

Um exemplo disso, e aqui sendo um singelo sinal de que as coisas realmente não andam bem na sua vida profissional, é sentir aquela pequena "depressão" no domingo à noite às vésperas de mais uma segunda-feira de trabalho. Todos nós adultos são já tivemos este "pequeno" e desagradável privilégio alguma vez na vida, provavelmente por um ou por vários motivos que nos faziam sentir insatisfeitos com o nosso trabalho, seja por conta da própria empresa que prestamos serviços, pelo péssimo relacionamento com os colegas de trabalho, pela falta de reconhecimento ou pelo salário baixo, enfim, algum motivo contundente ou não, que fazia acabar com as nossas energias e motivação para seguir em frente.

No entanto, bem sabemos que isso não cabe a todas as pessoas. Para uma pequena minoria esta realidade não acontece. Elas enxergam a segunda feira como uma nova oportunidade de vencer e chegar mais próximos dos seus objetivos. Elas usam os seus desafios diários como combustível para seguir crescendo e avançando em direção aos seus objetivos, coisa que, de fato, todas as pessoas que pensam em prosperar na vida deveriam fazer.

Se você sai de casa já com o pensamento de que o seu ambiente de trabalho lhe causa insatisfação e desconforto, que nada mais são do que algumas características do sofrimento antecipado produzido exclusivamente por sua mente, o seu dia certamente será uma tortura, ou no mínimo, improdutivo, justamente por esta limitação que o seu psicológico criou para as suas próprias capacidades e habilidades profissionais.

Se você passa por situação parecida no momento, pare e pense. Qual a causa que o insatisfaz? Salário?

Relacionamento? Falta de reconhecimento? Você precisa mapear a causa da sua insatisfação e mudar, ter atitude, agir de forma imediata para reverter um cenário ao qual, de fato, não lhe agrada.

Se a causa da sua insatisfação for o salário baixo, procure se aprimorar, buscar novos conhecimentos, aprender novas habilidades, assim você terá mais capacidade profissional e intelectual para aumentar as possibilidades de uma possível promoção até mesmo no seu próprio local de trabalho.

Se o seu problema é relacionamento com as pessoas, pare e reflita sobre algumas situações, mude algumas atitudes e aprenda a se relacionar melhor com os seus colegas. Afinal, lidar com pessoas realmente não é fácil e não é mudando de emprego que isso vai acabar.

Enfim, você precisa aprender a enxergar o lado bom das coisas, os benefícios, o lado positivo, as boas qualidades, independentemente de qualquer situação, isso o ajudará significativamente a vencer e superar os desafios que a vida impuser. Mas claro, se você não é reconhecido no seu trabalho ou possui todos esses "problemas" somados, procure pensar na sua própria convicção, na sua própria consciência, você deve dar satisfação principalmente a ela, se certificar de maneira lúcida que fez o seu melhor. Às vezes e talvez, não é você a causa do problema, e sim a empresa a qual presta serviços que não é digna de ter você e as suas capacidades profissionais como colaboradores.

SOBRE A 2ª SITUAÇÃO – De imediato, podemos citar que a primeira noite de penitência do segundo exemplo será de certa forma menos dolorosa do que a do primeiro caso, pois você já sabe que terá de passar ali naquele mesmo lugar mais 179 dias ou 179 noites.

No entanto, nesta segunda situação há também um lado extremamente prejudicial para o seu crescimento e evolução e que também pode ser facilmente remetido à sua vida profissional.

Quando você trabalha em um lugar onde não lhe agrada totalmente, mas aquele marasmo acaba fazendo com que você se acomode e acabe se acostumando com aquela realidade, isso é tão aniquilante quanto viver dentro de um lugar onde você conscientemente não queria estar nem por mais um dia, mesmo que às vezes não haja muito o que fazer no momento. Pois o comodismo é maléfico, te deixa estagnado, paralítico, você não consegue progredir na vida. A meu ver, esta situação é ainda mais prejudicial do que você possa imaginar.

Você já ouviu relatos de pessoas que infelizmente tiveram casos de desaparecimento na família? Eles contam que a dor do desaparecimento é mais dolorosa do que receber a notícia da morte. A morte faz sofrer intensamente, mas não há mais dúvidas sobre o ocorrido. Já o desaparecimento mata aos poucos, dia após dia, por conviver com aquela incerteza infinita.

Não quero ser profundo e exagerado, mas a sua vida próspera e feliz precisa deste choque de realidade. Não se deixe enganar pela mente que o considera feliz quando na verdade não está, isso o leva ao perigoso comodismo, até porque se você está de fato disposto a entender o verdadeiro caminho da sua FORTALEZA, imaginando eu que este seja o seu propósito por estar aqui doando algumas horas do seu tempo para esta leitura, você precisa necessariamente lutar pela sua liberdade, pela sua completa felicidade, sair de fato da sua zona de DESconforto, já que o oposto disso é exatamente onde todos nós meros batalhadores buscamos e merecemos um dia desfrutar.

Perceberam neste último exemplo o que a nossa mente é capaz de nos causar e ocasionar? Isso nada mais são do que armadilhas mentais que poderão destruir a sua capacidade de luta e tudo aquilo que você planeja e deseja conquistar na vida. E não para por aí...

Uma corrida sem linha de chegada

Alguns anos atrás, mais precisamente algumas décadas, era muito comum depararmos com pessoas que trabalhavam ou que trabalharam praticamente a vida toda em uma única empresa, o que não é tão raro hoje em dia, mas acontece em proporções bem menores comparado às décadas passadas.

E em cima desta realidade de trabalho, estava eu um dia desses conversando com o meu amigo José – o qual se encaixa nesta categoria de pessoas que trabalham há muito tempo no mesmo emprego – em um bate-papo casual e sem nenhuma malícia ou vitimismo nas palavras que deixasse aquele diálogo desagradável. José me contava que naquele momento estava passando por um certo aperto financeiro, pois estava gastando muito com medicamentos e assim não sobrava verba suficiente para cobrir o restante das despesas da casa.

Durante a prosa, José tira um papel dobrado do bolso que provara todas aquelas informações, era o seu holerite do mês, no qual pude enxergar com propriedade o real valor do seu salário e todos os descontos que transformavam o seu ordenado montante em um valor líquido ainda menor.

E quando falo "ainda menor", falo principalmente pelo espanto que tive quando vi os seus R$ 1.500,00 de salário base estampado em seu contracheque, o que equivalia a um pouco menos de um salário mínimo e meio que corria naquele período em nosso país. Na verdade, o meu espanto não se tratava exatamente do valor empírico do seu ordenado, até porque isso é muito relativo. Mas sim pelo valor do seu salário comparado ao tempo de trabalho que o José tinha naquela empresa, afinal já se passavam 30 anos de dedicação naquele mesmo local de trabalho.

Para você ter uma ideia, hoje em dia nesta mesma empresa, qualquer novo funcionário que entra para trabalhar ganha equivalente ao mesmo salário do José ou até mais, sem nenhum tipo de qualificação profissional até. Deve-se compreender também que muitas pessoas não têm a cultura ou a programação em suas mentes de tratar naturalmente a possibilidade de fazer um curso técnico ou algo do tipo para se qualificar através do conhecimento teórico, mas, na prática, o meu amigo José tinha muito conhecimento no que fazia, justamente por se tratar de um funcionário responsável e dedicado que sempre foi.

Por outro lado, e pelo que eu bem me lembrava, no passado, este mesmo emprego do José lhe proporcionava uma certa "estabilidade" financeira e uma qualidade de vida razoavelmente agradável a ele e a sua família, o que de fato não estava mais ocorrendo naquele período.

Na realidade, o que dava para perceber ligeiramente é que houve uma desvalorização do seu salário conforme os anos foram passando, em que o percentual de aumento do seu ordenado, não acompanhou o percentual de correção do salário mínimo que fora ocorrendo ano a ano em nosso país. Dessa forma, se o José recebia equivalente a 4 ou 5 salários mínimos no início, hoje em dia ele recebe um pouco mais de 1, isto é, a famosa defasagem salarial. Isso sem levar em conta a diminuição do nosso poder de compra, uma vez que na prática a inflação dos produtos de consumo é quase sempre maior do que o aumento dos nossos salários em período anualizado. Ou seja, cada braçada dada, dois empurrões da correnteza nos afasta.

Inclusive, cenários como este acontecem com mais regularidade na vida de funcionários públicos e de pessoas que recebem salários de aposentadoria, que no caso deste segundo, ocorre principalmente para quem recebe mais de um salário mínimo, já que os percentuais de aumento das suas remunerações também quase sempre acabam sendo menores do que mínimo.

Já no caso dos funcionários públicos e até de várias outras categorias trabalhistas, os reajustes anuais em cima dos seus ordenados costumam ser próximos ou muito abaixo da inflação, além também da métrica básica que é justamente sobre o salário mínimo vigente no país. Ou seja, não há de fato um reajuste, mas sim apenas uma correção malfeita. Com o passar dos anos, cai nessa mesma defasagem como no caso do José. E aquela "estabilidade" financeira que o funcionário público tanto prioriza, por exemplo, acaba sendo desmascarada ao longo tempo, devido à diminuição do seu poder de compra e consequentemente do seu poder de luta em função dos seus objetivos.

A questão aqui não é simplesmente abandonar a profissão, mas programar-se, planejar-se para que de fato possa se proteger contra isso, seja pensando no curto prazo em função de outras atividades, ou planos futuros como: investimentos, fontes de renda passiva, empreendedorismo, trabalhos extras ou até mesmo novos e maiores anseios profissionais, por que não?

Hoje, você pode até gostar do que faz, amar a sua profissão e o seu ofício, mas com o passar dos anos a defasagem salarial aniquilará os seus sorrisos e a sua motivação, e a carência dos seus recursos financeiros tirará todo o brilhantismo da coisa.

Se você não agir, chegará um momento em que você estará totalmente insatisfeito com a sua vida profissional e, pior ainda, sem as mesmas forças para tentar mudar a desagradável situação a qual está vivendo. E digo mais, devidos aos anos que se passaram, você enxergará uma aposentaria mais próxima, e isso aumentará ainda mais a sua incapacidade de reversão, já que a sua impotência o cegará por uma aposentaria que será ainda mais defasada que o seu salário atual.

Logo, é preciso também termos a consciência de que a maior resistência em relação a esse tipo de situação está na necessidade da remuneração, no ordenado do mês, da renda ativa padrão da maioria dos batalhadores brasileiros. Todos nós sabemos que não é mesmo fácil tomar certas atitudes e decisões com tantos compromissos na mochila, muito provável pela insegurança de perder aquele salário fixo, aquele "garantido" todo mês. Certamente vem aquela dúvida no que fazer para sustentar as suas famílias caso percam o emprego.

Todavia, estas inseguranças que acontecem na vida dessas pessoas assim como no caso do José, não acontecem somente com eles, é a realidade de milhares e milhares de pessoas em todo canto do mundo. Elas são programadas para trabalhar, ganhar dinheiro, pagar contas, ficar sem dinheiro e trabalhar novamente, perpetuamente. Isso nada mais é do que o clássico termo "corrida dos ratos", que se refere à roldana dentro da gaiola onde o rato corre, corre e corre, e não chega a lugar algum. Parece clichê, mas não podemos ficar presos nesta armadilha causada de fato pela nossa mente. O que vos prende nesta situação não são os empregadores, e sim a sua própria mente que o limita de voar e de conquistar prêmios equivalentes ao tamanho da sua capacidade.

Portanto, não se sinta prisioneiro pelo poder da sua mente, não tema! Se você tem a total convicção de que faz o seu melhor e não consegue progredir, aja imediatamente. Mude. A mudança te trará um espírito de liberdade e renovação. Pois chegar em casa lamentando como foi o seu dia, ou que o salário que ganha não é suficiente para pagar as contas do mês e não fazer nada diferente para mudar a sua realidade, isso vai ajudá-lo em alguma coisa?

Não existe fórmula mágica, os nossos poderes especiais estão dentro de nós mesmos, dentro da nossa mente, pois tudo depende da nossa própria capacidade. Somos os escritores da nossa própria história, criamos as nossas próprias oportunidades e a nossa própria sorte.

Assim, elimine da sua mente todos esses impedimentos se queres transformar a sua vida. Prepare a sua "cabeça" positivamente, esse é o primeiro passo a ser dado antes mesmo de ir à luta. Até porque, se você possui uma grande força, mas a sua mente é fraca, muito provável que você desistirá no meio do caminho. Mas, se você possui uma mente forte e livre de qualquer obstáculo ou armadilha psicológica que possa danificá-lo, você já está um passo à frente dos demais, significa que os primeiros avanços no CAMINHO DA SUA FORTALEZA já foram dados, e começar é sempre a melhor das melhores atitudes quando justamente um alvo se almeja.

> *"Somos o que pensamos.*
> *Tudo o que somos surge com*
> *nossos pensamentos.*
> *Com nossos pensamentos,*
> *fazemos o nosso mundo." Buda.*

CAPÍTULO DOIS

FÉ E GRATIDÃO

Definição de fé...

Há momentos na vida em que é preciso parar e refletir. Quando tudo parece não dar certo, quando aquele plano que você tanto se dedicou, mais uma vez, não se concretizou, é o momento de reflexão. Pare tudo o que está fazendo, esqueça por um instante a física, a ciência ou a medicina. Preste atenção em tudo em sua volta, haverá alguma energia que tentará te explicar o que será preciso fazer, qual o caminho a ser percorrido. Preste atenção nos sinais, nos pequenos detalhes em seu mundo natural, pode ser que a resposta esteve diante dos seus olhos o tempo todo. Absorva toda a sabedoria diante daquela dificuldade, dê boas-vindas às boas energias e as absorva para dentro do seu corpo, respire calmamente, e tenha fé. Você vai sentir a benção dentro do seu coração e todas as respostas para suas súplicas ficarão diante dos seus olhos. Este será o momento em que você estará totalmente pronto(a) para dar continuidade àquilo que havia planejado. Não haverá razão no mundo que o impedirá de conquistar aquilo que deseja. Às vezes, estamos muito próximos da linha de chegada, estamos muito próximos de conquistar aquilo que desejamos, mas não conseguimos encontrar a última passagem que leva à saída do labirinto. Falta aquela última instrução, aquele último ingrediente e que certamente você não encontrará na ciência física ou biológica, mas sim na dimensão espiritual. A vitória sempre te pertenceu.

TER FÉ, É TER FORÇA E ESPERANÇA. É SIMPLESMENTE ACREDITAR NO INACREDITÁVEL, NAQUILO QUE NÃO SE VÊ.

A fé é a base de sustentação de qualquer estrutura pessoal, é o alicerce que suporta todas as sobrecargas impostas sob nossos ombros, é sem dúvidas o combustível que nos mantém em total funcionamento para as devidas batalhas da vida.

Assim, como bem destacado, a fé se caracteriza justamente por acreditar naquilo que não é visto, naquilo que não é palpável, em que todas as respostas para as devidas fidelidades vêm através das benções embaladas no formato de sinais, de milagres ou de lições. Além do mais, nem tudo na vida depende somente do homem ou da lógica, as conquistas e as vitórias, pelo menos na minha concepção, vão muito além do que nós meros mortais possamos imaginar.

Há de se compreender também que tudo na vida, assim como já destacado algumas vezes neste original, é estritamente relativo, sobretudo a nossa vida espiritual. Apesar disso, a humanidade vem se mantendo em constante evolução, estamos sempre aprendendo algo novo a cada dia, principalmente nos momentos mais difíceis de nossas vidas. E justamente nesses momentos de luta, passamos a compreender consequentemente que algo de fato existe, e que sem este não haveria sentido algum diferenciarmos o caminho da bondade ou da escuridão, não teria de fato dois pesos e duas medidas. Por isso, ter fé, como assim acredito, é fundamental para alcançar os nossos objetivos de vida, e o discernimento, sobre todos os planos que traçaremos durante todo o percurso, é extremamente necessário e preciso.

Em compensação, também devemos entender que a fé não se trata somente da crença, da espiritualidade ou do caminho divino, mas sim e, também, no acreditar em si mesmo, no seu potencial, na sua capacidade, de ter a convicção que aquele seu tão sonhado objetivo será alcançado, independentemente de qualquer obstáculo que você venha enfrentar. Contudo, essa fé, que o faz acreditar na sua própria capacidade e na realização dos seus respectivos objetivos de vida, não garantirá 100% que você os conquistará. É preciso agir, ir à luta, pois não existe, absolutamente, conquista alguma que não haja empenho e dedicação pela tal. Pois Deus sempre construirá pontes que nos interligam às conquistas e a nossa própria felicidade, mas devemos ter a mínima necessidade, a mísera coragem de atravessá-las.

Por outro lado, existe também um outro fator muito importante, uma dádiva tão necessária quanto essa outra há pouco destacada e que certamente fará uma grande diferença nos resultados colhidos durante a sua caminhada. Estou me referindo, é claro, à poderosa GRATIDÃO.

A prática da gratidão reescreve o sentido da fé, sem uma, a outra de fato não existe, da mesma forma que a PROSPERIDADE não acontece sem este perfeito casamento. Até porque, se você acredita tanto assim no alcance do seu êxito, como de fato poderá perfeitamente alcançar, após a sua chegada, o agradecimento se torna algo necessário e obrigatório, seja através de palavras puras e verdadeiras, ou através de atos e atitudes relacionadas a esta grande e magnífica especificidade.

De outro modo, a gratidão é a forma mais extraordinária de dizer obrigado, sobre todas as coisas e para todas as pessoas. É uma dádiva que faz enxergar que não estamos sozinhos em nenhum momento de nossa caminhada, que nada depende somente do EU, do MEU, do SEU..., mas sim do NÓS, do NOSSO, do VOSSO. Pois não existe, absolutamente, premiação na vida de qualquer pessoa que já pisou nesta terra que dependesse somente e exclusivamente dela mesma.

O homem quando sai para o trabalho carrega consigo uma vestimenta que normalmente não foi lavada e passada por ele. O café que o alimenta, que agora está dentro do seu estômago possivelmente também não foi preparado por ele. O almoço que retoma as suas energias e o mantém em natural funcionamento, também não foi preparado por ele. As suas dúvidas e os seus problemas do abençoado dia que se passou são afagados e aconselhados na volta para casa talvez por aquela mesma pessoa que preparou o seu café no início da jornada. Então, veja, é inadmissível passar pela mente deste ou de qualquer cidadão que tal indivíduo chegou aonde chegou sozinho, ainda mais nos casos de duas pessoas realizarem esforços semelhantes e concomitantes em um relacionamento, por exemplo. Então, por favor, tenha o mínimo de consciência e gratidão, isso não é mais do que a sua mísera obrigação.

Todavia, a gratidão não se trata somente dessas obrigatoriedades, ou por aquele seu amigo que lhe emprestou R$ 100,00 quando você precisou, tampouco por aquela promessa que lhe foi concedida a realização. A gratidão vai muito mais além do que essas ou de outras circunstâncias.

Devemos ser gratos a Deus por mais um dia que nos foi concedido de poder abrir os olhos e viver. Devemos ser gratos aos nossos Pais que nos cuidou quando éramos incapazes. Devemos ser gratos pela nossa família que nos afaga nos momentos mais difíceis. Ser gratos pela saúde das pessoas que amamos, pelos nossos amigos verdadeiros, pelo alimento sobre a mesa, pela água que nos hidrata, pela roupa que nos agasalha, pela moradia que nos abriga, e, principalmente, por toda capacidade humana que nos foi milagrosamente concedida.

Existem pessoas que não podem enxergar, não podem caminhar, não podem ouvir, não podem falar, não podem dar um abraço, um simples aperto de mão... contudo, todas essas pessoas com algum tipo de limitação física, carregam também consigo uma característica muito peculiar, uma imensa gratidão dentro de seus corações por serem exatamente como são, talvez não por consciência, mas pelas alegrias constantes estampadas em seus rostos, o que transforma, absolutamente, as suas limitações em algo realmente insignificante.

Inclusive, na verdade, temos muito o que aprender com eles, por isso são chamadas de pessoas ESPECIAIS, pois estão muito à frente de qualquer outro ser humano que se considera fisicamente perfeito. E se ainda fosse necessário criar uma analogia para esta percepção, podemos considerar que as pessoas especiais são os nossos professores, o mundo em formato de vida é a nossa sala de aula, e nós, que consideramos fisicamente perfeitos, somos os alunos imaturos do fundão que não prestam atenção nas preciosidades que sempre estiveram a nossa inteira condição.

Portanto, tire a venda dos seus olhos. Enxergue todas as riquezas que o rodeia: a energia sob a luz de um nascer do sol, a pureza de um vento batendo no seu rosto, o cantar dos pássaros, a beleza de uma chuva regando a vegetação, enfim, seja grato por ter todo este cardápio de riquezas a sua total disposição.

No momento em que paramos para realmente observar toda essa perfeição, automaticamente nosso interior é conduzido a nos preencher justamente com o sentimento da gratidão e da fé, que, inclusive, se trata dos melhores remédios para curar qualquer tipo de sofrimento e lamentação que incessantemente tenta nos sabotar. Lembre-se de que hoje você está sendo presenteado por mais um dia de vida, sendo que neste mesmo momento milhares de pessoas estão fechando seus olhos para nunca mais abrir. Por isso jamais devemos reclamar ou lamentar por qualquer que seja o motivo do nosso pranto, pois sempre haverá alguém que desejaria ter tudo aquilo que estamos reclamando.

Outro ponto importante em que devemos, obrigatoriamente, praticar a gratidão independentemente da sua qualidade é sobre os nossos bens materiais.

Muitas vezes criamos uma guerra por pequenos detalhes, por pequenas importâncias, coisas que para muitos trata-se absolutamente de nada. Em nossa casa, por exemplo, é um detalhe na parede, é um detalhe no piso, um detalhe na fachada... uma queixa por ainda não ter a casa que gostaria porque a do amigo é maior, a do outro é "mais bonita". Lembre-se de que muitas pessoas vivem uma realidade completamente diferente da sua: tem gente que vive em abrigos, em alojamentos, em barracos, em ocas... em casas de taipa onde a estrutura é feita de bambu e as paredes de barro, a casa não tem janelas e o piso é em contato com a terra, e pior ainda, aquelas pessoas e famílias desabrigadas que não têm onde morar, não têm onde dormir, dormem na rua, no chão, na calçada, usam papelões como cobertor. E ainda assim, mesmo vivendo sobre uma porção de terra cercada de miséria por todos os lados, continuamos a questionar as nossas condições materiais de uma forma totalmente estúpida.

"Ah, porque o fulano tem isso, o ciclano tem aquilo". Olha a casa deles, olha o guarda-roupas dela"...

Amigos, deletem essas ilusões de suas cabeças. A beleza de um lar ou de uma moradia não tem nada a ver com o brilho da porcelana, com a quantidade de metros quadrados ou do padrão de acabamento na qual ela foi construída. *A verdadeira beleza de uma casa está no amor, na felicidade e na gratidão das pessoas que ali habitam.*

Do que adianta morar em uma mansão e conviver com o vazio causado pela falta de amigos e de familiares? Do que adianta morar em uma casa imensa que mais parece um hotel gigante para abrigar uma família de no máximo 3 ou 4 pessoas que mal se veem ou se falam. Do que adianta possuir dezenas de imóveis como propriedades e depois da sua partida ficarem abandonados por seus familiares que se duelarão em meio a um inventário infinito?

Do outro lado, observamos aquela família muito pobre, com condições materiais e financeiras precárias, morando em sua casinha bem humilde e sem muitas benfeitorias. Mas dentro dela os cômodos estão mobiliados de amor, de felicidade, de harmonia e de muita gratidão. Este lar sim é a casa mais linda que já se viu nas redondezas, pois o verdadeiro valor dos seus bens e a encantadora beleza que faz brilhar os seus olhos estão dentro das suas mentes, dentro dos seus corações.

Não posso também obviamente praticar a hipocrisia em dizer que é melhor ter a casa paupérrima do que uma linda mansão à beira-mar. Mas é para você, leitor, perceber que possuímos bens materiais muito além do que a nossa gratidão de fato merece. Reclamamos de tantas coisas insignificantes, tantas queixas e lamentações tolas que só fazem perceber quanta ingratidão praticamos todos os dias.

Vejamos quando estamos passando em frente a um hospital. Uma única rua, somente alguns metros de distância separam dois mundos completamente diferentes. De um lado você têm pessoas ali lutando pela vida, algumas desacordadas passando por cirurgias, outras respirando por ajuda de aparelhos, e outras que estão ali há dias, semanas, meses ou anos deitadas sobre uma cama lutando por uma mísera recuperação. Do outro lado você têm várias pessoas passando pela calçada, transitando, dirigindo, seguindo suas rotinas normalmente, mesmo tendo como companhia o stress e as dificuldades insignificantes que a maioria dessas não cansam de destacar. Agora perceba. Para todas as pessoas daquele mundo enfermo do outro lado da rua, estar nesta simples rotina que tantos sadios reclamam e desgostam, seria para elas a melhor coisa do mundo.

Quando você vê aquele casal sentado no restaurante mais chique e requintado da cidade, mal sabe você que eles estão ali para amenizar a dor de um problema conjugal. A perfeição daquela família linda fazendo uma viagem no final de semana, mal sabe você que eles estão fazendo isso justamente para tentar de alguma forma salvar o vosso casamento. Aquele jovem rapaz esbanjando carros, motos, viagens e tudo mais, mal sabe você quantas lágrimas de dor e sofrimento alheio esses bens ocasionaram.

Portanto, não ache que a grama do vizinho seja mais verde do que a sua. Não lamente ou questione pequenas coisas em relação ao pouco que possui. Não se queixe pelo seu carro velho, pela sua casa pequena e simples, pelo seu sapato gasto ou por sua roupa batida, o objeto da sua queixa pode ser um tesouro para muitas pessoas. Até porque, lamentar ou invejar algo que você ainda não tem, desdenhando consequentemente tudo aquilo que já possui, não é uma questão de ingratidão, é uma questão de desumanidade.

Definição de gratidão...

Para uma pessoa que está há dias sem pôr nada no estômago, uma mísera migalha de pão seria para ela a melhor coisa do mundo.

Para uma pessoa que está há muitas horas sem saber o que é se hidratar, a água suja de um rio seria para ela a melhor coisa do mundo.

Para uma pessoa que está horas ou dias em meio a uma forte tempestade, um bom banho quente seria para ela a melhor coisa do mundo.

Para uma pessoa que tem todas as noites o chão duro e frio como leito, um simples tapete velho seria para ela a melhor coisa do mundo.

Para um desabrigado que tem a friagem como sua fiel escudeira, uma meia de algodão, um gorro ou uma luva de lã, seriam para ele as melhores coisas do mundo.

Para uma criança que tem a escassez e a extrema pobreza como sua dura realidade, uma simples bola de borracha seria para ela a melhor coisa do mundo.

Para um enfermo que está há dias, semanas, meses ou anos adoentado em cima de uma cama, retomar a sua simples rotina seria para ele a melhor coisa do mundo.

Para um Pai que está há meses lutando por conseguir trabalho a fim de dar o que comer a sua família, o emprego que você tanto desdenha seria para ele a melhor coisa do mundo.

Para uma mãe que frequentemente chora ao ver o seu filho com a barriga vazia sem ter de onde tirar alimento, uma cesta básica ou um simples pão com manteiga seria para ela a melhor coisa do mundo.

Para um casal que luta já alguns pares de anos pela fertilidade ou gravidez, o filho(a) que você tanto reclama em função das dificuldades e desafios da sua criação, seria para eles a melhor coisa do mundo.

Para uma família que acabou de perder o seu grande super-herói ou a sua grande heroína, tê-los de volta, mesmo com todos os problemas e dificuldades que você tanto predomina na sua vida, seria para eles, sem nenhuma sombra de dúvidas, as melhores coisas do mundo.

PORTANTO, SE TODO ESTE CARDÁPIO REALMENTE NÃO LHE FALTA NESTA VIDA, SEJA AUTOMATICAMENTE E OBRIGATORIAMENTE A PESSOA MAIS GRATA DESTE MUNDO. A PARTIR DISSO, TUDO SERÁ COMO UM PRESENTE, E CERTAMENTE VOCÊ OS RECEBERÁ EM CONSEQUÊNCIA, É CLARO, DE CADA ETAPA AVANÇADA E CONTIDA NESTE PROJETO.

"Pois toda casa é construída por alguém, mas Deus é o edificador de tudo." Hebreus 3:4.

CAPÍTULO TRÊS

PROPÓSITO DE VIDA

A palavra PROPÓSITO, propriamente dita, significa finalidade, intuito, objetivo, o alvo que se pretende alcançar. Logo, podemos entender de forma leviana que ter um propósito é saber exatamente aquilo que quer e consequentemente agir em função dos seus anseios a fim de conquistá-lo. Mas, e se tratando de PROPÓSITO DE VIDA, o que de fato significa? O que quer dizer este conjunto de três palavras que soa como algo próspero, benéfico e ao mesmo tempo expressivo?

Bom, de imediato, já me presto a dizer que Propósito de Vida não se trata de algo tão simples de descrever. Muitas pessoas enxergam este conceito de várias maneiras diferentes e todas elas podem estar corretas em relação à sua maneira de agir e de pensar sobre o assunto. De todo modo, neste capítulo mostrarei o meu ponto de vista sobre o tema, e esta será somente mais uma das diferentes e humildes opiniões as quais todos nós devemos respeitar. Sendo assim, tentarei explorar ao máximo os trejeitos que incorporam este conceito extremamente importante em nossas vidas, proporcionando ao leitor e ao próprio escritor, aprender um pouco mais sobre este magnífico dom que Deus fez questão de presentear todos os seres que deste plano fazem parte.

Se formos traduzir de forma simples, Propósito de Vida nada mais é do que um projeto de vida, isto é, um panorama predefinido a fim de conceber o que está por vir. Mas, se tratando de fundamento e representatividade, Propósito de Vida não carrega consigo um único significado. Na verdade, existem diversas situações nas quais podemos encaixar os conceitos do Propósito de Vida para explicar as devidas circunstâncias ocorridas.

Assim, seguindo esta tese pessoal e particular, eu dividiria Propósito de Vida em 4 conceitos aparentemente diferentes:

- Propósito de Vida relacionado à META;
- Propósito de Vida relacionado a TALENTO ou DOM;
- Propósito de Vida com a finalidade de MISSÃO;
- E Propósito de Vida encarregado de trazer SENTIDO e SIGNIFICADO à história.

Propósito de vida - META

Este conceito refere-se de maneira muito semelhante ao significado da palavra propósito citada anteriormente, porém de forma mais intensa e significativa, principalmente por englobar os mais importantes objetivos de vida da pessoa envolvida. E não estou falando no sentido abstrato, de sonhos, mas sim no sentido de objetivo, de meta, quando o indivíduo cria um plano estratégico ao longo da vida que proporcionará consequentemente a conquista do êxito maior.

Um exemplo disso, uma pessoa que tem como Propósito de Vida alcançar a sua almejada independência financeira. Esta mesma cria vários planos de ações durante a vida, como controlar mensalmente suas finanças, economizar, poupar, investir... e todos esses hábitos, representados por pequenas conquistas atingidas ao longo do tempo, o levará ao encontro do seu principal objetivo. Ou seja, neste caso a independência financeira representa exatamente o Propósito de Vida relacionado à META, já que esta condição não se alcança da noite para o dia considerando, é claro, a normalidade dos fatos.

Para efeito explicativo, independência financeira é o estado em que o indivíduo possui fontes de renda passiva suficientes para arcar com seu custo de vida padrão. É o momento em que ele não depende mais do seu trabalho ativo para bancar as suas despesas do mês, somente o retorno dos seus investimentos já é capaz disso.

Sobre este mesmo assunto, existe também o termo liberdade financeira, que é a realidade de uma pessoa que pode ter o estilo de vida que desejar, seja ele qual for, sem precisar se preocupar com dinheiro. Quem possui esta liberdade pode fazer escolhas pensando somente na sua vontade e na sua felicidade, não no quanto vai custar. Essa condição está acima da independência financeira, pois, neste caso, não há uma certa determinação de teto de gastos, embora nada seja muito o bastante que não possa acabar, principalmente se tratando de recursos financeiros.

Como outro exemplo para Propósito de Vida relacionado à META, posso citar um atleta que tem como um dos seus principais objetivos de vida conquistar a tão sonhada medalha Olímpica. "O" esportista, ou "A" esportista, se dedica desde o seu primeiro dia de treinamento em busca do seu Propósito. Todos os seus movimentos durante a sua carreira de atleta estarão voltados ao melhoramento do seu desempenho, seja na parte técnica em função dos seus treinamentos, ou nos cuidados com a saúde, que inclui principalmente a alimentação e o descanso. E isso tudo para aumentar a sua performance como atleta, e automaticamente as suas chances de conquistar a tão sonhada medalha Olímpica, isto é, de conquistar um dos seus verdadeiros Propósitos de Vida.

Propósito de vida - TALENTO ou DOM

Já Propósito de Vida vinculado a TALENTO ou DOM, é algo ainda mais fácil de compreensão, como os próprios nomes já dizem e os descrevem de maneira explícita.

Uma pessoa que possui um dom ou um talento genuíno normalmente carrega essa habilidade desde o seu nascimento, daí vêm as famosas expressões: "isso vem de berço" e, "é o dom que Deus lhe deu", embora muitas pessoas passem muito tempo de suas vidas sem perceber o grande talento que têm, ou que talvez nem usufruem disso, justamente por NÃO entender as devidas condições e orientações as quais a ela foram designadas.

E para exemplificar este tipo de Propósito de Vida, podemos citar o dom e o talento da saudosa cantora brasileira Marília Mendonça.

Marília Dias Mendonça nasceu no dia 22 de julho de 1995, na cidade de Cristianópolis no interior de Goiás. Aos 12 anos de idade, a jovem Marília já mostrava seu talento cantando em apresentações na igreja que frequentava com a família. Inclusive sua família era dona de um bar chamado "Cantinho da Viola", que foi o primeiro palco da cantora, que se apresentava para os clientes e amigos.

Apesar de já cantar de maneira informal, Marília se lançou no mercado nacional, primeiramente, através de suas composições. À essa altura, várias músicas de sua autoria faziam sucesso em todo o Brasil nas vozes de grandes artistas, entre eles: Henrique e Juliano, João Neto e Frederico, Luccas Luco, Maiara e Maraísa, Matheus e Kauan, César Menotti e Fabiano, entre outros.

Contudo, foi somente em 2015, aos 20 anos de idade, que Marília decidiu se aventurar como cantora profissional. Ela começou participando das músicas "A Flor e o Beija-Flor", e "Impasse", ambas da dupla sertaneja Henrique e Juliano. No ano seguinte, ela lançou o seu primeiro álbum, o "Marília Mendonça: Ao Vivo". Não demorou muito para que algumas músicas figurassem entre as mais tocadas do país, como "Sentimento Louco" e "Infiel".

Naquele ano, a música "Infiel" se tornou a quinta canção mais executada nas rádios brasileiras. Então, com o reconhecimento nacional, Marília lançou um EP acústico ao vivo, intitulado "Agora É Que São Elas", com faixas antigas e o *single* inédito "Eu Sei de Cor".

O seu sucesso foi meteórico, principalmente por cantar músicas que falam de amor, traição e dor de cotovelo. E assim, não demorou muito para a cantora ser coroada a "Musa da Sofrência", referência direta ao tom dramático de suas autorias. Suas composições baseadas na perspectiva feminina chamaram a atenção do público, isso porque a maioria das músicas sertanejas tinham letras voltadas para o público masculino. Sobretudo, esse novo estilo foi uma novidade muito bem recebida. E Marília Mendonça arrastou verdadeiras multidões para os seus shows, entre homens e mulheres.

Por essas e outras, fica incontestável dizer que Marília Mendonça é sinônimo de sucesso, até porque as suas conquistas provam isso. Porém bastavaouvir as músicas tituladas na voz de Marília para entendermos a autenticidade do seu DOM e do seu TALENTO de cantar e encantar pessoas com o seu timbre de voz.

A cantora atingiu bilhões e bilhões de visualizações no *YouTube*, já foi a 13ª cantora no ranking mundial de artistas mais ouvidos da *Billboard*, entre vários outros recordes. Entre indicações a prêmios nacionais e internacionais, Marília foi indicada como melhor cantora em 2016; em 2017 foi indicada a 10 prêmios (que incluía a de melhor cantora e revelação do ano), na qual venceu 2; em 2018, foi indicada a 7 prêmios e venceu 3; em 2019, foi indicada a 11 prêmios e venceu 4, sendo um deles o *Grammy Latino* como melhor álbum de música sertaneja; em 2020, foi indicada a 7 prêmios e venceu 2; e em 2021, Marília foi indicada a 14 prêmios e venceu 10.

Infelizmente, Marília Mendonça nos deixou no dia 05/11/2021, vítima de um acidente de avião que caiu após se chocar com uma rede de distribuição de energia na zona rural de Piedade de Caratinga, na região do Vale do Rio Doce, em Minas Gerais. Marília tinha apenas 26 anos de idade e estava no auge de sua carreira, que apesar de curta, foi o suficiente para escrever uma linda história de vida, e demonstrar que o seu DOM e o seu TALENTO, a colocam entre uma das melhores cantoras Brasileiras de todos os tempos.

Propósito de vida - MISSÃO

Já em relação a Propósito de Vida com a finalidade de MISSÃO, tem a ver com um plano arquitetado por Deus, seja imediatamente ao nascimento da pessoa envolvida, ou após um acontecimento extremamente relevante em sua história.

Como significado, viver em função de uma missão é saber exatamente o seu verdadeiro desígnio e, sobretudo, obviamente, cumpri-lo, proporcionando uma grande aprendizagem e evolução ao próprio envolvido e principalmente a todas as pessoas ao seu redor, contribuindo no melhoramento constante da humanidade sendo muitas vezes em virtude da solidariedade, da generosidade e da compaixão.

O apresentador, ator e escritor Marcos Mion é um exemplo autêntico de uma pessoa que vive em função de uma MISSÃO. O comunicador carrega consigo a admiração de muitas pessoas inclusive a minha, não só pelo competente trabalho que exerce na televisão, mas também pela linda figura paterna desenhada em virtude de um amor incondicional pelos filhos e pela sua família.

O título de Paizão que recebe carinhosamente de seus fãs, se resume principalmente em função do seu filho mais velho, o Romeo, que aos dois anos de idade foi diagnosticado com Transtorno do Espectro Autista (TEA). Mas, para que possamos entender melhor o quão a história de vida de Mion está atrelada aos conceitos do Propósito de Vida, vamos voltar um pouco no tempo e conhecer alguns dos mais importantes pontos de inflexões que ocorreram na vida do apresentador.

Em 1994, Mion perdeu o irmão mais velho, que faleceu após cair de um vão livre no MASP (Museu de Arte de São Paulo) enquanto celebrava a aprovação no vestibular de medicina. Na época, Mion tinha apenas 14 anos de idade e caiu em depressão, chegando a pesar 103 quilos na adolescência.

Em 1996, aos 17 anos, Mion sofreu um acidente de carro enquanto voltava de uma boate com seu melhor amigo, Carlos, que faleceu imediatamente devido à gravidade do acidente.

Após superar essa fase difícil, bem como virar algumas páginas sombrias da sua prematura história de vida, Mion conhece a designer de moda Suzana Gullo, e em 18 de março de 2005, Mion e Suzana se casam.

No atual momento o casal tem três filhos: Romeo (nasceu em 2005), Donatella (nasceu em 2008) e Stefano (nasceu em 2010).

Em 2007, o seu filho Romeo - que naquele ano tinha apenas dois anos de idade e ainda filho único - foi diagnosticado com autismo, conforme destacado anteriormente. E essa descoberta, obviamente, causou abalo, susto e medo ao casal, até porque a falta de experiência das pessoas de modo geral tende a causar esses tipos de sentimentos em momentos como esse. No entanto, Mion e Suzana encontram forças um ao outro, e com muito amor, dedicação e compreensão, a família vai se fortalecendo até chegarem em uma FORTALEZA familiar extraordinária.

Por outro lado, e exatamente nesse ínterim, Mion desperta um *insight* muito importante em função de si mesmo que mudara drasticamente a percepção e a vida do apresentador.

Naquele período pós Suzana Gullo, Mion estava em êxtase pelo momento que estava vivendo: a sua carreira profissional estava em ascensão meteórica; ao mesmo tempo ele encontra a mulher da sua vida e se casa; e em seguida, realiza um grande sonho da sua vida ao se tornar pai. Ou seja, todo aquele conjunto de fatores o fazia considerar que ele tinha alcançado de fato uma vida perfeita. Mas logo veio a descoberta da especialidade do seu filho Romeo, e aí que Mion percebeu que a sua vida não era nada perfeita, mas ela estava prestes a se tornar justamente pelo fato do seu filho ser uma pessoa ESPECIAL.

"Quando o Romeo nasceu, foi quando descobri que minha vida não era perfeita, mas ela estava prestes a se tornar mais perfeita possível dentro das imperfeições. E ter um filho autista é o que possibilitou isso. O Romeo é uma lembrança constante e diária na minha vida que eu tenho que ser a melhor versão de mim mesmo. Sem o Romeo, eu não seria metade da pessoa que eu sou hoje. Eu não teria chegado nem à metade do caminho que tracei." Declarou o apresentador em uma participação em um programa de televisão.

Por conseguinte, toda essa experiência familiar conduziu Marcos Mion a também se tornar escritor. Até o momento, Mion já escreveu três livros e todos eles dedicados aos seus filhos. O mais recente, "Detone este Livro com Seu Filho", foi lançado em

2019 e é dedicado ao seu filho caçula, Stefano. No ano anterior, Mion havia lançado o seu segundo livro, "Pai de Menina", todo este dedicado à sua filha Donatella. Porém o livro que mais chamou atenção do público e dos leitores foi o primeiro, "Escova de Dentes Azul", lançado em 2017, este dedicado ao seu filho Romeo. Este livro foi intencionalmente produzido e direcionado ao público infantil, justamente para orientar os pequenos e consequentemente os Pais a estarem mais informados sobre o autismo e assim se tornarem mais tolerantes dentro da sociedade em que vivem. Inclusive, várias escolas usam e consideram esta obra como livro didático, com a finalidade obviamente da inclusão do espectro autista nas salas de aula.

Neste livro, Mion conta e compartilha histórias incríveis vivenciadas ao lado do seu filho Romeo, enfatizando as lições e a sabedoria de vida que um espectro autista carrega e demonstra nas pequenas atitudes, uma capacidade que vai além daqueles que se consideram pessoas "perfeitas".

"Tem Ministros que falam que eles atrapalham, que não deveriam ir para escola. Meu filho me ensina, ensina a todos que convivem com ele. Ele ensina valores que tornam pessoas ao seu redor muito melhores, nenhuma escola ensina isso. Ele precisa de ajuda para entender a nossa humanidade de sentimentos ruins que ele não possui e, para viver em sociedade, ele precisa entender essas coisas". Completou Mion nesta mesma participação televisiva.

Os esforços de Mion em função desta causa foram reconhecidos com a aprovação da Lei Romeo Mion, que habilita a criação da Carteira de Identificação da Pessoa com Transtorno do Espectro Autista (Ciptea), que atesta a prioridade nas áreas de saúde, educação e assistência social para pessoas afetadas pelo transtorno.

A lei recebeu o nome do seu filho Romeo, que simboliza, na verdade, uma linda missão de vida extremamente bem conduzida por Marcos Mion e sua família, e que com certeza contribui demais no melhoramento de uma sociedade que ainda vive em uma cápsula coberta de desumanidade.

Propósito de vida - SENTIDO / SIGNIFICADO

Um certo dia, estava eu trabalhando no meu escritório quando recebi uma ligação da minha avó, dizendo que a minha Mãe estava passando mal e que precisava ser hospitalizada. Naquele período, minha Mãe estava passando por uma crise inflamatória referente a uma doença crônica no seu intestino, e todos nós da família já estávamos cientes de que a qualquer momento aquela necessidade poderia ocorrer.

Imediatamente após receber esta ligação, eu liguei para minha tia Solange – pois já estava acordado que, caso a minha Mãe necessitasse de internação, ela ficaria como acompanhante, já que o hospital não estava permitindo naquele momento acompanhante do sexo masculino no caso de pouso (dormir). Desse modo, avisei minha tia para que arrumasse as suas coisas que eu passaria em sua casa para pegá-la dentro de 1 hora.

Logo após eu terminar as minhas conversas telefônicas, eu fiz uma breve programação na minha cabeça de como proceder com aquele compromisso que surgira de repente. Eu pensei comigo: *eu vou sair daqui, abastecer o carro, ir até a cidade da minha tia para buscá-la, voltar, passar na casa da minha vó, pegar a minha Mãe e, então, partir para o hospital* (que ficava em uma cidade diferente das duas rotas anteriores). *Mas antes eu vou passar no Banco e sacar R$ 100,00 para deixar com a minha tia, caso ela necessite de alguma coisa ou queira comer algo diferente além da alimentação fornecida pelo hospital* (eu tinha a consciência naquele momento de que mesmo ela sendo irmã da minha Mãe, não seria necessariamente uma obrigação dela acompanhá-la, e eu, como filho, ajudar a minha tia de alguma forma era o mínimo que eu deveria fazer naquele momento).

Pois bem, quando eu estava saindo pela porta do meu escritório rumo a concretização daqueles meus pensamentos, cruzara comigo na porta de saída um homem desconhecido que me interrompeu dizendo o seguinte:

– Boa tarde, eu liguei para você algumas semanas atrás e você me passou um orçamento de R$ 200,00 para fazer um documento referente a averbação da minha casa.

E ele continuou:

– Eu gostaria de fechar contigo este trabalho, mas eu posso lhe pagar R$ 100,00 agora e os outros 100 depois que ficar pronto o documento?

Eu respondi:

– É claro!

Então, o homem entregou em minhas mãos uma nota de R$ 100,00 antes mesmo de eu cruzar a porta de saída do meu escritório. Na mesma hora eu captei os sinais e logo pensei: *já não vou precisar passar no banco para sacar os R$ 100,00 que eu havia planejado.* Em seguida, eu olhei para cima e agradeci a Deus com um sorriso no canto da boca que mais dizia: *"Obrigado, Senhor, tu é fód## mesmo!*

Está vendo? Isso é o Propósito de Vida se prontificando a me trazer SENTIDO e SIGNIFICADO. Isso só me mostra que em relação a esta situação, se tratava exatamente daquele caminho que eu deveria seguir, o caminho da generosidade, da justiça e da responsabilidade sobre o acolhimento permanente em relação à saúde da minha Mãe. Pois eu acredito que todo Propósito de Vida remete à plantação do bem. Ou seja, quando você age em função de um sentido e de um significado, automaticamente você produz e fornece coisas boas ao universo. E quando isso acontece, o universo gentilmente agradece a sua boa ação e lhe retribui na mesma proporção da sua benevolência.

É provável também que fatos como esse já aconteceram várias vezes na sua vida, mesmo que talvez você não tenha percebido as ocorrências, mesmo que talvez você tenha deixado passar batido os sinais e as mensagens divinas nas quais poderiam ensiná-lo a direção correta do percurso. Por isso, observe com mais precisão quando fizer algo prazeroso e significativo na sua vida. Você perceberá que tudo se harmonizará, tudo passará a dar certo sucessivamente e isso é exatamente o universo, ou qualquer que seja o substantivo que você queria usar, trabalhando a seu favor, dedicando-se contigo para que tudo corra exatamente conforme foi desejado.

E esta positividade também acontece quando você está prestes a tomar uma decisão importante na vida. Aquele caminho escolhido lhe traz resultados positivos de forma tão imediata que chega até surpreender, provando de forma categórica que aquele trajeto escolhido se tratava exatamente da direção correta a ser percorrida.

Por outro lado, existem as frustações. As frustrações muitas vezes vêm para nos impedir de seguir por caminhos que NÃO nos pertencem, mesmo que a nossa consciência de momento esteja convicta de que aquilo se trata de um jardim lindo e maravilhoso coberto de flores.

Isso acontece com certa frequência quando estamos prestes a conquistar uma ótima oportunidade de trabalho. Acreditamos naquele momento que se trata de uma grande oportunidade para alavancar a nossa vida profissional e consequentemente a nossa vida financeira. Porém, inesperadamente, todas as portas se fecham de forma repentina, e toda aquela expectativa acaba, na verdade, em decepção e tristeza. Logo, o tempo passa, e todas as respostas para aquelas frustrações vêm através da nossa capacidade de discernimento, o que nos faz dar conta de que todas as decepções passadas na verdade se tratava de um grande livramento, nos reposicionando no caminho que de fato já nos pertencia.

Aquelas pessoas que achamos que conhecemos por acaso, aquela grande oportunidade que surgira repentinamente, aquele imprevisto que fez mudar totalmente as rotas do percurso, aquela adversidade que no final das contas foi a principal responsável por sua evolução, tudo isso pode NÃO ser uma simples coincidência, mas sim estar diretamente ligados ao Propósito de Vida, que, neste caso, está encarregado de trazer SENTIDO e SIGNIFICADO a sua vida.

Entendes agora o que quero dizer em relação a esta categoria de Propósito?

Então, fique atento em determinadas situações da sua vida para não deixar passar batido os ensinamentos que o universo lhe fornece, seja em momentos de decisões, de dificuldades ou na praticidade das boas ações. Pois as placas de sinalização que o guiarão na sequência do trajeto, estarão instaladas no local, mas cabe a você prestar a devida atenção para não as perder de vista enquanto caminha.

Esta foi uma breve explicação dos quatros tipos de conceitos que acredito melhor representar e descrever o que é de fato um PROPÓSITO DE VIDA. Mas também é preciso ressaltar que certos Propósitos de Vida podem carregar consigo não somente um único significado, mas também até todos os outros tipos de significados dentro do mesmo desígnio. Um exemplo disso? O próprio livro que você está lendo neste exato momento.

Desde quando comecei a escrever as primeiras linhas deste original, o meu principal propósito sempre foi concluir toda a escrita, realizar todo o processo de produção do livro e, então, publicá-lo. Ou seja, um Propósito de Vida a princípio relacionado à META. E, lógico, para que posteriormente pudesse também tornar possível outros objetivos e intenções, sendo uma delas ajudar pessoas a perceberem a magnitude de suas próprias capacidades.

No entanto, o que determinará de fato se este Propósito também será ou estará relacionado a DOM/TALENTO, MISSÃO OU SENTIDO/SIGNIFICADO é o tempo. O tempo se encarregará de me mostrar, através dos meus resultados, qual tipo de Propósito melhor se encaixa para este meu objetivo de vida.

Se o tempo me mostrar que esta meta pessoal fez alguma diferença positiva na vida dos leitores, logo, eu precisarei ter o discernimento para captar os ensinamentos que o universo tentará me transmitir e, assim, caminhar nas trilhas que me levarão com mais rapidez ao encontro da minha FORTALEZA. Ou seja, se esses resultados forem realmente significativos, eu tenho a obrigação, em tese, de continuar essa praticidade por toda minha vida, uma vez que este objetivo pode me trazer SENTIDO/SIGNIFICADO a minha história.

Já sobre TALENTO ou DOM, não cabe tanto a mim certificar, mas obviamente que pode sim se tratar de uma singela possibilidade. Do mesmo modo, no sentido de MISSÃO, vários pontos de inflexões ocorreram na minha vida para que aqui de fato eu estivesse, fatos esses que você perceberá durante todo o conteúdo aqui apresentado.

Dessa forma, podemos entender, então, que um verdadeiro Propósito de Vida poderá conter 1, 2, 3 até 4 significados dentro do mesmo objetivo, obviamente seguindo os mesmos conceitos e opinião pessoal que expus neste capítulo. Porém toda essa percepção dependerá unicamente da sua perspicácia, da sua sabedoria de vida, para entender exatamente para onde o universo está tentando lhe conduzir. Por isso, tamanha é a importância do discernimento do PROPÓSITO DE VIDA durante a sua caminhada.

Observamos também a história de vida que relatamos do comediante Danilo Gentili. Todo o seu sucesso na vida profissional, que consequentemente o proporcionou a realizar vários outros objetivos pessoais, certamente se resultou por consequência de se viver em função de um verdadeiro Propósito.

Desde cedo, o comediante já sabia o que queria para sua vida profissional. A sua inteligência e a própria sabedoria de vida extraídas das suas dificuldades, o ajudaram a compreender rapidamente as mensagens recebidas, e isso o possibilitou a realizar ótimos planejamentos durante a construção da sua carreira. Inclusive, antes de ganhar a chance de criar o seu próprio programa de *talk show*, em 2011, Danilo já havia ilustrado em forma de desenho tudo o que ele gostaria que contivesse em seu programa, até mesmo as pessoas que ele gostaria que fizessem parte do seu elenco. Então, logo se nota que o Propósito de Vida de Danilo, de se tornar comediante e apresentador de televisão, contém META, SENTIDO e SIGNIFICADO na sua história, uma vez que o próprio comediante entendeu os recados do universo e seguiu pela estrada que realmente lhe pertencia.

Além disso, não há de se negar a competência que ele carrega quando o assunto é conteúdos humorísticos. Isso só nos leva a crer que o TALENTO e o DOM para criar piadas e fazer as pessoas rirem, também fazem parte da sua vida.

Por outro lado, como bem sabemos, o comediante passou por um verdadeiro calvário durante a sua adolescência, em que todos os fatos ocorridos ocasionaram muita angústia e tristeza no coração de Danilo e de sua Mãe Guiomar. Agora, venho eu e cito o TALENTO e o DOM de Danilo para criar piadas e fazer as pessoas rirem. Isso só nos mostra e faz entender que este Propósito pode perfeitamente também se tratar de uma MISSÃO de vida, já que não há nada melhor do que uma boa risada para combater qualquer tipo de abatimento. Ou seja, toda essa mistura não poderia ter outro resultado além de sucesso.

No entanto, toda essa analogia observada não se faz presente somente na história de vida de Danilo Gentili Júnior. Observe em sua volta e veja a quantidade de pessoas que iniciaram suas vidas do zero, sem nenhum tipo de benefício, e se tornaram pessoas vitoriosas e bem-sucedidas. E não estou falando somente nos prêmios e nas conquistas materiais, mas também no que diz respeito a felicidade e prosperidade, que, por sinal, engloba muitas outras premiações as quais o dinheiro não é capaz de comprar.

Aquele megaempresário, aquela premiada atriz de novela, aquele jogador de futebol famoso, aquele músico de sucesso ou aquele casal de camponeses felizes e realizados vivendo sob a paz e a tranquilidade da natureza. Você já parou para pensar que a conquista dos seus êxitos pode estar diretamente ligada ao real Propósito de suas vidas?

É claro que por trás de grandes resultados há também tamanha dedicação, proporcional à grandeza do prêmio, aliás, devo dizer que o trabalho é um dos, se não for o mais, importante ingrediente para a fórmula do sucesso. Mas, pode ter certeza de uma coisa, cada um desses vencedores os quais tomamos como exemplo, todos eles entenderam e captaram seus verdadeiros Propósitos no meio do caminho, e assim se entregaram de corpo e alma em função deles. Além do mais, eu acredito também que Deus separou os Propósitos de Vida compatível para cada filho seu, e só o que precisamos fazer então é compreender os verdadeiros desígnios e seguir em função deles sem se desviar, e não ficar martelando em algo que NÃO traz sentido algum ao nosso enredo.

Veja como exemplo um empresário de sucesso que conquistou tudo que almejou na vida profissional, além de vários outros objetivos de vida que consequentemente o proporcionou uma vida próspera e feliz. Posteriormente, esta mesma pessoa conduz o seu filho a seguir pelo mesmo caminho profissional, uma mistura de tradição e orgulho de ver o trabalho sendo continuado por várias gerações. Mas aí que vem o "xis" da questão, o Filho acaba não conseguindo progredir naquele mesmo segmento que o Pai tanto brilhou, mesmo tendo todo o *Know-how* da família a sua inteira disposição.

Nesse caso, eu também defendo a tese do esforço e da entrega, pois certamente a labuta do Filho não se equiparou ao esforço e sofrimento do Pai. Mas, talvez, aquele segmento que o Pai tentou encaminhá-lo não seria o real Propósito da sua vida, isto é, não seria o caminho que daria sentido e significado para sua existência.

Por outro lado, existem casos também em que aconteceram o contrário. O Pai batalhou a vida toda por um desejo que não se tornou consistente a ponto de entregá-lo satisfação e felicidade, mas, posteriormente, o seu Filho passa a ter os mesmos objetivos e desejos seus, considerando ir também pelo mesmo caminho profissional. Com isso, o próprio Pai passa a ser o professor e treinador do Filho, o incentivando a alcançar tudo aquilo que ele havia desejado. E eis que o sucesso surge e toma conta da vida do Filho, transformando todas as devidas premiações em uma prosperidade ainda mais relevante tanto na vida do Pai quanto na vida do Filho.

Neste segundo caso, o real Propósito de Vida do Pai não era exatamente aquilo que ele próprio buscava, independentemente se ele tinha ou não a convicção de que isso poderia se tratar de Propósito de Vida. Na verdade, os seus próprios desapontamentos se transformaram em um curso preparatório para ensinar o seu Filho o verdadeiro caminho do sucesso, resultando assim em uma felicidade ainda maior do que os seus pensamentos foram capazes de imaginar. Dessa forma, toda essa PROSPERIDADE que juntos Pai e Filho conquistaram, fazem hoje do Filho a pessoa que mais se admira e se orgulha do magnífico trabalho que o Pai sempre exerceu durante a vida.

Essa é a grande magia por trás do PROPÓSITO DE VIDA que cada indivíduo tem a sua disposição.

O legado de Ayrton

No ano de 1981, no início da sua carreira, o saudoso piloto brasileiro Ayrton Senna da Silva foi morar na Inglaterra para também participar de um campeonato de automobilismo na categoria Fórmula Ford. Naquele ano, Senna tinha 21 anos de idade, e havia acabado de se casar com Lilian de Vasconcelos Souza, que tinha 17. Lilian foi o primeiro amor de Ayrton e os dois foram morar juntos na terra da Rainha.

Como piloto, Senna já brilhava desde então e passou a acumular vitórias em cima de vitórias, o que resultou na conquista do título daquele campeonato de 81.

Aos olhos de quem via de fora, entendia que tudo estava indo muito bem na carreira e na vida pessoal do piloto. Mas aí que veio a grande surpresa.

Um belo dia, Senna ligou para seu fotógrafo Keith Sutton - que trabalhava com o piloto na época fazendo os registros das corridas, e disse o seguinte:

- Estou parando, estou abandonando o automobilismo.

Keith respondeu com voz de espanto:

- Como assim abandonando? Você está ganhando tudo quanto é corrida.

De fato, a vida pessoal do piloto não estava indo muito bem. Por se tratar de um casal de pouca idade e vivendo em um país diferente e longe dos familiares, a imaturidade de Ayrton e Lilian contribuiu para que o casamento dos dois se desmanchasse rapidamente, e isso prejudicou a concentração e os planos do piloto para o próximo ano.

No entanto, o maior motivo pela espantosa decisão de abandonar a carreira de forma prematura foi por motivos financeiros. Por mais que os bons resultados viessem com frequência, toda verba que entrava dos patrocinadores não era o suficiente para bancá-lo naquele início de carreira na Inglaterra, e Senna não queria mais continuar sendo custeado pelos pais. Além disso, os Pais de Senna também não queriam mais ver o filho correndo e se arriscando nas pistas, o motivo, é claro, a preocupação pela segurança de Ayrton. Sendo assim, Senna voltou ao Brasil e foi trabalhar na metalúrgica do pai, como já fazia tempos atrás.

De imediato – sob uma rotina completamente diferente de alguns dias atrás – *já se via um Ayrton triste e sem brilho, como uma lâmpada apagada* (palavras da irmã de Ayrton, Viviane Senna, em um documentário que relata a trajetória de vida do piloto).

Era nítido de que ser piloto de corrida para Ayrton dava sentido a sua vida, e, ao mesmo tempo, trazia alegria e felicidade ao coração do eterno ídolo brasileiro. O que nos faz enxergar que este ofício não era somente uma paixão queele sentia pelo automobilismo, mas que este também poderia ser um dos maiores e verdadeiros Propósitos de Vida que Deus o havia concedido.

Entretanto, este abandono prematuro das pistas não durou muito tempo. Os Pais do futuro tricampeão mundial de Fórmula 1, notando aquela triste realidade do filho, decidiram então apoiá-lo na carreira de piloto e o convenceram a voltar à Inglaterra para reviver os sonhos que haviam sido interrompidos, mesmo que aquela decisão contradissesse com os desejos vossos. Na verdade, eles quiseram devolver a luz de Ayrton que havia se apagado, sobretudo devolver a felicidade do filho a qual havia se perdido.

Sendo assim, em fevereiro de 1982 sob uma nova ligação telefônica ao seu recente ex-fotógrafo Keith Sutton, Senna disse em alto e bom som:

– *I am back* (estou de volta)!

Significado?

Naquele fatídico 1º de maio de 1994, enquanto Ayrton Senna era atendido pela equipe médica na "maldita" curva Tamburello no circuito de Ímola, um carro vermelho desobedeceu às bandeiras vermelhas, saiu dos boxes e parou próximo ao local do acidente que tirou a vida do brasileiro. Era o piloto francês Érik Comas a bordo de sua Larousse. Ele se aproximou do helicóptero e dos fiscais de pista, observou o tricampeão gravemente ferido e ficou tão impressionado com a cena que não continuou na prova e, no fim do ano, abandonou a Fórmula 1.

O grande choque de Comas tem explicação. Ele tinha uma relação muito peculiar com Ayrton. Dois anos antes, os dois vivenciaram papéis inversos. Em agosto de 1992, em uma sexta-feira de treinos em Spa-Francorchamps, o francês bateu fortemente com sua Ligier na curva Blanchimont e ficou atravessado no meio da pista.

Ao ver o colega acidentado, Senna imediatamente parou o carro no circuito e, literalmente, saiu correndo para ajudá-lo. Ao perceber que o piloto estava desacordado com o pé no acelerador, desligou o motor para evitar uma possível explosão. Na sequência, ainda segurou a cabeça de Comas em uma posição confortável, tendo certeza de que o piloto respirava até a equipe médica chegar ao local.

Anos depois, em um depoimento emocionado à TV francesa, Érik Comas quebrou o silêncio sobre o assunto e, grato pela atitude, disse que teve a vida salva por Ayrton.

Todas as pessoas envolvidas no mundo do automobilismo na era Senna sabiam da preocupação do piloto brasileiro em relação à segurança dos competidores. Senna sempre lutou por esta causa, mas a sua voz não era o suficiente para atravessar a barreira política envolvida na principal categoria do automobilismo mundial.

No final de semana que ficou marcado pela morte de Ayrton em 1994, tudo de mais sombrio aconteceu naquele triste GP de SAN Marino. Nos treinos da sexta-feira, o brasileiro Rubens Barrichello, que estava iniciando a sua trajetória na Fórmula 1, bateu violentamente sua Jordan Hart na variante baixa do circuito, e se chocou com a barreira de pneus e nas telas de proteção antes de capotar. A pancada foi tão forte, que o próprio piloto relata ter morrido por 6 minutos devido à gravidade da batida. Inclusive, Senna foi a primeira pessoa a visitar Rubinho no hospital.

Já no sábado, nos treinos classificatórios, o piloto austríaco Roland Ratzenberger morreu após uma batida violenta na curva Villeneuve, o piloto não conseguiu fazer a manobra e foi direto para o muro a 314,9 km/h. Era de fato o final de semana mais sombrio da história da Fórmula 1.

No domingo, sob um clima de tristeza derramado por todos os presentes no circuito, principalmente na cabeça e no coração dos pilotos, a corrida lamentavelmente foi autorizada a ser disputada, mesmo com tudo que já havia ocorrido.

De acordo com as regras da F1, se algum competidor vier a falecer dentro do circuito, a corrida imediatamente deverá ser cancelada. No entanto, A FIA alegava que Roland Ratzenberger faleceu no hospital, o que contradizia com os relatos das pessoas presentes no circuito.

Então, a corrida foi autorizada e iniciada posteriormente, e com apenas 6 voltas completadas, Senna, que liderava a prova, se encontrara praticamente falecido na curva Tamburello, naquele triste domingo do dia 1° de maio de 1994 o qual os brasileiros jamais esquecerão.

Depois deste trágico final de semana em Ímola, tudo mudou no que diz respeito à segurança no mundo do automobilismo. Muros de concreto foram substituídos por barreiras de pneus; curvas mais acentuadas foram remodeladas em formatos mais discretos, inclusive a própria curva Tamburello que vitimou Senna e tantos outros pilotos que ali se acidentaram; vários ajustes nos carros foram implantados com o passar do tempo, sempre priorizando a estabilidade dos carros e a segurança dos pilotos; equipamentos individuais, vestimentas e alguns materiais contidos nos carros, foram reprojetados com materiais mais resistentes; as regras da categoria também passaram por reformulações nesse sentido; enfim, há de se dizer que existe uma Fórmula 1 ante-Senna e outra pós-Senna.

Logo, é preciso também destacar que algumas fatalidades ocorreram após o 1° de maio de 1994, sendo as vítimas fatais três fiscais de pistas, e o piloto francês Jules Bianchi, que faleceu oito meses após sofrer um grave acidente de corrida no Grande Prêmio do Japão disputado em 2014. Porém todas as medidas protetivas referente as causas dos acidentes foram tomadas, inclusive a implantação do halo (protetor de cockpit, um dispositivo que ajuda a evitar acidentes durante as corridas por proteger a cabeça do piloto contra possíveis atritos), sendo esta a principal causa da morte de Jules.

De qualquer forma, pode-se dizer que a após a corrida sombria de Ímola de 1994, a segurança, tanto dos competidores, quanto das pessoas envolvidas no trabalho durante as corridas, melhorou 99%, abrindo o período mais seguro da história da categoria mais avançada do esporte a motor.

Missão?

As vitórias de Senna assistidas nas TVs das famílias brasileiras aos domingos daquela época traziam de certa forma um pouco de alegria e esperança ao coração dos brasileiros, principalmente das crianças, que sob um olhar puro e verdadeiro enxergavam Ayrton Senna como um verdadeiro super-herói das pistas.

"A minha melhor lembrança do Senna foi durante um final de semana na sua casa. Caiu um temporal e ficamos sem luz e sem telefone. Eu tinha que telefonar para minha esposa. Ela estava na Escócia. Saímos para procurar uma cabine telefônica. Eu telefonei para minha esposa, enquanto ele ficou lá fora me esperando. Ele estava sob um poste de iluminação e algumas crianças o reconheceram. Devia ter trinta crianças em sua volta. Ele falava com elas e distribuía autógrafos. Quando eu saí da cabine telefônica... (esta é uma das mais queridas lembranças que tenho dele) ...ele estava lá, sob a iluminação do poste, cercado pelas crianças que ele tratava com todo carinho." (Palavras de Sid Watkins, ex-médico da F1 e que estava em operação nos acidentes em Ímola).

O trabalho que o ídolo brasileiro fazia dentro e fora do cockpit do carro efetivamente servia de inspiração para todos que o conheciam. O Britânico e ex-piloto de Formula 1 Damon Hill, campeão mundial pela categoria em 1996, fez parte da geração de Senna e se tornou mais um admirador do tricampeão. Em uma entrevista franca e sincera feita no documentário *The Right to Win* que conta a história de vida do piloto brasileiro, Hill descreve o que era o ser humano Ayrton Senna dentro e fora das pistas:

"O que distinguia Ayrton dos outros pilotos de GP era que ele sabia que havia mais coisas além da Fórmula 1. A sua missão na categoria era criar uma plataforma onde ele pudesse se manifestar sobre a humanidade e os problemas das pessoas. Na Fórmula 1 ele era implacável, até desumano, mas sem dúvida ele sentia uma profunda empatia pela humanidade e com os problemas do mundo."

Um pouco antes da sua morte, dois meses antes para ser mais exato, Ayrton procurou a sua irmã Viviane para uma conversa, e disse a ela que gostaria de fazer alguma coisa para ajudar crianças e jovens. Ayrton pediu a irmã que pensasse a respeito e que logo voltariam a conversar. Porém esta segunda conversa nunca aconteceu, pois logo na sequência ocorreu o acidente quecausou a morte do piloto.

A vontade de Ayrton era ajudar a transformar a vida de crianças e jovens, proporcionando mais oportunidades na vida dessas pessoas, mais oportunidade de conquistar um futuro melhor, com mais educação, mais saúde e esperança. Ele realmente se preocupava com a desigualdade social e a falta de acesso às condições básicas das pessoas mais carentes, principalmente no Brasil, o seu país de origem, do qual se orgulhava e fazia questão de demostrar ao mundo a sua paixão e o seu patriotismo.

"As pessoas ricas não podem ficar vivendo em uma ilha cercada por um mar de miséria, todos nós respiramos

o mesmo ar, precisamos dar uma oportunidade, ao menos uma oportunidade fundamental para as crianças e jovens."

(Palavras ditas por Ayrton e reveladas pela irmã, Viviane Senna, neste mesmo documentário sobre a história de vida do piloto brasileiro.)

"Esta é uma visão que o Ayrton tinha, que eu tenho e que nasceu da minha família, sob uma educação de valores que respeita o valor do outro."

Todavia, aquela primeira conversa entre Ayrton e Viviane não era somente um simples diálogo entre dois irmãos. Na verdade, aquele momento marcava a descoberta de uma nova MISSÃO, estabelecia o nascimento de um novo Propósito de Vida que talvez não seria somente de Ayrton, mas também da sua irmã Viviane.

Após a morte do irmão, em 1994, Viviane juntamente com a família Senna decide então levar adiante a ideia de Ayrton e plantar as sementes que ele havia deixado, assim nasceu o instituto Ayrton Senna.

*O **Instituto Ayrton Senna** é uma ONG brasileira criada pela família Senna em 1994 tendo como presidente Viviane Senna, empresária e irmã do tricampeão de Fórmula 1. O Instituto concretiza o sonho de Ayrton Senna de ajudar o Brasil a diminuir as desigualdades sociais, criando oportunidades de desenvolvimento humano a crianças e jovens por meio da educação. Anualmente a organização capacita 60 mil educadores, e seus programas beneficiam diretamente cerca de 2 milhões de alunos em mais de 1.300 municípios nas diversas regiões do Brasil.*

São histórias de vidas como essa que nos fazem perceber a magnitude de se viver em função daquilo que nos foi reservado, de se viver em função de uma verdadeira missão. Pois a partir do momento que o indivíduo encontra o verdadeiro sentido da sua existência, ele encontra também a felicidade permanente, o progresso constante e uma FORTALEZA que não se vê fim. Todos sabem a proporção que tomou a vida de Ayrton Senna da Silva como piloto de automobilismo, quantos exemplos de vida, quantos ensinamentos, quantas alegrias e admiração o piloto proporcionou a todos os brasileiros que sempre o acompanharam.

Senna transmitiu através do seu talento, lições de determinação, de dedicação, de fé, de comprometimento, de disciplina, de acreditar que de fato somos capazes de realizar nossos sonhos independentemente do meio em que vivemos. E esta inspiração é mostrada com clareza em um depoimento de toda a delegação da Seleção Brasileira tetracampeã mundial de futebol de 1994. Os jogadores e toda comissão técnica revelam que a maior inspiração para aquela conquista foi justamente as lições de vida do ídolo Ayrton Senna da Silva, que havia falecido poucos dias antes do embarque da Seleção aos Estados Unidos. Inclusive, uma faixa contendo a frase *"Senna... aceleramos juntos, o tetra é nosso"* foi estendida pela equipe ao final do jogo contra a Itália. Realmente, Senna foi, Senna é, e Senna será, por um longo tempo, um grande exemplo para muitas pessoas que buscam alcançar os seus principais objetivos de vida.

Em conclusão deste capítulo como também da primeira parte do livro (DESPERTAMENTO), encerro este dizendo o seguinte: no aglomerado das almas de todo conteúdo aqui exposto, sendo este uma figura de linguagem e não uma forma literal da palavra, insisto e concluo: quando você se deparar com resultados magníficos operando uma determinada ação na sua vida, seja na vida pessoal, social, profissional ou espiritual, e esta mesma causar em você felicidade e espanto por tudo correr maravilhosamente bem e de forma acelerada, meus parabéns, mantenha esta atividade para sempre na sua vida, pois você pode ter encontrado um grande Propósito de Vida capaz de lhe entregar muitas benevolências em formato de PROSPERIDADE.

O maior erro que o ser humano pode cometer na vida é insistir em trafegar por caminhos escolhidos somente pelos seus próprios interesses, ignorando as pistas que Deus o fornece durante o percurso, seja através de sinais, tropeços ou adversidades. Porém, é preciso sabedoria para não confundir os obstáculos naturais com essas devidas orientações, para não haver, absolutamente, riscos de você desistir de Propósitos autênticos por conta das dificuldades comumente encontradas em toda e qualquer batalha da vida. (Odair j.l.)

PARTE II:
TRANSFORMAÇÃO

A força não provém da capacidade física. Provém de uma vontade indomável.

Mahatma Gandhi.

CAPÍTULO QUATRO

DISCIPLINA

Quando você acorda desmotivado, sem ânimo algum para realizar as devidas obrigações e, mesmo assim, você resiste e vai à luta sabendo que aquilo é necessário... isso é exatamente o que se chama DISCIPLINA.

A disciplina é uma das principais qualidades na vida de uma pessoa quando se trata de crescimento, evolução e PROSPERIDADE. É sem dúvidas o leme que o guiará e o manterá no curso correto em direção aos seus respectivos projetos de vida. No entanto, se a disciplina não for uma de suas melhores condições ou for uma das capacidades que você de fato não consiga relativamente dominar, você certamente terá grandes problemas no decorrer de sua jornada.

Você pode até ter talento, empenho, força, determinação... mas se você não tiver uma autêntica DISCIPLINA como sua fiel aliada, a sua jornada será mais longa e, ao mesmo tempo, demorada, uma vez que a falta dela causará também a aparência de novos obstáculos e dificuldades os quais poderiam ser facilmente evitados.

Uma pessoa que possui a disciplina como uma de suas melhores características, consegue facilmente gerenciar a sua vida de uma forma ordenada e organizada, podendo atingir grandes resultados em um curto espaço de tempo mesmo que a princípio o crescimento e a evolução pareçam imperceptíveis. Caito Maia, fundador da Chilli Beans, disse a seguinte frase: "*Disciplina é o segredo da minha vida. Eu não sou um cara talentoso, não sou cheio de ideias, eu sou até um cara meio medíocre. Mas eu sou disciplinado. O cara disciplinado faz o que ele quiser, por menos talento que ele tenha.*"

Uma maneira simples de exemplificar o significado do comportamento da disciplina ou da falta dela em nosso dia a dia, é citar uma pessoa que teima em fazer algo que ela já sabe que não é correto fazer, mesmo assim ela faz.

No primeiro momento posso citar uma criança que fez algo de errado mesmo sabendo que antes a sua Mãe a havia proibido, isso demonstra se tratar de uma criança indisciplinada.

Um aluno que desobedeceu a uma ordem do professor mesmo sabendo de todas as regras escolares, logo se nota que este se trata de um aluno indisciplinado.

A roupa que você pegou no armário do seu irmão mesmo sabendo que ele odeia que mexam em suas coisas, isso mostra que você é uma pessoa ou ao menos um irmão indisciplinado.

E perceba que esses modelos de indisciplinas citados, praticamente todas as pessoas adultas deste mundo já as cometeram uma vez na vida, assim como várias outras semelhantes que fizeram parte da sua infância e adolescência. A diferença é que a grande maioria delas não repetiu essas atitudes depois de pegar uma certa idade e amadurecer, isso mostra que elas aprenderam as lições, reprogramaram as suas atitudes e se tornaram pessoas mais disciplinadas.

De qualquer forma, há de se compreender também que a qualidade da DISCIPLINA ou da falta dela não se trata somente dessas "inofensivas" irregularidades. Na verdade, ela abrange diversas outras situações as quais fazem parte de praticamente todas as áreas de nossas vidas.

Veja você que está lendo este livro neste exato momento. Provavelmente você conhece alguém aí do seu convívio que ganha muito bem financeiramente e mesmo assim não consegue progredir na vida. Ou alguém do tipo "azarado" que constantemente passa por "imprevistos" que lhe causam problemas, prejuízos e preocupações em uma frequência que chega até dar pena. Mas é muito provável também que essas situações estão diretamente relacionadas a ausência de disciplina em suas vidas.

Aquele seu amigo que frequentemente "fica na mão" com o seu veículo por não ter trocado o óleo do motor. Aquele seu tio que mais uma vez te ligou para salvá-lo por falta de combustível no carro. O seu primo que teve mais uma vez o seu veículo apreendido por falta de pagamento do licenciamento. Então, você acredita que esses contratempos citados se caracterizam como "azar" ou indisciplina?

Inclusive, se esses acontecimentos também fazem parte do seu estilo de vida, sobretudo ocorrem em um fluxo regular e repetitivo como se fossem simplesmente "fatalidades naturais", a sua vida, evidentemente, não vai andar para frente. Isso sem contar o estresse, as preocupações e o desânimo que tomarão conta do seu estado físico e emocional, o que exterminará gradativamente as suas forças, as suas capacidades e consequentemente os seus sonhos e planos futuros.

E esses episódios citados podem servir de reflexão também para muitas outras atitudes errôneas que provavelmente cometemos no dia a dia. Uma seta do carro não dada ao virar no cruzamento, o uso do celular enquanto dirige, o lixo que você não joga no cesto de lixo, etc. E esses maus hábitos acontecem com muita frequência e acabamos culpando nossa louca rotina do dia a dia para mascarar todos esses contrassensos. O que se trata justamente do início da criação de um fluxo de torturas.

Logicamente também que não estou dizendo aqui para que nos tornemos pessoas robóticas, regradas ao extremo, programadas a não fazer nada fora da curva. Mas se empenhar, se esforçar ao máximo a praticar a forma correta das coisas regularmente.

A partir do momento que você cometer alguma infração, por mais simples e inofensiva que ela seja, sob nenhuma hipótese repita o erro, ao invés disso aprenda com ele, extraia as lições deste desacerto e transforme o fato em aprimoramento. Pois as pequenas falhas vão lhe ocasionar pequenos danos, mas com o acúmulo delas, criar-se-ão muitas barreiras para sua ascensão.

Eu penso que uma pessoa que é indisciplinada em pequenas atitudes, certamente ela não é disciplinada para cumprir metas diárias que a farão alcançar os seus objetivos de vida, e isso se trata realmente de mais um grande motivo que a impede de prosperar e progredir. Além do mais, sabe quem mais sai afetado com esse tóxico estilo de vida? O seu bolso, a sua vida financeira. Pois foi mais um gasto que "não" estava previsto no seu orçamento, foi mais uma despesa que consumiu parte do seu salário que seria destinado para a construção dos seus objetivos, e isso, aos poucos, acabará com a saúde das suas finanças e, é claro, dos seus planos.

Você precisa entender definitivamente que essa insistência de erros cometidos causará ferimentos em sua conta bancária que poderá não ter mais a possibilidade de cicatrização. Você vai patinar, patinar e patinar, e não vai sair do lugar, você viverá o resto da vida somente para tapar os buracos que você insiste em abrir. E isso explica por que muitas pessoas desistem no meio do caminho, jogam na lata de lixo os seus sonhos e enraízam em suas cabeças que tudo aquilo é impossível de alcançar. Algo que me entristece profundamente e me revolta ao mesmo tempo.

Outro fator muito importante e que está diretamente relacionado a disciplina é o COMPROMETIMENTO.

O comprometimento é uma das qualidades que não pode faltar no currículo de quem pensa em crescer e progredir na vida, já que a mesma, que inclui lealdade, responsabilidade e disciplina ao mesmo tempo, também está presente na vida de todas as pessoas que já estão trafegando A CAMINHO DA FORTALEZA.

No entanto, a falta de comprometimento pode rotular pessoas significativamente de forma negativa, que poderão fechar portas que dariam acesso às melhores oportunidades, principalmente se tratando das suas carreiras profissionais.

Vejamos: você deixaria a sua carteira recheada de dinheiro nas mãos de uma pessoa que já o furtou? Deixaria? Pois é, e esta será a mesma sensação que outras pessoas terão de você quando desonrar um compromisso no seu trabalho ou no seu negócio. Os envolvidos não designarão bons cargos a você, não comprarão o seu produto, não contratarão os seus serviços, e justamente por isso, pela falta de comprometimento. E com isso, obviamente, as portas das boas oportunidades aos poucos se fecharão e a confiança no seu taco profissional criará arranhões que dificilmente será restaurado.

Tem também a questão dos compromissos pessoais e particulares: uma ferramenta emprestada e não devolvida; um empréstimo feito e cumprido com atrasos, ou nem isso; um horário combinado, um encontro marcado, um tratado prometido... tudo isso extermina as suas boas possibilidades.

Por isso, então, se atente a essa disciplina chamada COMPROMETIMENTO, pois ela pode causar uma mancha em seu currículo que poderá bloquear os seus melhores trajetos, o que certamente retardará a sua caminhada rumo a concretização dos seus principais objetivos de vida.

Agora, e apesar de já ter passado algumas das mais importantes informações relacionadas ao comportamento da DISCIPLINA, devo dizer e confessar também que a falta dela pode não só causar consequências como essa citadas, como: stress, preocupação, má reputação, prejuízos financeiros..., mas também e, principalmente, consequências muito maiores do que a nossa "sã" consciência é ou foi capaz de imaginar.

Sentindo na pele as consequências

O ano era 2008, a minha idade era 20, e logo na primeira oportunidade que tive, assim como a maioria dos adolescentes da época que aguardavam ansiosamente ter condições e maioridade para dirigir, comprei uma motocicleta de modelo Titan 150 cilindradas financiada em ásperas prestações.

Na verdade, eu comprei essa moto um pouco antes de chegar a minha carteira de permissão para dirigir, mas deixei-a guardada até que eu pudesse de fato "usufruí-la" legalmente. Assim, a minha ânsia para sair pilotando o mais rápido possível o meu primeiro veículo a motor era grande, mas a minha falta de experiência de vida, sobretudo de trânsito, também.

Eu não tinha experiência o bastante para entender que certas atitudes poderiam causar graves consequências, talvez até por um pouco de inocência, mas a irresponsabilidade também não poderia ser ignorada. E convenhamos, quase todo motociclista novato não conhece muito bem o significado da palavra LIMITE, e eu era só mais um naquele seleto grupo de pessoas inocentes e iludidas talvez por "diversão". Acredito que o nosso subconsciente de momento nos tratava como algo indestrutível, que toda a situação sempre estaria sob nosso controle e que nada de ruim absolutamente poderia nos acontecer.

Naquele período, e aqui já descrevendo a cena do ocorrido, eu morava em Severínia, uma pequena cidade do interior de São Paulo com pouco mais de 15 mil habitantes. Minha casa ficava a poucos metros de uma das principais avenidas da cidade, uma avenida bem larga com duas vias de acesso vai e vem, separadas e divididas por canteiros não-contínuos, com aproximadamente 25 metros de comprimento por 1 metro de largura cada um.

Ao final de um determinado canteiro, havia uma espécie de cruzamento, em formato de "T", uma curva acentuada à esquerda que dava acesso direto à rua da minha casa. Porém, se eu atravessasse a avenida antes mesmo do último canteiro, eu passaria direto em direção à rua da minha casa sem precisar frear e virar bruscamente. No entanto, esta inexistente opção faria com que eu trafegasse cerca de 30 metros na via de sentido contrário, ou seja, na contramão da avenida (agora você já pode até imaginar o que pode ter acontecido).

Eu cometi esta indisciplina algumas vezes e não demorou muito para que a vida me mostrasse que aquela decisão era totalmente errada. E de certa forma, eu sabia o que estava fazendo, eu sabia que aquela atitude era imprudente. Mas quando se trata de imaturidade e inexperiência de vida, não passa pela cabeça que existe a possibilidade ou a probabilidade de acontecer algo dos piores.

A data era 11 de outubro de 2008, um sábado à noite, ansioso para comemorar um ano de namoro com a minha então namorada e agora esposa, Samy. Venho eu, pilotando minha moto me achando um super-herói intocável, rasgando a avenida em alta velocidade e cometendo a mesma infração de costume. Quando de repente, surge à minha frente um outro motociclista que acabara de entrar na avenida no sentido oposto, transitando corretamente diga-se de passagem. A catástrofe já estava feita, uma colisão frontal entre duas motocicletas dentro de uma cidade de 15 mil habitantes era algo inacreditável.

E o pior de tudo, envolver e prejudicar uma outra pessoa que não tinha nada a ver com a minha irresponsabilidade. Ele estava trabalhando, entregando pizza ali na vizinhança.

Contudo, apesar das duas motocicletas ficarem praticamente destruídas, graças a Deus não aconteceu nada de mais grave com o outro envolvido. Já eu, o indisciplinado, fratura exposta na perna esquerda e um longo inverno de aprendizagem.

Sabe aquela frase: "*não dê mole para o azar*"? É a mais propícia para descrever este acontecimento, mas é evidente e indiscutível que a falta de disciplina neste caso prevaleceu. Pois poderia até ter acontecido algo pior, tanto comigo como com o outro envolvido, sem que eu pudesse até ter a oportunidade de fazer diferente, de aprender, de evoluir.

Agora, você acha que eu voltei a cometer esta patética atitude ou algo parecido relacionado a moto e a trânsito? E nem se eu quisesse, tive que vender a "lambreta" novinha com poucos quilômetros marcados em seu velocímetro por um preço irrisório, já que naquele momento estava toda retorcida devido ao acidente.

Entretanto, devo confessar também que este acidente de trânsito não foi o primeiro que eu havia sofrido. Alguns meses antes, 4 para ser mais exato, sofri um acidente ainda mais grave, também de moto, mas neste caso eu era apenas um assustado passageiro mal acompanhado. Caí de cima da garupa de uma moto em uma rodovia movimentada a mais de 100 km/h, após meu "amigo" fazer uma ultrapassagem totalmente esdrúxula no meio de dois carros. Naqueles milésimos de segundos, fiquei com medo de cair embaixo dos veículos em movimento e me joguei no asfalto até que meu corpo parasse na extremidade da rodovia, logo sem uma boa parte de pele e sem muita noção do que realmente acabara de acontecer. E como cena de novela, o meu pai estava passando de carro vindo de outra cidade e parou de curiosidade para ver o que havia acontecido, acabou ele mesmo me acompanhando na ambulância a caminho do hospital, obviamente muito assustado e com um semblante de perplexidade o qual consigo enxergar nitidamente em qualquer momento como se fosse aquele. Graças a Deus ficou somente nas escoriações que não foram poucas e alguns pontos no pé direito, mas, de fato, eu poderia ter perdido a vida que, pelas circunstâncias, foi um milagre.

Embora eu não fosse de certa forma o principal culpado por esse primeiro acidente (talvez não pelo fato, mas por permitir com certeza sim) eu deveria ter aprendido a lição, ou ao menos, ter me alertado de que a coisa não era de brincadeira. Eu simplesmente esnobei os ensinamentos do acidente anterior e não aproveitei as lições que tive com aquela experiência da prática. Se eu tivesse enxergado os perigos em que eu estava exposto dirigindo daquela maneira, muito provável que aquele segundo acidente não aconteceria.

Por outro lado, hoje vejo também que muitas pessoas cometem esses tipos de erros, sofrem as consequências até na mesma proporção de grandeza e, mesmo assim, continuam a cometê-los em um ritmo repetitivo e assustador. Um ciclo completamente destrutivo que só tende a piorar caso algo não seja mudado ou aprendido.

Inclusive, sobre isso, posso lhe dizer agora com a total certeza e propriedade do mundo que a conjunção desses dois acidentes que me aconteceram foram um dos pontos de inflexão mais importantes da minha vida, já que depois disso tudo mudou completamente, conforme verás no decorrer deste livro. Mas também em função de várias percepções que me fizeram enxergar o caminho o correto a ser percorrido.

Agora, você pode até estar se perguntando: *Tudo bem, mas... qual a influência de todos esses assuntos e acontecimentos para o meu crescimento, evolução e prosperidade? Qual a influência deles NO CAMINHO DA MINHA PRÓPRIA FORTALEZA, no alcance de todos os meus objetivos de vida?*

E eu lhe digo.

Todos esses exemplos e acontecimentos que citei anteriormente, influenciarão diretamente no seu tempo, na sua saúde, no seu crescimento, na sua evolução, na sua qualidade de vida, na sua vida financeira... ou seja, toda essa composição de fatores influenciará nos seus resultados, tudo isso atrasa o seu crescimento e a vida próspera que você tanto deseja, você fica a cada dia mais distante de realizar tudo aquilo que você considera ser os seus principais objetivos de vida.

Acerca disso, e para que fique claro sobre a relevância e a influência da disciplina no crescimento de praticamente todas as áreas da sua vida, vou abordar agora pontos diretos relacionados ao seu dia a dia e que serão cruciais para o seu aprendizado e ascensão.

O poder do hábito

A maneira que conduzimos nossas vidas, seja através de comportamentos, decisões, costumes ou execução de tarefas, todas elas nascem ou surgem de alguma forma em consequência dos nossos hábitos.

Se pararmos para analisar, podemos facilmente perceber que a somatória de dezenas de hábitos que realizamos diariamente resultam e moldam o formato do nosso dia. Ou seja, a praticidade dos hábitos constrói a nossa rotina diária, que automaticamente define a nossa vida presente, e que consequentemente impactará e definirá os resultados da nossa vida futura.

Logo, então, se desenvolvermos bons hábitos durante o decorrer de nossas vidas, teremos como recompensa consequentemente os devidos benefícios. Já se desenvolvermos maus hábitos, posteriormente teremos como resultado os respectivos malefícios. É uma questão de ação e reação.

Se você não tem o hábito de escovar os dentes regularmente, por exemplo, logo gastará dinheiro com algum tratamento dentário. Se você possui o hábito de usar o celular enquanto dirige, logo estará desembolsando recursos para pagar multas, consertos e até despesas hospitalares. Se você possui o hábito de fumar, beber em excesso ou algum outro tipo de vício destrutivo, logo poderás adquirir um problema de saúde mais sério e irreversível. Enfim, existe uma infinidade de hábitos corriqueiros em nosso dia a dia e que podem sim ser altamente prejudiciais e destrutivos à sua vida.

No entanto, além dessas várias causas aqui mencionadas que se trata até de informações óbvias aos olhos da maioria, os maus hábitos também são capazes de atrasar e impedir você de conquistar os seus objetivos de curto, médio e longo prazo. Sim, os seus hábitos diários também influenciam no seu planejamento de vida, podendo até ser a causa principal que o impede de prosperar.

E a equação para isso é muito simples:

Os objetivos de longo prazo dependem dos objetivos de médio prazo. Os objetivos de médio prazo dependem dos objetivos de curto prazo. E os objetivos de curto prazo dependem exclusivamente dos hábitos diários. Ou seja, não adianta pensarmos somente no alvo principal (imaginando a ponta da pirâmide) e esquecer da base de sustentação que é justamente formada pela composição dos nossos hábitos, não obtém coerência. Quer ver um exemplo?

Vamos supor que você tem como objetivo de momento fazer uma viagem internacional, conhecer a Europa, por exemplo. Então, para que você consiga esta realização, será preciso que você conquiste outras metas que antecedem o seu objetivo principal, sendo, por exemplo: pesquisar os pontos turísticos do local, fazer orçamentos para estadia e locomoção, planejar o trajeto da viagem, tirar o passaporte, juntar o dinheiro da viagem se for o caso, entre outras mais. E é justamente neste momento que o poder do hábito se torna relevante.

Vamos pensar na parte financeira. Se você não possui alternativas como fontes de renda extra, considerando que o seu capital financeiro de momento não seja suficiente para custear a sua viagem no tempo desejado, você precisará então se reorganizar e mudar os seus hábitos para que o tal desafio seja superado. Você pode começar cortando o plano de TV por assinatura que você não assiste. Ajustar o plano do celular de custo e benefícios desnecessários. Você pode diminuir os gastos com *fast-foods* e adicionar o bom hábito de se alimentar bem e de maneira mais saudável. Pode também criar o hábito de pedir descontos quando for comprar um produto "necessário", e por aí vai. Assim, aos poucos, você eliminará alguns maus hábitos e acrescentará bons comportamentos que contribuirão e acelerarão a realização da sua importante viagem internacional. E isso está totalmente vinculado e ao mesmo tempo dependente do comportamento da DISCIPLINA.

Em definição: a velocidade da sua caminhada rumo aos seus respectivos objetivos de vida dependerá relativamente e exclusivamente dos seus comportamentos, quanto mais bons hábitos você praticar, isto é, quanto mais DISCIPLINADO você for, mais rápido chegará as suas conquistas. O que é de fato até uma questão de obviedade.

Então, faça da sua vida uma composição de bons comportamentos, escolha sempre o caminho correto das coisas e todo o restante será o resultado de suas ações. Comece inserindo um bom hábito hoje, outro amanhã, e a partir disso, tenha disciplina o bastante para repeti-los constantemente. Assim, aos poucos, você criará o hábito constante de viver bem e melhor, e logo perceberá a transformação e o crescimento exponencial que a sua vida experienciou.

Disciplina na vida profissional

Conforme citado anteriormente, a disciplina acompanhada do comprometimento é uma grande qualidade pessoal e está presente em vários momentos de nossas vidas, principalmente em nosso meio profissional. Por conta disso, destacarei aqui alguns pontos que acredito serem cruciais para o melhoramento das suas capacidades em função da disciplina no campo de trabalho.

O primeiro fator é o horário. Na verdade, você deve ser pontual em qualquer circunstância, seja em passar na casa do amigo para ir ao futebol ou para os devidos atendimentos dos compromissos profissionais. E vamos ser sinceros, se você costuma chegar atrasado em seu local de trabalho, sobretudo com uma certa frequência, você precisará de muito avanço ainda antes de pensar em sonhar em conquistar os seus objetivos de vida. Pois isso demonstra uma total falta de disciplina e comprometimento, e passa uma péssima impressão, seja aos olhos do seu chefe ou de qualquer outra pessoa em sã consciência.

Já para quem está iniciando uma nova jornada de trabalho, seja em uma entrevista de emprego ou no primeiro encontro com seu novo cliente, esse conjunto de qualidades envolvendo disciplina e comprometimento serão cruciais para que as portas das boas e novas oportunidades se abram para você. O seu futuro patrão ou o seu futuro cliente não sabem exatamente das suas reais intenções, não assistiram sua trajetória de vida, não conhecem na prática as suas habilidades, por isso ter uma disciplina como seu principal cartão de visitas é imprescindível em situações como essa. Lembre-se, a primeira impressão é a que fica, e honrar as suas obrigações desde o início será fundamental para alcançar as suas devidas pretensões.

Posteriormente, depois que você conquistar o seu espaço no mercado de trabalho, seja como empregado, empregador ou qualquer tipo de categoria profissional que exerça, você deve, é claro, manter as suas convicções e somá-las com empenho e determinação, mas jamais deixar de praticar as devidas disciplinas durante o caminho. Não é porque você conquistou o seu espaço que você deve esmorecer e se acomodar. Pelo contrário, todo dia é um novo desafio, uma nova aprendizagem, uma nova oportunidade de chegar mais próximo dos seus objetivos de vida. Por isso, não tenha como opção o amolecimento ou a acomodação, pois estas não são escolhas das mais inteligentes, principalmente se tratando do melhoramento da sua própria FORTALEZA.

Outro ponto importante e que você deve ficar atento são as infrações comportamentais praticadas no dia a dia, que podem até parecer pequenas e irrelevantes, mas que aos poucos subtrairão seus valores como profissional, como por exemplo: não cumprir horários (conforme havia dito anteriormente), fugir das suas responsabilidades, cumprir metas com atrasos, ignorar o pós-venda, prometer muito e fazer pouco, falar mal do seu patrão ou do seu cliente, desonrar acordos etc. E por conta disso, e para que fique também mais esclarecedor e proveitosa as informações aqui destacadas, vou pontuar algumas dessas mais importantes em formato de regras para que lhe sirva de orientação sobre disciplina profissional:

1) Se o seu gerente lhe passou uma meta, procure atender e cumprir no prazo determinado, isso será primordial para o surgimento de novos desafios e oportunidades;
2) Se você fez algum compromisso de trabalho com o seu cliente, doe tudo de si para cumprir

o combinado, isso será a melhor publicidade e propaganda para o seu negócio em formato de reputação.

3) Se você achar que algum horário proposto corre o risco de não ser cumprido por depender de algum outro tratado, não continue com a promessa. Seja sincero e transparente, exponha os fatos antes mesmo de marcar o tal compromisso, isso passará uma boa impressão ao envolvido.

4) Se você estiver em meio a um planejamento de trabalho, e você perceber que há possíveis impedimentos que não garantam com mais exatidão o resultado esperado, não dê sua palavra de que conseguirá, principalmente se o tal projeto não depender somente do seu ofício. Ao invés disso, faça um *feedback* com todos os envolvidos, extraia a melhor estratégia, mostre-os os possíveis obstáculos e as devidas soluções, assim vocês evitarão uma decepção como resultado do projeto.

4) Jamais prometa algo maior do que a sua capacidade, se você é um pedreiro e tem aptidão para assentar piso cerâmico, não prometa a mesma qualidade com porcelanato. Certamente o resultado não será o mesmo e a sinceridade inicial evitará maiores transtornos.

5) Jamais prometa entregar o seu produto antes do prazo mínimo. Se o seu planejamento é

entregar o trabalho com 5 dias, faça o trato com 7. Não prometa no seu limite e muito menos em um prazo menor, é melhor surpreender com a antecipação do que plantar expectativa e colher frustração. Neste caso, a última impressão é a que fica.

6) Jamais transfira a sua responsabilidade após cometer um erro no trabalho, não procure outra saída a não ser o próprio reconhecimento. Não deixe que o seu ego o impeça de crescer, na verdade essa limitação é facilmente percebida aos olhos de uma pessoa com mais experiência, e, ao invés de você demostrar ser altamente capaz, isso rebaixará significativamente as suas qualificações como profissional.
7) Jamais fale mal do seu antigo patrão ou do seu antigo emprego, não cuspa no prato que comeu independentemente se empresa foi boa ou ruim para você. Seja grato por aqueles que te serviram e te deram uma oportunidade quando você mais precisou, aquele seu último emprego que você tanto desdenha certamente contribuiu de alguma forma na sua vida, se não foi financeiramente, com certeza o serviu de experiência e conhecimento.

Enfim, essas foram algumas regras e disciplinas profissionais ass quais poderão fazer a diferença no seu currículo profissional, fazendo com que aumente a sua capacidade e as suas qualificações como trabalhador. Embora elas sejam de grande importância, essas decisões comportamentais deveriam fazer parte do básico no currículo profissional de qualquer pessoa, mas bem sabemos que na prática não é isso que acontece. De todo modo, absorva estes conselhos e saiba identificar suas limitações, se esforce para mudar o cenário atual da sua vida aprimorando as suas habilidades profissionais. Assim, as boas oportunidades se tendenciarão a seu favor, e a sua carreira profissional deslanchará positivamente no sentido das suas próprias intenções.

Disciplina para uma vida

Você aprendeu aqui que a disciplina é um dos pilares para o seu autocrescimento e colhimento de bons resultados, que essa habilidade influencia diretamente na administração do seu tempo, do seu trabalho, dos seus planos e da sua trajetória de vida. Mas, além dessas faculdades destacadas, eu acrescentaria também como mais um fator importante em função do desempenho da disciplina, o seu PODER DE DECISÃO. Pois a má escolha, na hora de decidir algo importante na sua vida, sobretudo em situações que influenciam diretamente na busca dos seus principais objetivos de vida, também é altamente destrutiva.

Se você não sabe dizer NÃO às pessoas, por exemplo, por receio de desagradá-las, isso nada mais é do que mais uma indisciplina que você desenvolve regularmente. Se mais uma vez aquele seu cunhado veio lhe pedir dinheiro emprestado e o motivo pelo qual mais uma vez também é irrelevante, você precisa necessariamente dizer NÃO a tal situação, pois a chance de você sair prejudicado na história é muito grande, e isso atrapalha completamente o andamento dos seus projetos. Afinal, é melhor o seu cunhado parar de conversar com você por não ter emprestado o dinheiro, do que ficar sem conversar por não ter pagado a dívida. O primeiro seria somente um problema dele.

Uma dica para esta passagem e que também vai lhe ajudar em muitas outras situações na sua vida é: aja sempre a favor da razão, e não de alguma forma pelo lado da emoção. Pois quando você age pelo impulso dos sentimentos emocionais, você próprio se induz a escolher a opção errada e, com isso, automaticamente, você alimenta a INDISCIPLINA do outro, além de criar todas as possibilidades do mundo de sair prejudicado na história.

Outrossim, está no poder de decisão em função da administração dos seus próprios interesses, sobretudo, da sua vida financeira, sendo que neste caso, a dificuldade do "NÃO" está presente no diálogo com o seu próprio consciente.

Sabe aquela comum dificuldade de não saber administrar o salário que ganha, as despesas do mês, o orçamento familiar que a grande maioria das pessoas ainda penam em conseguir superar?

Pois é. E sabe por que isso acontece? Sabe por que há tantas pessoas endividadas no atual momento e que assim não conseguem avançar em seus respectivos projetos de vida? Porque elas não possuem disciplina financeira suficiente, elas não conseguem dizer "NÃO" para suas próprias consciências em momentos de decisões, fazendo compras em demasia, desnecessárias. E pior ainda, quando as suas principais fontes de renda se trata de remunerações do tipo variável, fracionada, aí a dificuldade aumenta ainda mais.

A grande maioria das pessoas não conseguem lidar com o dinheiro dessa forma, do tipo "receber picado", elas não possuem disciplina suficiente para entender que determinada fatia do seu salário vai para a caixinha do supermercado, a outra para a parcela do carro, a terceira para a construção dos seus objetivos de vida e assim por diante. Parece que o dinheiro não pode ficar em suas mãos por muito tempo que rapidamente darão uma outra finalidade a ele. É uma atitude tão simples de se tomar, mas a maioria delas não conseguem praticar essa disciplina.

Inclusive, para profissionais liberais, autônomos, microempresários, enfim, pessoas que tem o seu faturamento mensal no formato variável, é extremamente necessário o poder de decisão, do autocontrole, de saber administrar as contas pessoais e familiares para manter-vos "vivos" e saudáveis financeiramente. É claro que nem todas as pessoas possuem aptidão por determinadas funções e acabam designando outras pessoas para cuidar do caixa da empresa ou das finanças da casa, por exemplo, como o próprio cônjuge ou um funcionário capacitado no caso de um negócio empresarial. Mas, e se de repente você perde aquele seu funcionário eficiente? E se de repente você perde ou se separa do seu cônjuge? Suas finanças vão para o "beleléu"?

Enfim, você precisa de fato fazer um *detox* na sua vida como um todo: vida pessoal, profissional, financeira... formatar o HD que armazena todos esses maus comportamentos para que a sua realidade possa ser reprogramada para o melhor. Logo, elimine ao máximo essas indisciplinas cometidas diariamente, por menor que elas sejam, exclua da sua vida definitivamente.

Em paralelo a isso, acrescente a boa vontade de praticar bons comportamentos, e não somente pensando em objetivos de vida e conquistas materiais, mas também pensando em melhorar a sua saúde, o seu bem-estar, a sua qualidade de vida. É com este pensamento que você deve iniciar a sua caçada, não adianta você ter um espírito de leão se o seu corpo pratica os mesmos erros frequentemente.

O que adianta a sua determinação para trazer bons rendimentos se os seus maus hábitos te fazem gastar o dobro de dinheiro? O que adianta ter ganho um bônus financeiro no trabalho e logo perder emprestando à outra pessoa de forma irrelevante? O que adianta se matricular em uma academia se os seus maus hábitos o destroem de forma acelerada? O que adianta?!

Então, faça da sua vida uma composição de bons hábitos e adicione disciplina para os manter em funcionamento constante, pois a sua saúde precisa disso, a sua conta bancária precisa disso, assim como os seus objetivos de vida dependem obrigatoriamente dessas boas decisões.

Além disso, procure aprender com você mesmo, preste atenção nos sinais e nas rasteiras diárias que a vida lhe dá. Imprevistos que acontecem repetidamente deixam de ser um imprevisto e passam a ser um mau "previsto", tornando evidente que a sua vida de prosperidade demore a chegar.

Não adianta lamentar sem ao menos parar para analisar as situações, o porquê disso e o porquê daquilo. A raiz da mudança é identificar as causas das feridas para que não volte a machucar o local cicatrizado. Até porque, imprevistos sempre acontecerão em nossas vidas, não é porque nos tornamos pessoas disciplinadas que eles deixarão de aparecer, você sabe que não. Mas lembre-se de uma coisa, inclusive transfira também esta mensagem para outras áreas da sua vida: a vida é como um jogo de cartas, para vencer o jogo você precisará de uma porcentagem de sorte e outra de capacidade. Quanto mais capaz você for, menos dependerá da sorte, assim as suas chances de vitória serão infinitamente maiores e possíveis.

Se atente aos imprevistos corriqueiros do dia a dia, pois muitas vezes eles são INDISCIPLINAS disfarçadas de fatalidades.
Odair j.l.

CAPÍTULO CINCO

O PODER DA HUMILDADE

A HUMILDADE CONSEGUE COM FACILIDADE EVIDENCIAR TUDO AQUILO QUE O EGO FRUSTRANTEMENTE E INSISTENTEMENTE TENTA DESTACAR.

Antes de mais nada, é preciso dizer que o substantivo qualitativo HUMILDADE não está de alguma forma relacionado a condições financeiras ou algo do tipo. Isto é, uma pessoa humilde não significa uma pessoa pobre. Até porque, existem pessoas bilionárias com tamanha humildade, como outras com condições financeiras precárias repletas de arrogância, soberba e esnobismo. Além disso, eu acredito também que pobreza está no pensamento das pessoas e não na quantidade de dinheiro que elas possuem. Pois ser pobre é se autoconsiderar pobre, e não somente de dinheiro, como também de fé, de gratidão, de esperança, e de tantas outras virtudes que fazem de qualquer ser humano um gigante.

Na verdade, ser uma pessoa humilde é ser simples e modesto, é ter a consciência de suas limitações ou qualidades sem a mísera intenção de expressar vaidades. É saber respeitar o valor do próximo diante de qualquer circunstância. É se orgulhar de suas raízes sem olhar aquém, como também sem nenhum acanhamento.

Esta qualidade possui um grande poder de transformação, ela consegue em questão de segundos, através de um simples gesto ou de uma simples atitude, transformar uma pessoa de mais alto escalão em um verdadeiro babaca ou um simples morador de rua em uma pessoa incrível e genial.

Inclusive, a humildade caminha lado a lado com a gratidão, se você se considera uma pessoa grata por tudo que possui, a tendência é que você seja uma pessoa humilde, mas obviamente que isso não se trata de uma regra ou de uma obrigatoriedade. Contudo, devo dizer também que esses comportamentos como fé, gratidão e agora humildade, não se desenvolvem simplesmente lendo um livro, assistindo uma palestra ou até tomando aulas na Universidade Howard. Esses atos na verdade se trata de virtudes, e virtudes só se adquire com vivência, sendo muitas vezes apresentadas durante a nossa formação e aprimoradas a partir das nossas experiências de vida.

Por esse motivo, é necessário às vezes que uma desilusão, uma adversidade ou até mesmo uma grande conquista, seja o nosso melhor professor, pois são através destas, em função das devidas lições, que passamos a enxergar a vida de uma forma diferente, com mais ângulos de visão sendo acrescentados em nosso próprio sentido humano.

A simplicidade se destaca

Neste momento, eu gostaria de compartilhar uma experiência que vivenciei na minha vida e que está totalmente atrelado ao assunto principal deste capítulo. Através desta, você entenderá de uma vez por todas que a HUMILDADE e a SIMPLICIDADE sempre prevalecerão frente a soberba, a arrogância e a vaidade, mesmo que talvez essas deselegâncias não sejam friamente calculadas pelos seus autores.

No final do ano de 2008, eu estava passando pelo processo de recuperação do tal acidente de moto no qual sofri uma fratura exposta na perna esquerda, mencionado no capítulo anterior. E sobre este ferimento foram necessárias duas cirurgias para reparar a lesão: a primeira foi para reposicionar o osso da tíbia com o auxílio de fixadores externos, popularmente conhecidos como "gaiolas"; e a segunda foi para retirar esses fixadores e inserir uma nova haste na parte interna, fixadas através de 7 parafusos diretamente em contato com o osso fraturado, inclusive, usá-lo-ei para o resto da minha vida. Ou seja, não foi um simples ferimento, foram pelo menos 6 meses de recuperação e muita fisioterapia para que eu me recuperasse totalmente daquela lambança que eu havia cometido.

E naquele período, eu trabalhava em uma indústria de açúcar e álcool e atuava em um setor da empresa chamado "prefeitura", onde fazíamos limpezas em todos os setores que você possa imaginar que exista dentro de uma indústria com 5 mil colaboradores. O meu contrato de trabalho naquela empresa era válido somente para o período de safra, isto é, após o término do período de moenda o meu contrato também se encerraria, podendo ter ou não a possibilidade de recontratação.

No entanto, eu estava completando somente 3 meses de trabalho na empresa quando sofri o acidente, e isso praticamente anulou as possibilidades de renovação do meu contrato, considerando, obviamente, quando eu estivesse 100% recuperado da lesão.

De todo modo, como se tratava de um emprego em que o esforço físico era bastante exigido, eu não teria condições físicas naquele momento para continuar operando na mesma função, a não ser que a empresa me fizesse uma adaptação em um outro setor devido a minha limitação, o que, no caso, não ocorreu.

Logo, então, este devido condicionamento passou a ser um grande problema para mim, pois eu sempre havia trabalhado em serviços que exigiam mais do esforço físico do que qualquer outra coisa, e eu precisava urgentemente conseguir ou pelo menos me encaminhar para um novo emprego para continuar cumprindo com as minhas obrigações financeiras.

Em contrapartida, logo no final da minha recuperação física e já no último mês de benefício sobre um auxílio-acidente o qual eu estava recebendo, surgiu uma oportunidade de emprego, porém, para minha esposa, uma vaga de vendedora em uma corretora de seguros e consignações. Nesta corretora, meu cunhado trabalhava como gerente comercial e foi através dele que surgiu esta oportunidade de trabalho.

Contudo, minha esposa já estava empregada e não precisava tanto daquela vaga de emprego. Logo, então, percebemos que aquela oportunidade de trabalho me caberia como uma luva, já que eu estava praticamente desempregado e a tal função não exigia tanto do esforço físico.

Imediatamente fui falar com o meu cunhado para ver se havia a possibilidade daquela vaga de emprego ser direcionada a mim, uma vez que já sabíamos desde então que a vaga era destinada a pessoas do sexo feminino, visto que a corretora dava prioridade em contratar mulheres para a função de vendedor. Mas, como bem falamos neste livro sobre propósitos de vida e seus respectivos significados, estava nítido que aquela oportunidade de trabalho não havia surgido por acaso, que ela tinha que ser minha, e não havia outra maneira de se pensar. E foi exatamente isso que aconteceu, após algumas insistências, a empresa contratante abriu uma exceção e me concedeu a vaga de emprego como vendedor de seguros e consignações.

Apesar da felicidade de ter conquistado a almejada vaga de vendedor, todos nós sabíamos que seria algo desafiador para mim, pois eu nunca havia trabalhado com atendimento ao público, tampouco vestindo traje social e carregando uma maleta dentro de uma agência bancária. Mesmo assim, a minha essência de capricorniano me fazia enxergar aquele desafio como uma grande oportunidade, o que me conduzia a pensar somente em uma coisa: vou me doar ao máximo e agarrar esta oportunidade com unhas e dentes.

Antes de iniciar os trabalhos, eu precisei ficar uma semana em treinamento que variavam entre o escritório central da empresa e uma agência bancária daquela mesma cidade, ambos situados em São José do Rio Preto, uma cidade do interior do estado de São Paulo com aproximadamente 500 mil habitantes.

Naquele mesmo período, eu comecei a cursar a faculdade de engenharia civil na cidade de Barretos, que ficava a 100 quilômetros de distância de onde eu estava fazendo o treinamento. (Agora você deve estar se perguntando: *ué, ele estava lutando para conseguir um emprego e agora me diz que ao mesmo tempo ingressou na faculdade?* Calma! Falarei detalhadamente mais à frente sobre essa magnífica experiência que eu tive na vida).

Voltando ao assunto... assim foi minha rotina durante uma semana: fazer o treinamento em Rio Preto; pegar um ônibus de linha e viajar 100 quilômetros até Barretos; pegar um mototáxi até a faculdade; cursar as minhas aulas; e depois, voltar na mesma noite para Rio Preto através de uma carona em uma Kombi que levava os estudantes de Rio Preto para minha faculdade.

Naquela fase do treinamento eu pousava no apartamento do meu cunhado e repetia todo este processo nos dias subsequentes, era algo desgastante, mas eu já tinha desde então a total convicção de que, se eu quisesse realmente mudar o cenário da minha vida, eu tinha que enfrentar aqueles desafios custasse o que custasse

Depois do treinamento concluído, chegava então o momento de iniciar a minha jornada de trabalho como vendedor de produtos bancários. Eu precisava atuar em duas agências bancárias em cidades diferentes, uma ficava na cidade de Severínia - cidade a qual eu residia na época - e a outra ficava em uma cidade vizinha, chamada Cajobi. As duas cidades são cidades pequenas, atualmente com aproximadamente 15 mil habitantes cada uma, e ficam cerca de 10 quilômetros de distância uma da outra.

Na segunda-feira, no meu primeiro dia de trabalho, o meu supervisor, Vallejo, me acompanhou durante a minha estreia, porém naquele dia fomos nas agências somente para nos apresentar e alinhar os detalhes para início dos trabalhos.

Em reunião com os gerentes gerais das duas agências, ficou acertado de que eu iria atuar 3 dias da semana em Severínia, sendo nas terças, quartas e sextas-feiras, e 2 dias da semana em Cajobi, sendo nas segundas e quintas-feiras.

Na terça-feira, no meu segundo dia de trabalho, havia chegado então o momento de começar a atuar de verdade e poder encarar todas aquelas novidades que estava acontecendo na minha vida. O nervosismo estava estampado em meu rosto, a minha falta de experiência se evidenciava a cada movimento que eu realizava, era algo facilmente notável por todos ali presentes.

O Vallejo me acompanhou o tempo todo neste dia, até para me passar as últimas coordenadas necessárias. Mas na verdade o que ele queria mesmo é colher os seus próprios sentimentos de como seria a minha jornada de trabalho dali para a frente, sem ninguém por perto.

Assim, depois do primeiro dia de trabalho finalizado, meu supervisor voltou para Rio Preto na sede da empresa, onde era de fato o seu local de trabalho, e em um tom de brincadeira e sem nenhuma malícia nas palavras perguntou ao meu cunhado:

– Antônio, onde é que você arrumou esse seu cunhado, ele ao menos sabe ligar o *notebook*?

E ele tinha razão, eu não sabia mesmo. Também não sabia conversar direito com as pessoas, não tinha sequer vestimentas formais para ir ao trabalho. A calça, a camisa, a gravata, o sapato, o cinto e até as meias, todas sociais, eram emprestadas. Além disso, eu não tinha automóvel, e isso sim se tratava de um grande problema, pois eu precisava atuar em duas cidades diferentes, tinha horários a serem cumpridos, precisava visitar clientes, providenciar documentos e outras diversas obrigações que necessitavam de uma boa locomoção. Enfim, por questões óbvias, eu não tinha expectativa alguma das pessoas envolvidas de que eu poderia progredir naquele emprego.

Para ir ao trabalho, por exemplo, e considerando todas aquelas limitações de locomoção, eu escolhi conduzir a situação da seguinte maneira:

Nos dias em que eu atuava na minha cidade, ou seja, nas terças, quartas e sextas-feiras, eu ia para o trabalho de bicicleta, já que eu morava do outro lado da cidade, e o tempo para mim naquele momento era precioso devido a correria com a faculdade. E assim, chegava eu, pelo menos três dias da semana em meu posto de trabalho, com a minha modesta bicicleta vermelha de pintura desgastada, todo engravatado, carregando a minha maleta recheada de documentos apoiada no guidom, e com o suor da humildade escorrendo pelos dois lados do meu rosto avermelhado. (Inclusive, essa bicicleta também era emprestada, era do meu sogro, que a me concedeu por não estar usando).

Já nas segundas e quintas-feiras, para trabalhar na agência de Cajobi, eu atravessava a minha cidade a pé e ia até a rodovia principal pedir carona, já que os horários dos ônibus não coincidiam com os meus, como também minhas condições financeiras de momento não me permitiam pagar transporte coletivo de ida e volta duas vezes por semana, pelo menos não naquele início.

Por conta disso, frequentemente eu pegava carona em um ônibus rural, que transportava trabalhadores de uma indústria, que passava por ali diariamente e no mesmo horário, o motorista me deixava em algum canto da cidade e depois eu caminhava até a agência onde eu trabalhava. Na volta, eu fazia o mesmo trajeto de forma inversa, caminhava até a saída da cidade de Cajobi, pegava uma carona para Severínia e ia para casa.

Neste retorno, eu não podia perder tempo, pois eu ainda tinha que ir para faculdade na cidade de Barretos. Então, eu chegava em casa às pressas, comia alguma coisa rapidamente, me aprontava, e ia para o ponto de ônibus da prefeitura no máximo até às 18:00 horas, para então partir para Barretos cursar a faculdade de engenharia. Era de fato uma rotina acelerada.

Aquela fase da minha vida foi realmente um período árduo e desafiador, talvez nem todos teriam a audácia e a coragem de enfrentá-la, mas eu encarava toda aquela situação como uma grande oportunidade que Deus havia me proporcionado. Eu lutava com todas as minhas forças e com toda a capacidade que eu tinha naquele momento, eu dava o máximo de mim sem reclamar de nada, enxergando tudo aquilo como um lindo presente, no qual o remetente era Deus, e a transportadora, as **pessoas amadas** que contribuíram para que tudo aquilo tornasse de fato uma realidade.

Por outro lado, nesse meio tempo, a agência de Cajobi contratou um novo funcionário para trabalhar, isso nas primeiras semanas que eu estava atuando naquele emprego. E esse novo funcionário também morava na minha cidade, inclusive eu o a conhecia, havíamos feito catequese juntos por alguns anos na mesma sala. Então, logo pensei: minha carona agora está garantida, o que me ajudará e muito nesta minha rotina maluca.

Porém, apesar de não existir, a meu ver, nenhum incômodo plausível para que o tal favor não ocorresse, aquela simples atitude não acontecia. Ele chegou até me dar carona uma vez ou outra, mas era nítido em seu olhar a insatisfação pelo tal favor prestado. Ele tinha o seu modo particular de enxergar a vida, o que era perceptível por todos os colegas de trabalho, mas comigo, precisamente, rolava até um certo preconceito devido eu ser um prestador de serviço e não um funcionário da casa, o que depois aconteceria com muito mais frequência e por muito mais pessoas.

Contudo, isso não me abatia ao ponto de afetar o meu desempenho como vendedor, pelo contrário, me dava mais energia para enfrentar aqueles desafios justamente a fim de melhorar os cenários da minha própria vida.

Sobre a parte financeira, este meu emprego de vendedor de produtos bancários me proporcionava um salário fixo no mês e as possíveis comissões pelas vendas realizadas. Porém, como na maioria das empresas que atuam no segmento de vendas, lá também existia a clássica condição: *se bater as metas, continua, se não bater, está fora.* Então, se eu quisesse de fato mudar aquela minha realidade, só me restava uma única opção: lutar, lutar e lutar.

E assim fiz, e já no meu primeiro mês de trabalho eu consegui bater as metas das duas agências em que eu atuava, algo que passava longe do mais otimista dos meus superiores. E como eu havia prometido antes de conseguir aquele trabalho, separei uma parte deste meu primeiro salário e fiz uma doação financeira para o hospital do câncer de Barretos, hoje conhecido como Hospital de Amor, foi uma forma que encontrei de agradecer a Deus pela oportunidade que ele havia me proporcionado.

E como já dizia desde o tempo do zagaia: *"plante o bem, que a colheita vem"*, o meu segundo mês de trabalho foi simplesmente ES-PE-TA-CU-LAR. Eu não só atingi todas as minhas metas, como alcancei incríveis R$ 6.400,00 de salário sobre as minhas vendas, somando o fixo mais as respectivas comissões. Para você ter uma ideia, este fato se passou em 2009, o salário-mínimo naquele ano valia R$ 465,00, ou seja, em um único mês, eu faturei o equivalente a quase 14 salários-mínimos, um resultado efetivamente estupendo. Para quem estava à beira do abismo poucos dias atrás, era realmente um feito e tanto.

Nesse ínterim e com essa atmosfera de bençções acontecendo na minha vida, eu fui me reorganizando financeiramente e logo comecei a poupar uma grande parte do meu salário com o objetivo de comprar o meu primeiro veículo de quatro rodas, haja vista que naquele momento se tratava de algo de extrema necessidade.

Foi então, quando um corretor de seguros, que também trabalhava na agência de Cajobi representando uma outra corretora terceirizada, me ofereceu uma carta crédito de consórcio de veículos. Eu não entendia muito bem sobre o assunto, mas conforme as suas explicações, achei aquele produto interessante e que também poderia atender as minhas expectativas futuras, então, não hesitei em aceitar a proposta.

Entretanto, esta simples decisão carregava comigo outros fatores aos quais a minha imaturidade não me permitia enxergar.

Como eu trabalhava em duas agências diferentes, eram também gestores e equipes de trabalho diferentes, ou seja, cada agência tinha a sua produção independente, mesmo as duas sendo filiais da mesma instituição financeira. No entanto, não era só a parte produtiva de cada agência que era dissemelhante, o ambiente de trabalho e a visão de negócios de cada gestor também.

Na agência de Severínia, o relacionamento entre pessoas não era harmonioso, dava para perceber que o clima no ambiente de trabalho era pesado. Naquele pouco tempo que eu estava trabalhando naquela agência, mesmo com a minha produção totalmente em dia, eu me sentia uma pessoa invisível para todos que ali trabalhavam (exceto para os vigilantes e a faxineira da agência que transbordavam simpatia). Eu percebia que o tratamento frente à outras pessoas, em especial de mais alto escalão, era diferente, e isso consequentemente me conduzia a um pressuposto que não havia sinceridade e transparência naquele lugar, sobretudo um certo respeito que todas as pessoas independentemente das suas classes mereciam no mínimo receber.

Já na outra agência, da cidade de Cajobi, mesmo com algum atrito aqui e ali como é de costume em todo e qualquer ambiente de trabalho, o clima era totalmente oposto, as pessoas eram amigas e sinceras, o clima era agradável e o reconhecimento do trabalho bem-feito era uma realidade na gestão do gerente Elias.

Logo, quando o pessoal da agência de Severínia ficou sabendo que eu fechei o consórcio na agência de Cajobi, eles ficaram pê da vida comigo, me trataram como se eu tivesse cometido um crime contra eles. Eu realmente não imaginava que aquela simples aquisição despertaria tamanha ira naquelas pessoas, pelo menos era o que a minha maturidade de momento me permitia. Até porque eu não fiz nada de errado, o pessoal de Cajobi me ofereceu um produto, aquele produto me atendia e eu fechei a proposta. O que há de errado nisso?

Para você entender melhor a situação, as pessoas que gerenciavam e operavam naquela agência de Severínia, sequer haviam me oferecido um café, quanto mais uma carta de crédito de um consórcio de veículos. Talvez por achar que eu não teria condições de pagar? ... talvez, já que nenhum colega de trabalho sabia o quanto eu estava faturando sobre as minhas vendas.

No mínimo faltou bom senso a eles, pois eu estava gerando uma produção surreal para aquela agência, e ao invés de admiração e reconhecimento pelo trabalho bem-feito, vieram preconceitos e um certo desprezo por um longo período.

Confesso que este episódio me chateou consideravelmente, porém me trouxe mais experiência de vida, aprendi a lidar melhor com as pessoas, com mais inteligência e mais sapiência, obviamente após perceber as malícias ocultas que existem dentro delas. Contudo, continuei fazendo meu trabalho da mesma forma que iniciei, com garra, determinação e consequentemente batendo metas em cima de metas.

Sobre esta minha carta de consórcio, mesmo com aquele mal-estar na agência de Severínia, eu continuei com a aquisição do produto que funcionava da seguinte forma:

A minha carta de crédito simbolizava um número de cota que fazia parte de um grupo de vários consorciados. Cada consorciado pagava suas parcelas mensalmente as quais eram amortizadas no saldo devedor de suas respectivas cotas. Todo mês acontecia uma assembleia para cada grupo de consórcio daquele Banco, que contemplava 1 cota por sorteio e 2 cotas através dos dois maiores lances ofertados. Esses lances eram como se fossem uma entrada, e somente no caso da contemplação era realizado o pagamento do valor ofertado. Os contemplados teriam a possibilidade de receber a carta de crédito no valor total do produto, antes mesmo de terminar de pagar todas as parcelas do mesmo, assim teriam a possibilidade de comprar o seu veículo "à vista" com a apresentação desta carta contemplada.

Quando eu finalizei meu terceiro mês de trabalho, eu já tinha uma poupança razoável para dar um lance para concorrer a contemplação do meu consórcio. E assim fiz, no meu segundo mês como consorciado do Banco, registrei o valor do lance e fiquei aguardando o resultado que saíra dois dias depois.

Neste mesmo dia, fiquei sabendo que o Elias, gerente da agência de Cajobi, estava vendendo seu Sedan Polo preto 2006 e logo fui falar com ele oferecendo o meu inocente interesse em comprá-lo. Eu digo inocente porque não é tão simples assim contemplar uma carta de crédito de consórcio, ainda mais que o meu lance ofertado não era tão alto comparado aos contemplados do mês anterior. O gerente Elias, com a experiência que tinha, já sabia disso, mas gentilmente e humildemente preferiu deixar a conversa fluir para não me desapontar, visto que eu estava consumido de fé e de ingenuidade ao mesmo tempo.

E eis que chega o dia da assembleia do grupo do meu consórcio, e adivinha? Para a surpresa de todos eu fui contemplado, e ainda melhor, com apenas duas parcelas pagas da minha carta de crédito. Eu não sabia se gritava, vibrava, chorava ou sorria, justamente por saber e lembrar de cada gota de suor que fizera aquele momento existir. E já que acabei não comprando o carro usado do gerente Elias e o valor da minha carta de crédito era proporcional a de um carro novo popular, esta contemplação me proporcionou já no quarto mês de trabalho como vendedor de produtos bancários, comprar um carro zero quilômetro direto da fábrica.

O gerente Elias (Elias Marques Miranda), uma pessoa a qual tem a minha total admiração, ficou muito feliz pela minha conquista, pois eu tinha dele o reconhecimento do meu trabalho e da minha dedicação. E logo no primeiro dia em que eu cheguei de carro novo para trabalhar na agência de Cajobi, ele fez questão de zoar o meu "colega" de trabalho que não me dava carona:

– E aí fulano, quer uma carona no carro novo do Odair?

Confesso que lembro deste período da minha vida e falo com certo orgulho, pois eu sei e lembro exatamente de cada dificuldade e obstáculo que tive que enfrentar. Para quem me via como uma pessoa que não tinha nenhum futuro naquele ramo de atividade, até que foi uma conquista e tanto. Eu trabalhei nessa empresa durante 3 anos, e não teve uma reunião de desempenho regional em que eu não levei um troféu para casa. Todas as campanhas que o Banco ou a Corretora fazia, eu era o favorito. Meus superiores me consideravam como um dos melhores vendedores daquela companhia, já que os meus resultados não os deixavam mentir.

De fato, essa minha trajetória como vendedor de seguros e consignações foi vitoriosa, e ao mesmo tempo, muito importante para o meu crescimento pessoal, profissional e financeiro. Mas o que me deixa mais feliz e contente é saber que jamais abandonei a HUMILDADE e a SIMPLICIDADE atuando profissionalmente, elas me acompanharam desde as pedaladas na bicicleta emprestada até o final com as minhas premiações e conquistas pessoais. Eu sei que a garra e a determinação estiveram presentes nesta batalha, mas não tenho dúvidas de que essas duas virtudes escritas anteriormente com letras maiúsculas, fizeram a total diferença para a consequência desta farta colheita de bons frutos.

Principais lições

Analisando esta minha experiência profissional que acabei de relatar, eu gostaria de aproveitar a oportunidade para levantar alguns questionamentos no formato de reflexões para que possamos extrair algumas lições que serão extremamente importantes no decorrer desta leitura.

Como vocês puderam observar, as minhas atitudes e comportamentos frente a todos aqueles desafios se resumiram em três faculdades principais: de acreditar na minha força de vontade perante a todos aqueles obstáculos que se fizeram presentes; de ser grato a Deus e às pessoas por todas as oportunidades que eles gentilmente me proporcionaram; e principalmente, de ter a humildade para lidar com todas aquelas situações acompanhadas de tantas dificuldades das quais tive que superar. Então, estas foram, pelo menos na minha concepção, as qualidades que mais contribuíram para que os meus respectivos objetivos fossem alcançados.

Agora pensa comigo, se ao invés de praticar todos esses comportamentos que acabei de evidenciar, eu tivesse me portado de forma totalmente oposta, será que os meus resultados seriam os mesmos?

Se eu tivesse por exemplo fechados os olhos para as oportunidades que me foram presenteadas, tendo como reação a reclamação ao invés da gratidão, será que eu teria traçado um caminho ainda melhor do que aquele?

Se eu tivesse me portado diferente de uma pessoa humilde, preocupado somente com status, ego e aparência, será que eu teria escolhido ir trabalhar de bicicleta na principal agência bancária da cidade? Será que eu teria me submetido ficar pedindo carona para um e para outro à beira de uma movimentada rodovia?

Se eu tivesse realmente feito algo de errado em relação ao meu consórcio adquirido na agência de Cajobi, será que eu teria sido contemplado já no segundo mês de aquisição do tal produto?

Se eu tivesse me portado acompanhado de vaidade e arrogância frente aos meus colegas de trabalho, ou até mesmo com os meus próprios clientes, será que eu teria alcançado os mesmos resultados positivos?

Se eu tivesse me amolecido frente àquela desafiante rotina juntamente com todos aqueles obstáculos somados, será que eu teria conseguido me estabilizar financeiramente em tão pouco tempo? Será que eu teria conseguido já no quarto mês de trabalho comprar um carro zero quilômetro?

Todos estes questionamentos me vêm à mente através de reflexões extraídas de toda aquela trajetória, elas me fazem perceber os erros que precisei corrigir e os acertos que devo manter por toda a minha vida. Tenho convicção de que estas reflexões transformadas em atitudes, sempre contribuirão para o meu autocrescimento e consequentemente me permitirá dar mais passos largos no CAMINHO DA MINHA PRÓPRIA FORTALEZA.

É provável que se eu tivesse me portado de forma inversa eu teria desistido no primeiro dia de trabalho, ou ao menos teria recusado o emprego para não passar por aquele tipo de situação. Está certo também de que outras características me fizeram alcançar os meus objetivos, mas, claramente, a HUMILDADE foi um fator determinante. A SIMPLICIDADE se destacou mais uma vez.

Já sobre os meus colegas que me chatearam, eu não acredito que o problema seja permanentemente das pessoas propriamente ditas, até porque, isso não é o mais importante. Na verdade, a forma de agir das pessoas são incentivadas pelo nível de maturidade e de sabedoria que elas possuem naquele exato momento de suas vidas, podendo essas serem atitudes corretas ou não.

O que quero dizer é que todos nós em algum momento de nossas vidas agimos de maneira estúpida a ponto de nos envergonharmos só de lembrar, isso demonstra que extraímos maturidade e sabedoria em relação a esses erros aos quais não pretendemos repetir. Eu, particularmente, sinto agora com a maturidade que tenho, que eu poderia ter praticado a gratidão com um pouco mais de relevância para as pessoas que me ajudaram naquele período, talvez para elas fosse o suficiente, mas para mim, sinto uma certa infração sentimental a qual me permite evoluir em relação a isso. E, esta percepção me leva então ao seguinte pressuposto: hoje, somos sábios em relação as tolices do passado, mas somos parcialmente e consideravelmente idiotas em relação a tudo aquilo que ainda está por vir.

Sendo assim, não devemos, de maneira alguma, aprender ou extrair conhecimento apontando e jogando pedras nas pessoas, até porque, o ponto de vista de cada indivíduo sobre o mesmo evento se alterna, assunto que já foi completamente discutido neste livro.

No assunto do consórcio, por exemplo, é bem provável que na visão de outras pessoas eu fosse o diabinho da história, o que resultaria em algo comum e normal em qualquer tipo de debate. Logo, o que separa o certo do errado não cabe às pessoas dizerem, o TEMPO se encarregará disso. O tempo, nesse caso, será o nosso professor, cabendo a nós somente perceber as "premiações" que a vida nos devolverá em função dessas atitudes, para que aí sim possamos de fato aprender as devidas lições que necessitamos para evoluir.

Portanto, sem nenhuma dependência da situação que você se encontra atualmente, aja sempre com HUMILDADE, extermine da sua vida o ego, a vaidade, a arrogância e a hipocrisia, isso lhe posicionará como uma grande pessoa em qualquer lugar que você esteja, independentemente do seu estilo de vida, do seu gênero, da sua classe, ou da quantidade de dinheiro que a sua conta bancária possui.

Além disso, encare as batalhas do dia a dia com as armas que tu tens no momento, some-as com coragem e determinação, e assim, e só assim, as vitórias chegarão até você, de um jeito ou de outro elas chegarão.

Da mesma forma, se você possui um alto poder aquisitivo ou se está em uma alta posição na carreira profissional, você deve, como obrigação, preservar ainda mais a sua HUMILDADE. Lembre-se de suas origens, de suas raízes, e não as abandone. Lembre-se de tudo que você passou para chegar aonde está, das dificuldades, dos obstáculos, das vitórias e das pessoas... pois a vida, meu amigo(a), é um sopro, a mesma velocidade que as suas boas qualidades o fez chegar ao topo, a ausência delas, certamente o derrubará na mesma rapidez e proporção.

> *"Ao término do jogo,*
> *o rei e o peão voltam para a mesma caixa."*
> *Provérbio Italiano.*

CAPÍTULO SEIS

AS ADVERSIDADES FORTALECEM

As adversidades são momentos difíceis que passamos na vida e que nos fazem protagonizar a sensação de que o mundo está desmoronando sobre as nossas cabeças. São momentos de sofrimento vividos em meio a uma escuridão onde todas as portas de saída se tornam aparentemente impossíveis de serem alcançadas.

Em momentos como esses chegamos até a questionar a nossa fé, as nossas crenças, as nossas decisões... e isso, muitas vezes, são consequências de respostas que não vêm de imediato, fazendo aumentar ainda mais as nossas dúvidas sobre o verdadeiro significado para tudo aquilo ali existir.

Contudo, todos esses momentos obscuros da vida são necessários para a nossa própria sobrevivência, já que tudo isso faz parte de um jogo no qual o principal objetivo deste é justamente o aprimoramento e a evolução da nossa própria capacidade, mesmo que às vezes não temos a mínima noção do surgimento destas respectivas transformações.

Na verdade, todos nós somos forçados através de nossas dores a descobrir outras capacidades das quais até então fugiam da nossa real percepção, permitindo, a cada adversidade superada, aumentarmos substancialmente a nossa força e a nossa resistência para os próximos confrontos.

Não apenas evolução física, as adversidades também são responsáveis por nos recompensar com uma das mais importantes virtudes que um ser humano necessita, a SABEDORIA DE VIDA.

Sabedoria é diferente de conhecimento. O conhecimento é tudo que aprendemos através de estudos e conceitos técnicos, já a sabedoria se resume na prática, vivenciando, enfrentando e superando os momentos mais difíceis de nossas vidas, independentemente se os tais protagonistas forem pessoas analfabetas, superdotadas ou possuir cinco diplomas de graduação.

Sabedoria de vida é você saber desfrutar do que é bom sem se iludir com a inexistência do ruim. É você compreender que não existe ninguém melhor do que ninguém, que todo dia é um novo dia de aprendizagem, e que o respeito e o carácter são valores que não se compram nem com dinheiro nem com uma maleta coberta com barras de ouro.

É por esta e outras razões que tenho um grande respeito pelas pessoas idosas, por justamente possuírem um grande acúmulo de sabedoria, não por se tratar de pessoas com idades mais avançadas, mas sim pela quantidade de adversidades que elas provavelmente já enfrentaram. Por isso, quando uma pessoa mais "velha" lhe der um conselho e no primeiro momento aquelas palavras parecerem lenga-lengas tome muito cuidado, pois certamente você estará desprezando e desperdiçando ricas palavras de SABEDORIA.

Por outro lado, as adversidades além de nos proporcionar todas essas evoluções físicas e mentais, também servem para nos mostrar que na vida nem tudo são flores. Todos nós estamos sujeitos a perder pai, mãe, filhos, cônjuges, familiares, amigos, a contrair doenças, a falir financeiramente e qualquer outro de tipo de adversidade a qual fingimos não acreditar que estamos sujeitos a enfrentar. Entretanto, esses contratempos também servirão como oportunidades de mudança, de quebrar os maus hábitos, de mudar nossas atitudes perante os cenários repetitivos da vida, e acrescentar, sobretudo, vários outros componentes para continuarmos a viver uma vida com mais respeito, mais consciência e compaixão, pelo menos é o que de fato deveríamos.

Veja como exemplo a própria realidade que vivenciamos nos últimos anos. Em todo período em que escrevi este livro, toda humanidade enfrentou uma das maiores pandemias que já existiu em toda a história do nosso planeta, o vírus da Covid-19. Foram, e ainda são, milhões de pessoas que perderam suas vidas por todo canto do planeta, muitas pessoas doentes em hospitais sem saber se sairiam de lá com suas vidas, um verdadeiro pânico generalizado. Mas é fato também de que nós seres humanos não deixamos de acreditar que superaríamos e venceríamos esta guerra, como de fato estamos, apesar das dores que infelizmente ficarão eternas em nossos corações.

Todos nós sabemos como o mundo está reagindo e se adaptando em relação a essa adversidade e, realmente, não existe outra saída a não ser sermos fortes e resilientes. Deve haver fé e esperança neste momento de luta, para que assim, depois que toda essa tempestade de fato terminar por completo, as pessoas, propriamente ditas, de todo o canto do planeta possam olhar a vida de uma forma diferente, com mais amor, solidariedade e humanidade. Talvez esta seria a verdadeira lição para este sofrimento generalizado.

Neste capítulo, compartilharei com você algumas experiências que tive na vida e que servirá de base para os conceitos que quero transmitir. Eu sei que a maioria das pessoas passaram por dificuldades bem piores e mais intensas do que as minhas, mas se porventura você se identificar com este relato e de alguma forma isso contribuir positivamente na sua vida, seja através de força, coragem ou motivação, eu ficarei inteiramente realizado. Até porque, fazer com que as pessoas estejam mais confiantes sob a sua própria capacidade é também, uma das missões pelas quais mais me incentivaram a escrever este livro.

O livro de Jó

É bem provável que você já ouviu alguém dizer esta frase: *"Eu tenho que ter a paciência de Jó."* Essa expressão é baseada em uma história poética escrita no livro de Jó do antigo testamento da Bíblia Sagrada Cristã, uma rica obra teológica que apresenta diversas perspectivas sobre a justificação da justiça de Deus à luz do sofrimento da humanidade.

Em um breve resumo do livro, a história sobre a vida de Jó se baseia da seguinte forma:

Jó era um homem íntegro, justo e que amava a Deus. Ele tinha uma vida cheia de prosperidade, possuía muitas riquezas, muitas propriedades, animais em rebanhos e uma família grande e feliz.

Um certo dia, contudo, a vida de Jó foi posta em uma espécie de júri por seres celestiais que debatiam o verdadeiro motivo de Jó ser a pessoa bondosa que era. Nesse debate, Deus defendia Jó expondo seus valores e suas boas ações, demostrando com palavras que realmente se tratava de uma pessoa do bem. Mas a figura do mal denominada de Satanás o acusava dizendo que Jó só era um homem bondoso por justamente receber tantas benções de Deus em formato de prosperidade.

Em meio aquele tribunal celestial, Satanás então disse a Deus:

– A única razão para Jó obedecê-lo é porque você o abençoa com prosperidade. Deixe Jó sofrer, aí você verá se ele é justo de verdade.

A partir daí, Satanás passou a ter liberdade de intervir diretamente sobre a vida de Jó, para que ele pudesse de alguma forma provar a Deus que as suas afirmações estavam corretas.

Eis então que foi tirado tudo de Jó, suas riquezas, suas propriedades, seus animais, sua saúde... e ainda, os seus dez filhos foram tragicamente mortos após uma forte ventania derrubar a casa do filho mais velho onde todos estavam. Assim, toda prosperidade de Jó foi completamente destruída. O seu corpo passou a contrair doenças, o seu estado físico se tornou deplorável e todas as pessoas, inclusive a sua esposa, o abandonaram. Jó sofreu tanto que até quando pegava no sono para descansar, era despertado por terríveis pesadelos que o atormentavam incansavelmente.

Logo, em meio a aquele extremo sofrimento, três amigos de Jó, que também eram homens sábios e ricos, foram o visitar, e após sete dias e sete noites de silêncio presenciando todo aquele sofrimento, iniciou-se uma longa conversa entre eles sobre a justiça de Deus perante a vida de Jó.

*Esses três homens defendiam a tese de que, como Deus é bom, Jó então fosse culpado de alguma forma por tais sofrimentos. Porém surge um jovem chamado Eliú, que chama atenção fazendo o "papel disciplinador do sofrimento", **de modo que o homem não é capaz de compreender tudo que Deus faz**.*

Depois da longa discussão de Jó com esses homens, o Senhor aparece no meio de um rodamoinho para falar com Jó. Porém, Deus não responde as indagações feitas por Jó enquanto debatiam com seus amigos, ao contrário, Deus lhe fez 70 perguntas retóricas, em que toda a sua sabedoria e soberania fizeram com que Jó percebesse a sua total ignorância.

Jó então entendeu que bastava apenas confiar em Deus, pois Ele tudo pode, ***e que nenhum de seus planos pode ser frustrado (Jó 42:2)****. Jó então sentiu profundamente a bondade de Deus em seu coração e pediu perdão a Ele, muito em virtude pelos seus questionamentos.*

Logo, Deus também reconheceu que mesmo com tamanho sofrimento Jó não o abandonou, e seguiu sendo fiel a Ele. Assim, Deus devolveu a Jó tudo o que lhe foi retirado, ele se tornou um homem ainda mais rico, foi abençoado com uma nova família, com muitos filhos e continuou a viver a vida por muitos anos em plena felicidade, prosperidade e gratidão.

(Este foi um breve um resumo da história de vida de Jó contada no livro).

Pois bem, logo após eu ler essa história poética pela primeira vez, coincidentemente ou não, eu passei por um dos momentos mais difíceis da minha vida, o ano de 2015. Foi um período de muita turbulência e de dificuldades, embora a minha falta de experiência de vida daquele momento fizesse transformar todos aqueles obstáculos em um verdadeiro apocalipse.

No início de 2015, após fechar o ano de 2014 com muito trabalho e correria, minha esposa e eu - que naquele momento era minha noiva - resolvemos fazer uma viagem de férias a fim de descansar e recuperar as energias para o ano que iniciara.

No momento em que estávamos partindo em viagem, minha Mãe me ligou dizendo que naquele mesmo dia ela precisou ir ao médico porque estava sentindo algumas dores na região abdominal. Ela me contou que ao ser examinada, o médico identificou uma apendicite e que precisava realizar uma pequena cirurgia para resolver o problema, mas que seria um procedimento simples e que estava tudo sob controle. Por conta disso, como a situação parecia estar controlada, concordamos em seguir viagem e pedi para que ela ou a minha família me mantivesse informado.

No momento em que minha Mãe estava se submetendo a cirurgia, o médico cirurgião percebeu que o intestino dela estava também com uma pequena infecção, e por isso foi necessário extrair um pequeno pedaço do seu intestino para eliminar a parte infeccionada. Então, o procedimento foi realizado e tudo correu bem, os dois problemas foram sanados e logo minha Mãe voltou para casa.

Depois de dois dias de alta do hospital, minha Mãe voltou a sentir dores na região da barriga, e, dessa vez, com mais intensidade, o que acarretou imediatamente o seu retorno ao médico para verificar o que estava acontecendo. Após alguns exames realizados, foi detectado que a parte do seu intestino que havia sido operada se rompeu, causando um espalhamento de fezes generalizada em seus órgãos, além da impossibilidade do funcionamento natural dele. Ou seja, foi preciso realizar uma nova cirurgia com extrema urgência, pois dessa vez era caso de vida ou morte.

Naquele momento, minha esposa e eu já estávamos voltando da viagem de férias quando recebi a notícia de que a minha Mãe não estava nada bem. E convenhamos, quando estamos longe da situação tudo se torna ainda mais difícil.

Para você entender melhor toda a logística da situação, naquele ano de 2015 minha esposa e eu morávamos na cidade de São Carlos, que fica a 180 quilômetros de Severínia, cidade a qual nossas famílias moravam. A viagem de férias que havíamos feito foi no litoral Paranaense, próximo da capital Curitiba, que fica a 550 quilômetros de São Carlos. Então, o nosso retorno estava desenhado de Curitiba para São Carlos e depois, de São Carlos para Severínia, local onde tudo estava acontecendo.

Durante o trajeto de volta da viagem e logo após eu receber as notícias desagradáveis sobre o estado de saúde da minha Mãe, eu comecei imediatamente a criar e alimentar em meu corpo um estado emocional altamente destrutivo. A minha mente, em questões de minutos, roteirizou um filme na minha cabeça que me atormentava insistentemente, eu só pensava no pior.

Quando chegamos em São Carlos, fomos imediatamente arrumar as malas para ir ao local onde tudo estava acontecendo, porém, naquele exato momento, todo aquele turbilhão de emoções gerenciada por uma ansiedade totalmente fora de controle me dominou, e ali comecei a passar mal. Eu fiquei extremamente agitado e trêmulo ao mesmo tempo, logo não conseguia respirar, era transtorno do pânico (TP). Rapidamente minha esposa chamou uma ambulância e dali fui levado ao hospital.

Naquele momento eu só desejava que me desse algo para dormir e que me acordasse somente quando toda aquela tempestade tivesse passado. Ou seja, eu estava sendo fraco, como de fato era, estava literalmente fugindo dos meus problemas e dos meus medos ao invés de enfrentá-los. Isso só demonstrava o quão eu estava despreparado emocionalmente para aquela ou qualquer outra adversidade que viesse a surgir.

Depois de algumas horas e um pouco mais calmo devido aos tranquilizantes que me injetaram, fomos liberados do hospital e enfim pegamos a estrada para ir para perto de onde tudo aquilo estava acontecendo.

Assim, os dias foram passando e neste período minha Mãe ficou 7 dias na UTI (Unidade de Terapia Intensiva), e todos dizem que foi uma grande benção ela ter sobrevivido. Durante este período de internação, minha Mãe realizou vários exames e foi constatado que ela possui a doença de Crohn, uma doença intestinal inflamatória e crônica que afeta o revestimento do trato digestivo, inclusive, nessas duas cirurgias foi necessária a retirada de 38% do seu intestino que estava com uma inflamação irreversível.

Depois dela ter passado por todo este processo, achávamos também que toda aquela angústia havia terminado, mas teve um outro problema. Como ela fez duas cirurgias em sequência e possuía também um histórico de fumante no currículo, ela sofreu uma embolia pulmonar. (A embolia pulmonar acontece quando as artérias do pulmão ficam obstruídas por algum coágulo, impedindo a circulação do sangue que abastece os pulmões). E como é de conhecimento da maioria, isso se trata de uma situação grave, que pode levar o paciente a óbito em questão de segundos.

Para tratar esta embolia, minha Mãe precisou ficar mais 3 dias em uma outra unidade de terapia intensiva específica para aquele tipo de problema. Contudo, em meio a idas e vindas em leitos de hospitais, havia também um Deus grandioso que permaneceu ao lado dela o tempo todo e permitiu que ela vencesse mais esta batalha.

Eu acompanhei de perto todo aquele combate que a minha Mãe bravamente enfrentou, e assim pude perceber também que conforme o tempo foi passando, eu me sentia cada dia mais preparado para lidar com toda aquela situação. E isso nada mais é do que a atuação do professor TEMPO presente nos momentos de adversidades. Ele se encarregou de me ensinar a ser resiliente, a ser forte, sobretudo a ter coragem para enfrentar toda aquela situação obscura. Graças a Deus tudo aquilo se tornou uma vitória para todos nós, hoje em dia minha Mãe faz tratamento dessa doença para que a inflamação não volte de forma descontrolada, mas segue a vida feliz e convicta de que teve uma nova oportunidade de viver.

Um pouco antes de acontecer este fato em relação a doença da minha Mãe, minha esposa e eu havíamos iniciado um processo de financiamento para realizar a construção da nossa casa, processo este que já estava em fase final de assinatura do contrato.

Este financiamento habitacional incluía os valores para a quitação do terreno e os custos referente a construção do imóvel. Inclusive, já havíamos até firmado compromisso de compra do terreno com o até então proprietário do lote, onde já arcávamos com todas as despesas referente a IPTU e condomínio desde o início do trâmite.

O projeto desta casa era de uma casa grande, em condomínio fechado, e, com isso, o valor das respectivas prestações também acompanhavam a proporção de grandeza. Porém, apesar daquele custo fixo ser de valor alto e o projeto da casa ser grande demais para dois jovens que estavam apenas "começando" a vida, achávamos até então que toda a situação estava sob controle, uma vez que os salários que recebíamos na época era compatível com aquele compromisso que estávamos firmando.

Contudo, na contramão deste nosso planejamento de vida e logo na sequência daquela turbulência referente a doença da minha Mãe, a empresa pela qual eu trabalhava e era funcionário - que vou chamá-la de "Construtora Red" - simplesmente fechou as portas, e nós, colaboradores, ficamos naquele momento sem salário, sem emprego e sem receber os nossos devidos direitos trabalhistas.

Com isso, consequentemente, ficamos com a nossa renda familiar comprometida, o que impossibilitou automaticamente o andamento e a conclusão do nosso financiamento habitacional. E assim, perdemos não só o processo de financiamento da casa, como todos os valores pagos referente aos custos do terreno e documentações.

De repente desempregado e sem nenhuma perspectiva de conseguir um outro trabalho na área, as contas do mês não cessavam e todas as áreas da minha vida que envolvia vida pessoal, profissional e financeira se encaminhavam rapidamente para um verdadeiro e lamentável colapso.

Não apenas sustos e frustrações, poucas semanas depois deste último ocorrido veio mais uma novidade desagradável, fui diagnosticado com o vírus da dengue, e como já se tratava de uma segunda vez, o vírus veio com muito mais intensidade.

Eu fiquei dez dias de cama, ruim, derrubado literalmente. Qualquer alimento na minha boca parecia ferrugem, nem água me caía bem. Foram dez dias sentindo de forma alternada: febre, dor de cabeça, ânsia de vômito, diarreia e coceiras por todo corpo que não me deixavam ao menos dormir. O resultado disso? Dez dias de puro sofrimento e dez quilos a menos de massa corporal.

Era de fato uma pancada atrás da outra. Confesso que eu fiquei tão desnorteado naquele período que nem me dava tempo de pensar o porquê disso e daquilo. Só o que eu não tirava da minha cabeça eram as lições que aprendi no livro de Jó, que eu não poderia nem cogitar uma possível lamentação sobre os meus problemas sabendo que existem milhares de pessoas passando por adversidades bem mais intensas do que a minha. Por isso, mantive a fé de que tudo aquilo ia passar e agradecia muito a Deus por cada etapa vencida.

Assim, o tempo foi passando e as coisas pareciam se acalmar, mas só pareciam.

Precisamente no dia 25 de julho de 2015, em um rotineiro sábado à tarde, estava eu, deitado no sofá da sala, assistindo TV, quando senti uma dor muito forte na região da virilha. A dor era tão intensa que eu mal conseguia ficar em pé. Logo chamei minha esposa e fomos imediatamente ao hospital.

Chegando lá, rapidamente me deitaram em uma cama para ser examinado, e ali fiquei horas rolando e gemendo de dor (se a dor do parto é pior do que aquela, meu Deus, coitada das mulheres).

Eu vomitava de tanta medicação que não me surtia efeito e os médicos pareciam não entender o que estava acontecendo.

Depois de algumas horas naquela situação, uma médica percebeu que poderia ser um problema no meu testículo, e, por isso, me transferiu para uma outra unidade para realizar um ultrassom. Já em outro hospital e com a dor já diminuindo, fiz o exame e o médico ali me disse que eu estava com uma pequena infecção no testículo. Logo, o doutor me receitou alguns anti-inflamatórios e me liberou dizendo que ia ficar tudo bem.

Passou-se uma semana e meu testículo não parava de inchar. A região da virilha estava visivelmente inflamada e ali percebi que tinha algo de errado. Naquele momento eu não tinha condições financeiras para pagar uma consulta médica particular, mas não tive outra escolha a não ser sacar o restante do limite do cheque especial para tentar descobrir o que realmente estava acontecendo.

Durante uma consulta em um Urologista - médico específico para este tipo de problema - o doutor me examinou superficialmente, me solicitou um novo ultrassom em um centro clínico de sua confiança e me pediu que retornasse no mesmo dia em seu consultório com o exame realizado. E assim fiz, saí do seu consultório e fui direto para este centro clínico realizar o exame que ele havia me ordenado.

No momento em que eu estava me submetendo a este novo ultrassom, o médico que estava realizando o procedimento percebeu a enfermidade de imediato e sem nenhuma hesitação me comunicou:

– Você teve uma torção no testículo direito.

Logo surgiu um ponto de interrogação na minha cabeça:

– O que é isso, doutor?

O médico respondeu:

– Torção é quando o testículo dá um giro em seu eixo, enrolando as veias sanguíneas que interligam o órgão. Com isso, impossibilita a circulação do sangue que o mantém em funcionamento.

E ele continuou:

– Para resolver uma torção no testículo é necessária uma cirurgia para desfazer o giro ou até mesmo uma tentativa de correção de forma superficial. Porém, isso deveria ter sido feito no tempo máximo de 8 horas após o ocorrido, depois disso o órgão necrosa e morre, por isso a sua dor foi diminuindo, o órgão estava morrendo.

Com um olhar de pena o doutor continuou:

– É, meu amigo, não há outra maneira a não ser extrair esse seu testículo necrosado.

Pronto, o mundo caiu sobre a minha cabeça, fiquei sem reação, parecia que em minha volta havia um abismo sem fim.

Confesso a você que o meu maior medo era de não poder ter filhos biológicos, pois este era um sonho que eu sempre tive como prioridade na vida. O fato também de ser totalmente leigo no assunto tornou a situação ainda mais difícil, principalmente no lado emocional.

Como a ultrassom foi realizada ainda na parte da manhã, e o retorno ao Urologista estava pré-agendado para às três horas da tarde, existia ali um intervalo de cinco horas entre os dois compromissos. Logo, então, a ansiedade novamente começou a me dominar, ela me jogou diretamente em um cenário psicológico de drama misturado com suspense e terror ao mesmo tempo. Eu estava caindo na mesma armadilha mental, que transformara cada minuto daquelas cinco horas em uma verdadeira eternidade.

Então chega o horário da consulta ao meu Urologista. Ao me atender o doutor me disse que foi confirmado o que ele já havia previsto, logo, me vendo naquela situação de descontrole emocional, pediu para eu me acalmar e ficar tranquilo que tudo terminaria bem.

Sobre a possibilidade de não poder ter filhos biológicos, esta opção não existia, pois somente um dos testículos estava condenado, o outro estava totalmente sadio. Ele me explicou que os testículos são como nossos rins, na ausência de um, o outro trabalha normalmente fazendo o trabalho dos dois, a única observação era para eu tomar mais cuidado, pois agora eu não teria mais um banco de reservas.

Este Urologista, o Dr. Paulo Kenco Sukomine, sabendo que eu não tinha pagado a consulta através de um plano de saúde, me perguntou se eu tinha condições financeiras para realizar a cirurgia de remoção do testículo. E em duas ou três palavras que respondi a ele, ele já entendeu a situação financeira em que eu me encontrava e assim se dispôs a me ajudar mais uma vez.

Sob a minha presença, o Dr. Sukomine fez uma ligação telefônica para um outro Urologista, o Dr. Alfredo Jayme Rodrigues, perguntando se ele tinha agenda para fazer uma cirurgia naquele mesmo dia. Logo o Dr. Sukomine me explicou: o Dr. Alfredo, além de atender em sua clínica particular, ele também atendia na unidade hospitalar pública de São Carlos, que, por sinal, tinha toda a estrutura hospitalar que um paciente como eu necessitava, além também de estar em boas mãos sendo atendido por ele. Assim, por se tratar de atendimento em um hospital público, eu não teria que bancar com os custos referente a cirurgia e as despesas com internação, sendo que naquele momento eu não tinha nenhuma condição financeira para isso.

E assim foi feito, a cirurgia foi um sucesso e o problema, juntamente com toda aquela angústia, foi resolvido.

É certo de que esta adversidade me tirou um testículo necrosado, mas implantou em minha consciência uma gratidão imensurável por todos os participantes daquele episódio dramático da minha vida: gratidão a Deus por sempre estar me protegendo e me cuidando nos momentos difíceis; gratidão por saber que, sim, eu possuía saúde necessária para uma futura fertilização; gratidão a minha esposa, que mais uma vez esteve ao meu lado, me cuidando, me dando força, principalmente naquele período pós-cirurgia; gratidão aos meus amigos e familiares que de certa forma se preocuparam comigo; e a esses dois grandes profissionais, os médicos Paulo K. Sukomine e Alfredo J. Rodrigues, que fizeram um trabalho magnífico não só como profissionais da medicina, mas também, sobretudo, como seres humanos.

A minha recuperação foi lenta e dolorosa, mas o que era mais um pum para quem já estava todo "cagado"? Hoje dá até para brincar sobre aquele período sombrio que vivenciei, mas na época foi difícil, muito difícil. Eu não me esqueço de um breve diálogo que eu tive com o meu amigo Murilo durante uma visita que ele me fizera assim que tive alta do hospital:

– Mano, você está em uma maré de azar hein?!

Logo respondi:

– Não é, irmão, isso é a vida, logo tudo passará. É uma fase ruim de aprendizagem e provações. Tenho fé que superarei tudo isso.

Contudo, mesmo eu tendo toda esta convicção de que as dificuldades fazem parte da vida, dos ensinamentos extraídos no livro Jó e tudo mais, aquelas adversidades que surgiram na minha vida foram muito duras para mim, pois eu ainda não tinha passado por nada parecido. Logo, aquelas aulas na prática me trouxeram capacidades que até então fugiam da minha real percepção, me permitindo, desta forma, a dar mais alguns passos no CAMINHO DA MINHA PRÓPRIA FORTALEZA.

Eu sei também que tudo aquilo foi absolutamente nada perto do cardápio de martírios que a vida constantemente nos oferece. Porém, a intensidade de uma adversidade não se trata necessariamente do fato, mas de quanto você está preparado para enfrentá-la.

Logo após eu ter me recuperado da cirurgia feita no testículo, minha esposa e eu fomos por acaso em uma palestra religiosa com um casal de amigos. Naquele dia, o palestrante comentou sobre o milagre de Jesus caminhando sobre as águas, em que, resumidamente, em meio a uma tempestade em alto mar, Jesus disse aos pescadores para ter fé e não temer, porque Deus estava com eles. Então, Jesus caminhou sobre as águas e mostrou aos pescadores que através da fé poderiam alcançar o que desejassem. Então o mar se acalmou, a tempestade passou, os pescadores lançaram suas redes ao mar e encheram seus barcos de peixes.

Esse milagre de Jesus é bem conhecido e eu já o tinha escutado muitas vezes, mas, quando não temos sabedoria de vida justamente por não passar por certos momentos de dificuldades, acabamos de certa forma não entendendo ou não dando a devida importância para a mensagem que este carrega. Mas, depois de eu ter "cursado" aquelas aulas na prática naquele ano adverso, aqueles conceitos divinos ficaram totalmente explícitos na minha cabeça. Não tive dúvidas ali de que Deus estava falando comigo através das palavras daquele palestrante. Eu me via sendo um daqueles pescadores, o mar retratava a minha vida e a tempestade simbolizava as minhas adversidades.

No momento em que ouvi aquelas palavras eu senti um choque de realidade e mesmo com toda convicção que eu tinha dentro de mim, aquela palestra foi um estalo de dedos, e ali tive a total certeza de que eu ia dar a volta por cima.

Os dias então foram passando e a minha vida foi voltando a normalidade, porém eu ainda continuava desempregado e com uma vida financeira de certa forma tumultuada.

No entanto, eu já não era mais a mesma pessoa de antes, aquelas adversidades me deixaram muito mais forte e me fizeram despertar uma força que jamais imaginei que tinha dentro de mim.

Então chega dezembro de 2015, o último mês de um ano recheado de provações na minha vida, e, coincidentemente ou não, a partir daí as coisas começaram a mudar.

"Depois de um longo inverno ..."

De fato, iniciou-se uma reviravolta na minha vida. Logo fui contratado por uma grande empresa para trabalhar na mesma área de atuação do meu emprego anterior – empresa que vou chamá-la de "Construtora Blue" – e de imediato comecei a pôr as minhas contas em dia e a me reorganizar financeiramente.

Logo recebi boas notícias da "Construtora Red", que me fez ter uma nova esperança de receber meus direitos trabalhistas que até então não havia recebido.

Concomitante a isso, a minha esposa passou em um concurso público na prefeitura de nossa cidade natal, em Olímpia, local onde trabalhamos e moramos atualmente.

Realmente as peças do quebra-cabeça foram se encaixando e começamos a realizar os nossos maiores objetivos de vida em um curto espaço de tempo.

Para você ter uma ideia, o que você acha que consegue planejar e realizar se tratando de objetivo de vida no prazo de um ano? Comprar um carro? Fazer uma viajem? Realizar uma festa?

Digo a você leitor, entre dezembro de 2015 a março de 2017, ou seja, em um intervalo de um ano e três meses completos, minha esposa e eu fomos abençoados por Deus pelas seguintes conquistas:

- Eu consegui um bom emprego para trabalhar na "Construtora Blue" onde pude me reorganizar financeiramente, depois de ficar um período desempregado quando a "Construtora Red" encerrou as suas atividades.
- Minha esposa passou em um concurso público em um ótimo cargo também na sua área

de formação, e, assim, pudemos reascender o desejo de alcançar alguns objetivos de vida que havíamos abortados meses atrás.

- Logo, conseguimos fazer um novo financiamento habitacional e construímos a nossa casa, uma vez que havíamos perdido o primeiro processo após eu ficar desempregado.
- Conseguimos também realizar um sonho da minha Mãe financiando uma casa pronta para ela morar, depois dela ter passado por um período muito difícil da sua vida.
- A "Construtora Red" me pagou todos os meus direitos trabalhistas os quais eu achava que já havia perdido, e, assim, pudemos pagar à vista todos os custos da nossa linda festa de casamento.
- Em poucos meses trabalhando na "Construtora Blue" eu consegui mudar totalmente o cenário da minha vida e decidi então que seria o momento para realizar um sonho que sempre tive desde quando me formei engenheiro civil, de abrir a minha própria empresa. E assim foi concretizado, juntos fundamos a Lotus Engenharia, que é de onde vem uma de nossas fontes de renda nos dias de hoje.
- E ao final deste ciclo de 15 meses, em março de 2017, fomos abençoados com a gravidez do nosso filho Artur, sem dúvidas o maior presente que Deus poderia nos conceder.

É claro que na vida de algumas pessoas essas conquistas podem parecer irrelevantes, mas, para mim, se trata de grandes conquistas, ainda mais na situação a qual eu me encontrava. Até porque, e aqui destacando, o tamanho da sua conquista é proporcional ao tamanho da sua luta, depende das necessidades e do ponto de vista que cada um tem sobre a sua própria vida.

Principais lições

Mesmo que aquelas adversidades parecessem amenas comparadas ao que fato poderia me acontecer, elas foram realmente duras para mim, justamente pelo fato de o principal protagonista da trama possuir uma força relativamente fraca e incompetente no momento.

Em contrapartida, em nenhum momento perdi a fé de que venceria aquelas dificuldades. Além disso, aquele ano de 2015 causou em mim uma transformação considerável, me trouxe qualidades que ajudaram a turbinar as minhas capacidades para continuar a minha desafiante jornada. É claro que eu não superei tudo aquilo sozinho, por isso fica aqui a minha gratidão a todos as pessoas que se envolveram e me ajudaram de alguma forma naquele ano difícil da minha vida.

Já em relação aos objetivos de vida que minha esposa e eu conseguimos alcançar, todos aqueles desejos sempre estiveram em nosso planejamento de vida, mas até então não sabíamos que que faltavam algumas peças para completar aquele quebra-cabeça que Deus havia nos preparado. Desse modo, eu precisei passar por uma fase de aprendizagem transmitida por todas aquelas adversidades para entender qual era o verdadeiro caminho a ser percorrido.

A primeira peça do quebra-cabeça que nos faltava foi o fato de eu perder o emprego na "Construtora Red". Na minha opinião, este acontecimento foi a peça-chave para reverter toda aquela situação. O fato de perder o emprego me fez perder também aquele financiamento habitacional com valor de parcela exorbitante. Logo, com este compromisso financeiro literalmente fora de nossas vidas, tivemos possiblidade de lá na frente conquistar outros objetivos que faziam parte da nossa lista de desejos.

A segunda peça do quebra-cabeça foi entender que seria extremamente difícil eu sair do meu emprego na "Construtora Blue" para montar a minha própria empresa pagando aquele primeiro financiamento com um alto valor de parcela. Se tivéssemos assinado aquele contrato, eu acabaria tendo que ficar alienado àquele emprego por um bom tempo, e tendo uma baixa qualidade de vida pelo mesmo período. Sendo assim, construímos uma casa pequena que cabia em nosso padrão de vida – mas que era imensa se tratando de amor e gratidão – e com um valor de prestação quatro vezes menor do que o financiamento anterior. Assim, com esta redução relevante em nossas despesas, eu me senti mais seguro em montar o nosso negócio e ainda fazer o financiamento da casa da minha Mãe. Além de matar dois coelhos com uma só cajadada, essas conquistas me proporcionaram mais qualidade de vida: atuando profissionalmente de forma mais prazerosa, na minha cidade natal, convivendo ao lado dos meus amigos e da minha abençoada família.

"Ok, mas... como pode alguém desejar tanto um novo emprego e pouco tempo depois sair dele para abrir o próprio negócio?" Esta passagem contarei com mais detalhes no próximo capítulo, mas já lhe adianto uma coisa: na vida, não adianta querer pular degraus, o segredo é dar um passo de cada vez, se você der um passo maior do que a perna ou escolher pensar lá na frente sem viver o meio, você vai cair e, em seguida, desistir.

A terceira peça do quebra-cabeça também está relacionada ao meu antigo emprego na "Construtora Red". Como eu fiquei desempregado após a empresa praticamente encerrar as suas atividades, este acontecimento resultou na liberação dos meus direitos trabalhistas, por se tratar de trabalhador CLT (popularmente conhecido como trabalhador de carteira assinada). Os diretos trabalhistas têm a finalidade de amparar financeiramente o trabalhador após uma rescisão contratual, porém, a empresa não me pagou esses diretos logo após a minha rescisão. Sendo assim, em meio àquele desamparo financeiro, eu fui me virando com uma pequena reserva de emergência que poupei anteriormente e alguns trabalhos temporários que porventura surgiam.

Todavia, até então, as minhas chances de receber os meus diretos da "Construtora Red" eram remotas, pois as informações que chegavam não eram esperançosas. Eu só pensava que não seria justo eu vestir a camisa da empresa com tamanha dedicação e depois ficar sem receber o que era de fato de meu direito.

Sendo assim, "num piscar de olhos", fui surpreendido positivamente e recebi todos os meus direitos trabalhistas da "Construtora Red", e foi com este recurso que bancamos todos os custos da nossa linda festa de casamento. Talvez se eu tivesse recebido este recurso financeiro logo após a minha rescisão contratual, certamente eu teria gastado todo aquele dinheiro de forma fracionada e assim não teríamos condições financeiras para tal feito.

A quarta peça do quebra-cabeça foi sobre a minha Mãe, que passou por todo aquele sofrimento e logo depois estava de volta à sua rotina e, além do mais, morando na sua tão sonhada casinha. E o mais gratificante disso foi poder assistir a alegria em seu rosto ao entrar na sua casa pela primeira vez, foi algo impagável. Nesses momentos é que percebemos como é grande a felicidade simbolizada em um lindo arco-íris depois que a tempestade sai de cena.

E a última peça que faltava para desvendar todo o enigma veio para coroar. Depois de passar por uma adversidade diretamente relacionada a fertilidade, eu pude realizar o grande sonho da minha vida, ser Pai do nosso filho Artur, algo que realmente me faz perder as palavras para descrever o tamanho da gratidão que tenho a Deus por me dar este presente.

Sobre todas essas conquistas sou eternamente grato a Deus, por tudo que Ele me proporcionou. Mas não foram somente esses troféus que foram adicionados a minha prateleira. Veio também na bagagem outras premiações as quais são impagáveis na vida de qualquer pessoa. O ano de 2015 me trouxe mais experiência de vida, sabedoria, me fez despertar uma força que eu ainda não a conhecia, me fez entender que a vida deve ser encarada de frente, independente de qual seja o grau de dificuldade do nosso problema.

Sei também que a vida me trará muitos anos semelhantes ao de 2015, ou até mais intensos. Mas, se eu mantiver todas as capacidades físicas e mentais que aprendi durante os momentos adversos, a minha chance de vitória será grande, e, por consequência, essas novas experiências exponenciarão o meu crescimento e a minha FORTALEZA. Pois hoje estou mais preparado do que no ano de 2015, porém mais frágil em relação aos anos que vêm pela frente, mas assim é a lei da humanidade, sempre estaremos em um processo de aprendizagem e evolução.

Por isso, não podemos ficar se lamentando sob um plano que não deu certo ou jogar fora os próprios princípios por conta de uma batalha que foi perdida, aquela derrota aconteceu justamente porque tinha que acontecer.

Portanto, reflita sobre a sua vida e tudo o que está passando. De preferência, troque a reclamação por reação, a desistência por resiliência, e a lamentação por gratidão. Pois as adversidades vêm e virão com muita intensidade, mas trazem lições em nossas vidas que nos tornam mais fortes, mais sábios e antifrágeis, para darmos continuidade em nossa caminhada.

> *"E ainda se vier, noites traiçoeiras, se a cruz pesada for, Cristo estará contigo. O mundo pode até, fazer você chorar, mas Deus te quer sorrindo." Padre Marcelo Rossi.*

CAPÍTULO SETE

O TRABALHO ENGRANDECE

O TRABALHO é o componente mais importante do seu plano, todo o restante eu caracterizo como um conjunto de agregados, um agrupamento de habilidades que darão mais robustez, rapidez e constância a toda cadeia envolvida. Inclusive, se você pensar em todo o restante e esquecer da principal ação que proporcionará que os seus objetivos se concretizem, é se certificar então de que a sua PROSPERIDADE não passa de uma mera ilusão, de uma verdadeira utopia.

Na minha concepção, o TRABALHO é sustentado por três pilares fundamentais: a **determinação**, a **dedicação** e o **foco**. Quando você exerce um trabalho e impõe essas três capacidades sob o mesmo, isto é, você sabe exatamente o que pretende, se se dedica com muita força de vontade e se mantém focado sem nenhuma distração, consequentemente o seu trabalho sai bem-feito e a recompensa sobretudo é altamente satisfatória.

Um leão durante a sua caçada observa todos os detalhes em sua volta, é paciente sem perder o foco, e no momento exato extravasa a sua força em um ataque certeiro a sua presa. E é justamente dessa forma que você deve agir na sua selva de pedra: analisando toda a situação, definindo os seus objetivos de curto, médio e longo prazo, e partindo para cima com muita intensidade para realizá-los. Não há como ser diferente disso.

Acerca disso, já me antecipo a dizer que falar sobre trabalho é algo que me motiva, pois eu acredito muito no poder de transformação que existe por trás desta simples palavra de três sílabas. Inclusive, sobre isso, eu tenho aqui um breve relato que servirá como um cartão de visitas ao que você encontrará neste rico e descontraído capítulo.

Um certo dia, o meu antigo cabeleireiro nos contou, a mim e a meu pai, que o seu filho no início da pré-adolescência estava com uma grande dificuldade no relacionamento interpessoal. Ou seja, ele estava com dificuldades de fazer novos amigos, de conversar com outras pessoas, de interagir em sociedade. E este acanhamento estava atrapalhando significativamente o seu autodesenvolvimento em praticamente todas as áreas da sua vida.

Preocupado com isso, o cabelereiro, pai do menino, teve uma ideia para tentar resolver o problema do filho. Ele foi até uma farmácia conhecida da cidade e ofereceu o seu filho para trabalhar naquele estabelecimento, mesmo que não houvesse a possibilidade de remuneração. O dono da farmácia explicou que não havia vaga de emprego disponível, mas por consideração à amizade que tinha pelo pai, daria a oportunidade de trabalho ao seu filho, já que não precisaria se comprometer com os devidos pagamentos de salários.

O filho do cabeleireiro começou então a trabalhar nesta farmácia e não sabia que estava sendo custeado pelo pai, já que este fato poderia causar algum tipo de desmotivação ao "menino". E o resultado desta ideia foi simplesmente incrível. O filho se firmou no emprego, se tornou um ótimo funcionário, foi de fato contratado posteriormente pelo dono da farmácia, e o seu problema de relacionamento interpessoal foi totalmente extinto. Hoje ele é farmacêutico diplomado, trabalha nesta farmácia há mais de 15 anos, se comunica invejavelmente bem e ainda de quebra deixou o seu pai totalmente feliz e orgulhoso pelo homem e pelo competente profissional que se tornou.

Bacana isso, não é mesmo?! E é exatamente esse poder de transformação que eu acredito na força do TRABALHO, pois o trabalho educa, ensina, dignifica, fortalece e engrandece, em outras palavras: *"o trabalho enobrece o homem e o faz merecedor da sua própria dignidade."* Maximiliano Wouters.

Feita esta breve apresentação em relação ao que eu penso sobre o trabalho, quero aproveitar o momento para falar um pouco mais sobre a minha vida pessoal e mostrar como a ação do trabalho também foi determinante para transformar o cenário da minha vida. Você perceberá ou entenderá de uma vez por todas, que o TRABALHO é e sempre será um dos protagonistas de uma bela história de vida, e que o sucesso e a prosperidade dependem obrigatoriamente deste fazimento.

Vivendo um dia de cada vez...

Olá, muito prazer, meu nome é Odair, tenho 35 anos, sou casado com a minha amada esposa Samy, estamos juntos há 16 anos e temos um filho de 5 anos chamado Artur. Atualmente, vivemos na cidade de Olímpia - uma cidade turística do interior de São Paulo localizada a 450 quilômetros da capital - onde também trabalhamos e administramos nossas vidas.

E agora que me apresentei de forma mais tradicional, ficarei mais a vontade de continuar a minha narrativa, embora eu já tenha relatado neste livro algumas das mais importantes etapas da minha vida.

Eu nasci no dia 19 de janeiro de 1988, em uma terça-feira, às 13 horas e 30 minutos, nesta mesma cidade na qual atualmente resido. E justamente neste primeiro dia que cheguei neste mundão de meu Deus, a vida já me fez questão de me mostrar o seu cartão de visitas com a minha primeira adversidade enfrentada. Nasci prematuro, com apenas 1 quilo e 100 gramas de peso corporal. A minha Mãe ainda estava no final do sexto mês de gestação quando precisou realizar o parto de forma cirúrgica. O cordão umbilical estava enrolado em meu pescoço e se este procedimento não tivesse acontecido naquele dia, muito provável que eu não estaria aqui hoje escrevendo este livro.

Então, como nasci "miudinho", eu precisei ficar mais 45 dias em uma incubadora da maternidade para ganhar peso, e mais do que isso, sobreviver. Assim, subitamente e sem nenhuma consciência do que estava acontecendo, eu já enfrentava a minha primeira batalha na vida lutando bravamente como um autêntico capricorniano.

E digo autêntico porque muitos canais de empreendedorismo afirmam que a maioria dos capricornianos possuem a qualidade de serem empenhados e determinados. Para dizer a verdade, eu não sei se realmente acredito neste mundo da astrologia, talvez em partes, mas uma coisa eu posso afirmar, o meu mapa astral extraído dos estudos astrológicos bate exatamente com a minha personalidade. De acordo com as informações sobre data e horário do meu nascimento, o meu mapa astral resulta que a minha personalidade é definida por três qualidades principais: ambicioso, eficiente e determinado.

Ser eficiente, não sou eu a pessoa mais propícia a dizer, afinal, as pessoas que convivem comigo são as que poderiam, mas devo admitir que a maioria delas dizem que sim, que sou uma pessoa eficiente.

Sobre ser ambicioso eu já posso responder. Sim, eu me considero uma pessoa ambiciosa, porém de forma equilibrada, tenho muitos objetivos audaciosos como prioridades, mas não deixo ultrapassar a linha entre o saudável e o doentio.

Agora, se tem uma qualidade que me define por completo é ser determinado. A determinação é um dos segredos da minha vida. Isto é, eu sou uma pessoa totalmente resolvida e não tenho dúvidas daquilo que quero. Quando vou tomar uma decisão importante, eu procuro analisar friamente todos os detalhes e assim tomo uma decisão embasada e definitiva, sem nenhum tipo de variação. Depois disso, eu me entrego de corpo e alma para alcançar aquilo que planejei.

Talvez também eu tenha herdado ou aprendido esta determinação com a minha Mãe, pois se trata de uma grande guerreira que sempre lutou arduamente pelos seus ideais.

Falando sobre os meus pais, eu vim de uma família simples, humilde e sem muitas condições materiais e financeiras. Vivíamos no básico do básico sem nenhum tipo de regalia, mas posso dizer que éramos uma família unida e feliz apesar de todas aquelas dificuldades que nos rondavam regularmente.

Na minha infância, em nossa humilde residência, vivíamos em quatro pessoas:

Minha Mãe – a mulher mais forte que já vi na vida – que trabalhou na roça desde criança ajudando os meus avós e posteriormente o meu Pai a criar e sustentar a nossa família;

Meu Pai – o meu verdadeiro super-herói – um autêntico trabalhador brasileiro que sempre deixou o sangue no trabalho para trazer o alimento para casa. Sem dúvidas de que Ele e minha Mãe são as minhas maiores referências de vida;

Meu irmão, o filho caçula – sendo seis anos mais novo do que eu – e posso descrevê-lo da seguinte forma: se eu me jogar de um penhasco, por mais alto que ele seja, eu sei que meu irmão estará lá embaixo para tentar me pegar. Uma pessoa que eu posso contar para o que der e vier e ele sabe que isso é recíproco.

E por último, eu, que vos falo ou que vos escrevo, o filho mais velho, uma pessoa simples e cheia de defeitos, mas com muita força de vontade e um turbilhão de boas intenções dentro do coração.

Os meus pais sempre trabalharam no "pesado", e vivíamos sob uma realidade de que se quiséssemos ter alguma coisa na vida, ou íamos para o campo de batalha a fim de conquistar ou nos contentávamos em não ter. Outra educação ou realidade que tínhamos desde sempre dentro de casa era o fato de contribuir de alguma forma com os afazeres e com as despesas da casa.

Para você ter uma ideia de como seguíamos à risca esta disciplina, um certo dia da minha infância (eu devia ter entre 7 e 8 anos de idade) encontrei estirada no chão da rua da minha casa, uma nota de dinheiro no valor de R$ 10,00. Isso foi em meados de 1995, na época, uma nota de R$ 10,00 tinha praticamente o mesmo poder de compra que uma nota de R$ 100,00 nos dias de hoje (devido a inflação acumulada em todos esses anos).

Então eu te pergunto: o que você acha que eu fiz com esse dinheiro? Gastei tudo em doces, balas, brinquedos e outras diversões? Que nada. Metade do dinheiro eu dei para minha Mãe completar a verba da conta de energia do mês; a outra metade eu usei para cortar o meu cabelo, que custou R$ 4,00; e o último R$ 1,00 que restou daquela nota de 10, eu usei para comprar figurinhas de um álbum que estávamos preenchendo na época.

Veja bem, eu tinha apenas7 anos de idade e olha a disciplina que eu tinha em relação a educação imposta pelos meus Pais! Se for transformar esta minha atitude para o real conceito das finanças, posso dizer que eu usei 50% da receita para uma despesa fixa, 40% para uma despesa variável ou temporal, e 10% para uma despesa de lazer e entretenimento. Além do mais, todas essas despesas eu considero como despesas essenciais, pois o último gasto (álbum de figurinhas) se trata de uma recompensa, um precioso incentivo para que uma criança de 7 anos de idade continue praticando esta bela disciplina.

Inclusive, este tipo de educação é "valiosíssimo" na vida de qualquer pessoa, embora infelizmente esta cultura tenha se deteriorado com o passar dos anos, lamentavelmente diga-se de passagem.

E foi com esta cultura que meu irmão e eu fomos criados, com um espírito batalhador assistindo os nossos Pais trabalharem duro para pôr a comida e o singelo conforto para dentro de casa.

Desde "pirralho" eu fazia de tudo um pouco para descolar uma graninha para comprar os meus desejos de criança: juntava latinhas de alumínio, afinava varetas de pipas para um vizinho comerciante, vendia salgados, picolés, sucos, rifas para sorteios, o que dava para fazer eu fazia.

Sobre esses momentos, me vem à mente uma lembrança que jamais esquecerei. Eu sempre fui apaixonado por futebol e me lembro como se fosse ontem, eu, com 9 anos de idade, coloquei como objetivo comprar a minha primeira chuteira de futebol de campo. Aproveitei um final de semana festivo na cidade e fui vender picolés na rua. Me dediquei "110%" debaixo de um sol escaldante a fim de atingir a minha meta. E como já se diz nos campos de batalha *missão dada é missão cumprida,* trabalhei com afinco como gente grande e atingi o equivalente a R$ 14,00 de recompensa sobre as minhas vendas, o que me proporcionou aos 9 anos de idade comprar de forma independente a minha primeira chuteira de futebol de campo.

Obviamente que aquele par de chuteiras pretas de cravos acinzentados era o mais barato que tinha na única loja de materiais esportivos da cidade, mas o impagável sentimento de gratificação e conquista que eu sentia naquele momento, me tornava a criança mais rica e feliz de todo o bairro. Uma felicidade que só a força do trabalho é capaz de entregar.

Então foi assim como tudo começou. Desde muito cedo eu já me dedicava em todo tipo de trabalho propício a uma criança com menos de 10 anos de idade.

Já formalmente, já tendo obrigações de horários e deveres, foi aos 13 anos de idade, em uma pequena empresa que desenvolvia produtos de limpeza. Depois disso, trabalhei para o meu tio como atendente em uma locadora de videogames e algumas vezes fazia "bicos" como garçom em finais de semana. (Lembrando que todos esses trabalhos que realizei durante o meu período de infância e adolescência, em nenhum momento eles coincidiram com os meus horários de escola, portanto, não atrapalharam de nenhuma forma os meus estudos).

Aos 15 anos de idade, eu comecei a trabalhar em uma lanchonete como chapeiro e este foi o meu primeiro emprego mais longevo naquele meu início de jornada, um ano de trabalho completo. Naquele mesmo período, isso no ano de 2003, veio também a separação dos meus Pais, que sem dúvidas trata-se de uma das mais importantes adversidades que já enfrentei.

Com este acontecimento e o fato de ser o filho mais velho, as inevitáveis circunstâncias acabaram me conduzindo aos 15 anos de idade a assumir o papel de homem da casa. E ao lado da minha Mãe, trabalhei com afinco para que juntos pudéssemos cumprir com todos os nossos compromissos financeiros, sobretudo, pôr a comida para dentro do prato.

Devo dizer também que independentemente da *causa, motivo, razão ou circunstância* sobre a separação dos meus Pais, eu não tenho nada do que reclamar das consequências deste fato. Pelo contrário, eu só devo agradecer a educação e a disciplina que eles me deram desde cedo, pois foi através dessas que eu consegui ser totalmente resiliente naquela fase difícil da nossa família. Os meus Pais me mostraram desde cedo que a vida é rigorosa e que para conseguir algo de forma honrada e honesta, devia-se impor um árduo trabalho para se obter a determinada recompensa. E isso me ajudou muito naquele meu papel de homem da casa com apenas 15 anos de idade. Além do mais, sou eternamente grato a Eles por tudo que fizeram por mim, desde quando eu ainda era apenas um bebê prematuro com um pouco mais de 1 quilo dentro daquela incubadora. Portanto, Pai, Mãe, obrigado, obrigado e obrigado.

Quando completei 16 anos de idade, consegui o meu primeiro trabalho com carteira assinada em uma fábrica de estofados, e, acredite, foi um dos trabalhos mais duros que já enfrentei. Era um trabalho de linha de montagem e a produção era toda feita de forma manual. Cada funcionário tinha uma função específica e todos seguiam um passo a passo até a confecção final do produto. Para você ter uma ideia, em datas comemorativas como Natal e Dia das Mães, por exemplo, nas quais os pedidos na fábrica explodiam, nós trabalhadores não tínhamos horários de saída do expediente enquanto não atingíssemos as metas diárias de produção. Normalmente em períodos como esses, nós entrávamos no trabalho às 7 horas da manhã e saíamos perto da meia noite, sem dó nem piedade. O esforço físico era realmente intenso e extremamente desgastante.

Por outro lado, este árduo trabalho me trouxe também muita aprendizagem de vida. Aquela chuva de deveres e obrigações aceleraram o meu amadurecimento como profissional, sobretudo como homem, mesmo que os meus documentos mostrassem que eu ainda fosse apenas um adolescente de 16 anos. Além de me fortalecer fisicamente e mentalmente, todo aquele período me fez adquirir em grande proporção muita disciplina e responsabilidade.

Eu trabalhei neste ramo (fabricação de estofados) até os meus 20 anos, sendo que, nesse meio tempo, exercendo essa atividade para duas empresas distintas, eu trabalhei como atendente de lanchonete e servente de pedreiro, na transição de uma para outra.

Depois fui trabalhar em uma usina de açúcar e álcool no setor de serviços gerais, e o que parecia ser uma evolução se tornou o meu grande estopim.

Como se tratava praticamente de serviços de limpeza em geral, havia momentos em que eu era designado a trabalhar no lixão da indústria, isso mesmo, lixão. Todo o lixo orgânico que uma indústria de aproximadamente 4 mil colaboradores gerava era transportado em um local aberto onde ficava o meu posto de trabalho, e minha função era separar manualmente o que era lixo orgânico e o que era lixo reciclável.

Apesar de se tratar de um trabalho digno e honrado, eu não estava nem um pouco satisfeito e feliz naquele lugar. E logo passei a alimentar um sentimento de desapontamento altamente destrutivo dentro de mim. Aquele cheiro de lixo impregnado em meu corpo indo para o refeitório da indústria me fez despertar um alerta de que eu poderia chegar mais longe do que aquela minha realidade. Eu olhava para trás e lembrava do meu tempo de escola, pois eu sempre fui considerado um aluno acima da média. E essa reflexão me vinha à mente ao me dar conta do cenário de trabalho que eu estava vivenciando. Sem dúvidas, aquela realidade me incomodava extremamente.

E foi com esta sensação de incômodo e descontentamento que resolvi tomar uma atitude definitiva. Era mais um rotineiro dia de trabalho sob aquela montanha de lixo que decidi acrescentar o mais importante ponto e vírgula da minha história de vida. Eu simplesmente olhei para o céu, pedi a benção de Deus e disse a mim mesmo:

– A partir de hoje eu vou buscar novos horizontes, eu sei que tenho capacidade de chegar mais além e eu vou conseguir.

A partir daquele dia, comecei a ir em outros setores daquela mesma indústria a fim de conseguir uma nova oportunidade, tendo como objetivo mudar a minha função de trabalho naquela empresa. Naquele momento, eu pensava que se eu conseguisse de alguma forma fazer um curso técnico ou até mesmo cursar uma faculdade as minhas chances de crescimento naquela empresa, sobretudo na vida, seriam maiores. E foi com este pensamento que eu repassava aos líderes de setores a demonstração da minha força de vontade e as minhas boas intenções.

Mas... como em toda bela história de vida existe um PORÉM simbolizado através de uma autêntica adversidade, em meio aquela incessante vontade de mudar o rumo da minha, Deus entrou em cena e me mostrou mais uma vez que o único planejamento perfeito que existe na vida é o Dele. A minha vontade de lutar por aqueles objetivos era tão intensa e verdadeira que Deus teve o capricho de me mostrar de que a minha decisão estava certa, mas que o caminho a ser percorrido não era exatamente aquele. E esta mensagem de Deus iniciou-se justamente no dia 11 de outubro de 2008, quando sofri aquele segundo acidente de motocicleta em que fraturei gravemente a perna esquerda.

No primeiro momento eu não me conformava que aquilo estava acontecendo comigo, justo no momento que tomei a decisão de mudar os rumos da minha vida. Mas é inegável que aquela adversidade foi uma divisora de águas na minha vida.

Logo, fiquei afastado das atividades, a empresa não renovou o meu contrato de trabalho, e tudo isso me conduziu a percorrer um outro caminho totalmente oposto ao que meus pensamentos estavam direcionando. E foi neste período que se iniciou a minha trajetória como vendedor de produtos bancários. O resultado desta minha experiência profissional você já conhece, e graças ao plano estratégico de Deus a minha vida foi sendo transformada positivamente em um ritmo assustador.

Ainda no período de transição entre a minha função de separador de lixo a vendedor de produtos bancários, aconteceu um outro fato surpreendente na minha vida. Lembra quando deixei no ar no capítulo cinco deste livro (O Poder da Humildade), sobre o fato de eu estar praticamente desempregado após me acidentar e ao mesmo tempo ter ingressado na faculdade? Pois bem, chegou o momento de contar com mais detalhes esta passagem.

Mesmo eu tendo passado por aquele acidente de trânsito e em seguida ter ficado desempregado, a minha decisão de dar seguimento aos meus estudos não havia sido abortada dos meus planos. Eu tinha convicção - graças também aos conselhos que recebi da minha esposa e da sua família que sempre incentivaram os seus filhos a seguirem por este caminho - de que os estudos poderiam ser umas das saídas para mudar o cenário da minha vida. Porém havia um pequeno detalhe, a parte financeira.

Desde criança quando eu vendia picolés pelas ruas da cidade eu já contribuía de alguma forma com as despesas da casa, e naquele momento pós-acidente, eu estava recebendo somente um benefício de auxílio-acidente que já estava prestes a terminar. (Lembrando que naquele período eu ainda morava com a minha Mãe e parte da minha renda ajudava a bancar as despesas da casa).

Mas era tudo ou nada naquele momento, ou eu me arriscava para tentar mudar o rumo da minha vida ou ficava para sempre naquela descontente realidade somada com os possíveis arrependimentos futuros. Resolvi então escolher a primeira opção, me joguei de corpo e alma e me matriculei no curso superior de engenharia na UNIFEB (Centro Universitário da Fundação Educacional de Barretos), mesmo não tendo nenhuma condição financeira para isso.

Quando a minha família soube desta minha decisão, todos caíram sobre a minha cabeça. Eles disseram que eu queria me fazer de rico entrando na faculdade e me criticaram de todas as formas, confesso que fiquei bastante chateado na época, mas era o preço que escolhi pagar. A maior resistência da família era o desfalque financeiro sob as despesas da casa, pois o valor do curso era equivalente ao valor do benefício que eu estava recebendo. Ou seja, naquele momento não daria para ajudar em casa, era uma coisa ou outra.

Outro questionamento deles era o fato de eu estar praticamente desempregado, o benefício que eu estava recebendo era temporário e as chances de perder o dinheiro gasto com a matrícula do curso e com as primeiras mensalidades eram altas.

E neste quesito eles tinham razão, o valor financeiro deste auxílio-acidente mal dava para pagar as mensalidades da faculdade e só restava mais duas parcelas a receber, depois disso, o benefício se encerraria. Mas eu estava possuído pelo sentimento da fé e nada me provaria do contrário de que logo eu arrumaria um trabalho para bancar as duas coisas: as despesas da casa e as mensalidades do meu curso de engenharia. Confesso que esta decisão quase ninguém tomaria, mas a fé e a vontade de vencer era tão grande que tomava conta de mim naquele momento.

Para falar a verdade, hoje não julgo minha família sobre o comportamento que tiveram comigo em relação a minha decisão, pois eles foram criados com uma cultura diferente e com os seus respectivos paradigmas, e isso eu devo respeitar. Mas eu penso que Deus não desempara o seu filho quando ele vai à luta em busca de bons objetivos, por isso fui com a fé, cara e coragem a fim de alcançá-los.

Após eu me matricular no curso de engenharia, chegou até mim a informação de que a faculdade (UNIFEB) na qual eu estava matriculado, iria disponibilizar bolsas filantrópicas de até 50% do valor do curso para alunos com renda comprometida. Esta informação veio da minha sogra que soube por acaso em um bate-papo no trabalho, na verdade eu acredito que essas coisas não vêm por acaso, mas já fica aqui a minha gratidão a Dona Célia, minha sogra querida que tanto me ajudou neste período da minha vida.

De fato, a informação procedia e fui imediatamente separar a pilha de documentos para comprovar que a minha situação financeira me dava condição de ser um dos bolsistas contemplados. Gastei o que eu não tinha com certidões negativas e cópias de outros documentos as quais eram obrigatórias para concorrer à bolsa de estudos. E como já diz aquele velho ditado, *você colhe aquilo que planta*, o resultado não podia ser outro, fui beneficiado da própria Faculdade com uma bolsa filantrópica de 50% do valor do meu curso.

Esta conquista foi muito importante para mim, pois somente o fato de eu ter conquistado uma bolsa de estudos que pagaria a metade do valor do meu curso, já me permitiu em tão pouco tempo voltar a ajudar financeiramente com as despesas da casa, mas não parou por aí.

Naquela mesma semana, recebi a tal oportunidade de trabalho como vendedor de produtos bancários que transformou a minha vida literalmente, isso com apenas dois meses após eu ter tomado aquela importante decisão.

Graças a perfeição do plano de Deus e minha preciosa determinação, em pouco tempo atuando naquele meu planejamento de vida, a minha realidade já tinha sido totalmente alterada: eu já estava ingressado na faculdade; já havia conquistado uma bolsa de estudos que bancava metade do meu curso; o meu cenário de trabalho era totalmente oposto ao anterior; eu ajudava minha Mãe com as despesas da casa bem mais do que antes; e estava recebendo uma quantia de salário inimaginável. Sem contar o fato de ter comprado um carro zero quilômetro com poucos meses de trabalho naquela corretora. Só o que me restava de fato naquele momento era agradecer muito a Deus, por me guiar no caminho correto e me dar sabedoria para captar os ensinamentos daquela adversidade, que, indiscutivelmente, mudou drasticamente os rumos da minha vida.

Passaram-se alguns meses e, mesmo eu cursando a faculdade de engenharia na UNIFEB, fiz a prova do ENEM (Exame Nacional do Ensino Médio), que permitia através do desempenho nas provas concorrer a bolsas de ensino superior através do Prouni (Programa Universidade para Todos) do governo federal, mesmo que ainda fosse curso em andamento.

Depois que saiu o resultado das provas fiquei um pouco desapontado, pois a minha nota não foi a esperada, e a possibilidade de conseguir alguma coisa com aquele desempenho era muita pequena. Mas ainda bem que eu estava enganado.

Quando saiu a relação de bolsas de estudos disponíveis pelo Prouni, percebi que o meu desempenho nas provas me dava condições de ganhar uma bolsa de estudos de 50% do curso de engenharia civil em uma outra faculdade, que ficava na cidade de

Ribeirão Preto, situada a 200 quilômetros da cidade de onde eu morava.

Para ser mais exato aos fatos, quando iniciei o curso de engenharia na UNIFEB na cidade de Barretos, eu cursava engenharia mecânica e não civil, mas já estava em meus planos mudar o meu curso para engenharia civil quando surgiu esta oportunidade em relação a bolsa do Prouni, pois realmente era a área de atuação que eu mais me identificava (olha aí o tal do Propósito).

Então, fui falar com o diretor responsável por todos os bolsistas da faculdade (UNIFEB). Ele me orientou dizendo que havia a possibilidade de transferir a bolsa de estudos ganhada na faculdade de Ribeirão Preto para a faculdade de Barretos, resultando assim na fusão das duas bolsas, a filantrópica mais a do Prouni. Dessa forma, as duas bolsas me davam a isenção total do curso e foi exatamente isso que aconteceu. A partir daquele momento eu me tornei um aluno bolsista com 100% do curso de engenharia civil na mesma faculdade de Barretos, local onde iniciei toda a minha jornada acadêmica.

Era algo inacreditável. Mas para quem assistiu toda aquela minha luta e dedicação, sabe que tudo aquilo não foi por acaso. Pois tudo é possível na vida de uma pessoa quando se tem determinação, dedicação e foco.

E foi assim como tudo aconteceu naquela minha fase "explosiva de transições", em que envolvia a minha função anterior de separador de lixo, o meu estopim para a minha mudança de vida, o meu acidente de motocicleta, a minha nova função de vendedor de produtos bancários e o início da minha formação acadêmica.

Inclusive, sobre o meu trabalho de vendedor de produtos bancários, aquela minha experiência profissional se iniciou no dia 1° de abril de 2009 e se encerrou no dia 31 de março de 2012, ou seja, foram exatamente 3 anos completos de trabalho naquela empresa. E desde o início, quando comecei atuar neste segmento, eu despertava a atenção dos gerentes das agências pela minha força de vontade e dedicação no meu dia a dia de trabalho. E essas qualidades me renderam três convites de diferentes gestores para trabalhar diretamente para o Banco, estando a minha disposição toda a estrutura profissional e financeira que um emprego daquele me proporcionaria.

Confesso que parei para refletir que alguns meses atrás eu estava separando lixo no meio do nada e naquele momento eu já tinha três convites de trabalho para fazer parte do quadro de funcionários de um dos principais Bancos do país. Mas por incrível que pareça eu não aceitei nenhuma daquelas propostas, pois eu realmente queria seguir o ramo de atividade referente ao meu curso de engenharia, e eu aceitando uma daquelas propostas o trajeto da minha vida seria totalmente alterado.

Assim, quando eu estava iniciando o meu quarto ano de faculdade, consegui uma vaga de estágio em uma construtora para atuar em uma obra de grande porte. Ou seja, eu estava prestes a sair de um emprego que me dava uma certa estabilidade financeira para me tornar estagiário de engenharia civil, passando a ter uma remuneração abaixo do que eu recebia como vendedor e ainda sem nenhum tipo de vínculo trabalhista.

Na verdade, naquele período eu estava num processo de transição sobre o meu emprego na corretora. Eu estava prestes a sair de dentro das agências para atuar em um escritório próprio, uma pequena corretora de seguros que meu cunhado e eu chegamos a abrir como sociedade por alguns meses, atuando da mesma forma que eu já fazia nas agências bancárias. Mas naquele ínterim surgiu a tal vaga de estágio na área da engenharia o que, de fato, me balançou.

E não era uma decisão fácil de se tomar, pois a obra que seria o local de trabalho do meu estágio ficava em uma cidade a 100 quilômetros de distância de onde eu estudava (Icém/SP). Ou seja, além de ter que ficar alojado com o pessoal da obra durante a semana, eu teria que viajar 200 quilômetros somando ida e volta para ir todos os dias à faculdade. O lado positivo seria: apesar do salário que estava sendo oferecido ser abaixo do que eu estava recebendo na corretora, ainda sim se tratava de uma boa remuneração, visto a escassez de oportunidades da época naquele ramo de atividade. Sem contar que se tratava de uma obra de grande porte, era uma "baita" oportunidade para eu me qualificar e ganhar experiência na prática. E já que este era o caminho que eu havia decidido seguir, aceitei aquele desafio e parti de vez para os canteiros de obras da vida.

Hoje posso dizer que escolhi o caminho mais duro, mais difícil, mais cruel e ingrato. Mas pode ter certeza de uma coisa: se eu não tivesse escolhido seguir por este caminho, com certeza eu não teria andado a metade do caminho que já percorri na estrada da minha própria FORTALEZA, sobretudo, este objeto chamado livro que está à sua posse neste exato momento não existiria, e isso me basta, com toda sinceridade do mundo.

Eu trabalhei nesta obra do começo ao fim, em um período de quase dois anos (abr/2012 - dez/2013), onde também finalizei o meu curso de graduação e me formei Engenheiro Civil. Esta empresa na qual prestei serviço como estagiário, é justamente a "Construtora Red" mencionada no capítulo anterior. E assim que peguei o meu diploma, a "Construtora Red" me deu a oportunidade de continuar na empresa me concedendo o cargo de Engenheiro Civil para atuar em uma outra obra da construtora, situada na cidade de São Carlos.

São Carlos é uma cidade incrível, assim que cheguei já me encantei pelo lugar, e toda a equipe de trabalho tanto da obra quanto os meus parceiros de alojamento eram pessoas estimáveis. O clima no ambiente de trabalho era leve e agradável e isso me ajudou muito a me adaptar em meio a toda aquela mudança de rotina e local de trabalho.

Assim como no meu período de estágio, em São Carlos eu também ficava alojado durante a semana, e nos finais de semana eu viajava para minha cidade para passar o sábado e o domingo com a minha família.

Quando iniciei a "operação São Carlos" na minha vida, a minha esposa ainda morava em Severínia junto com as nossas famílias, mas pouco tempo depois ela conseguiu um emprego também na cidade de São Carlos, e assim fomos morar juntos em um apartamento alugado separado do pessoal da obra. E o trabalho que ela conseguiu também era no ramo da engenharia, até porque a minha esposa também é Engenheira Civil, foi ela quem me incentivou a dar seguimento aos estudos e tenho muita gratidão a ela por isso. Juntos cursamos a faculdade de engenharia na mesma sala por 5 anos, como também pegamos os nossos diplomas no mesmo dia.

Em São Carlos, eu fiquei dois anos morando e trabalhando (2014 e 2015), e foi justamente neste período de transição que se passou o atípico ano de 2015, conforme relatei detalhadamente no capítulo anterior (As Adversidades Fortalecem). Em 2015 eu perdi o emprego na "Construtora Red", passei um longo "inverno" de aprendizagens e provações, e a partir do ano seguinte, já com muitos tombos e feridas na bagagem, comecei a incluir na minha história de vida muitas realizações e conquistas.

Um pouco antes de acontecer aquela virada de chave na minha vida, passou-se o período em que consegui o novo emprego na "Construtora Blue", também mencionado no capítulo anterior, período este que ocorreu entre dezembro de 2015 a agosto de 2016.

O meu contato com a "Construtora Blue" para que as portas da empresa se abrissem para mim aconteceu da seguinte forma:

No ano de 2015, no qual fiquei um bom período desempregado, eu realizei alguns trabalhos temporários e um deles era um gerenciamento de equipe de mão de obra para uma empreiteira, que atuava justamente nas obras da "Construtora Blue". Que por sinal foi um trabalho bem desgastante, tanto físico quanto mental. Eu viajava uma distância de 250 quilômetros somando ida e volta entre São Carlos ao local da obra, que ficava na cidade de Santa Bárbara D'Oeste, e repetia este processo todos os dias. Veja bem, 250 quilômetros todos os dias. Sem contar que eu tinha que gerenciar sozinho 40 funcionários, incluindo os serviços de administração, alojamento, refeição, produção e financeiro.

Em pouco tempo atuando naquela empreiteira, ficou perceptível para todos que a empresa não tinha estrutura suficiente para me dar condições de trabalho, sobretudo manter aquela prestação de serviço por muito tempo. Mas apesar de poucos meses de atuação naquela empreiteira, aprendi muitas coisas novas e ganhei mais experiência com toda aquela correria.

Quando chegou dezembro de 2015 e o final daquele período adverso da minha vida, surgiu "do nada" uma vaga de emprego na mesma obra em que atuei como funcionário daquela empreiteira, mas dessa vez a oportunidade de emprego era diretamente com a responsável pela obra, a "Construtora Blue". O meu compadre Gabriel, que também já tinha sido meu parceiro de trabalho na "Construtora Red", trabalhava nesta obra, e então me indicou aos seus superiores em relação a vaga de emprego disponível. E como a empresa também já me conhecia por prestar serviço terceirizado, uniu-se o útil ao agradável. Também fica aqui a minha gratidão ao meu amigo Gabriel, que além de ser meu compadre e parceiro de trecho, posteriormente se tornaria, por um período de 2 anos, meu sócio em negócios de prestações de serviços de engenharia e construção.

Eu fiquei atuando na "Construtora Blue" por um período de 9 meses, conforme dito há pouco. E neste período eu mantinha aquela mesma rotina, ficava durante a semana trabalhando e morando alojado com o pessoal da obra, e nos finais de semana viajava para a minha cidade para passar dois dias com a família. Um pouco antes de ir embora de vez para minha cidade natal (Olímpia), minha esposa e eu fizemos aquele segundo financiamento habitacional onde iniciamos a construção da nossa casa. E neste meio tempo, eu estava com os planos praticamente definidos para sair daquele modelo de trabalho e abrir a minha própria empresa, mas ainda faltava um incentivo a mais para eu tomar coragem de vez e encarar toda aquela possível mudança de vida. E este incentivo veio de duas formas: uma de forma trágica e outra de forma natural.

A de forma natural foi quando li o livro *Os segredos da mente milionária* do autor *T. Harv Eker*, um *best-seller* sensacional que me ajudou bastante a abrir a mente naquele momento de decisão. A outra situação veio através da morte do meu amigo Felipe, que faleceu precocemente aos 33 anos de idade vítima de uma pneumonia mal curada. O Felipe trabalhava comigo na mesma obra, dividíamos a mesma sala de trabalho, morávamos no mesmo apartamento e dividíamos o mesmo quarto. De fato não havia mais nenhuma condição para eu continuar naquele mesmo ambiente.

Além disso, quando chegou agosto de 2016, minha esposa já tinha passado no concurso público em nossa cidade natal, nós já tínhamos finalizado a construção da nossa casa, já estávamos com a data do nosso casamento marcado, além de outros objetivos conquistados os quais foram mencionados no capítulo anterior, ou seja, não havia mais nada que me segurasse naquele lugar.

Desse modo, no dia 19 de agosto de 2016 foi meu último dia de trabalho na "Construtora Blue", sendo que naquele mesmo dia arrumei minhas malas e peguei a estrada sem olhar no retrovisor. No meu porta-malas não tinha somente roupas e pertences pessoais, tinha também muitos valores dos quais somente as batalhas e o trabalho árduo conseguem proporcionar: havia muita dedicação prestada, muita entrega, foco, determinação, aprendizado, muitas alegrias acompanhadas também de muitos sofrimentos necessários, muitas amizades verdadeiras e outras nem tanto, experiências, sabedoria e muita gratidão a Deus e a todas as pessoas que me ajudaram e fizeram parte daquele período da minha vida.

Contudo, também, eu não trazia somente as recompensas extraídas do período em que vivi viajando a trabalho. Na verdade, sob a minha companhia estavam todos os valores carregados desde quando eu vendi picolés para comprar minha primeira chuteira de futebol de campo, de quando eu assumi o papel de homem da casa aos 15 anos de idade, de quando eu deixei o sangue e o suor no trabalho naquela fábrica de estofados, de quando eu estava no meio daquela montanha de lixo sem nenhuma expectativa de progressão, dos tombos que levei da vida para aprender o verdadeiro caminho a ser percorrido, das pedaladas na bicicleta emprestada indo ao Banco vender os meus produtos, de toda aquela correria que envolvia trabalho e faculdade, dos finais de semanas sob isolamento dedicados aos estudos, de todas as noites que passei alojado longe das pessoas que eu amo, de todos os dias de sofrimento no difícil ano de 2015, enfim, eu realmente trazia comigo uma vida inteira dedicada ao TRABALHO, a minha FAMÍLIA, e, é claro, aos meus OBJETIVOS DE VIDA.

Principais lições

Neste capítulo eu quis mostrar a você a importância do TRABALHO na realização dos seus sonhos, bem como a significância da determinação, da dedicação e do foco no colhimento dos seus resultados. Baseado na minha história de vida, expus de forma cronológica e resumida alguns detalhes da minha vida pessoal com a finalidade contribuitiva para o seu auto-crescimento, enfatizando principalmente o poder de transformação que insiste na força do trabalho, além dos pontos de inflexões que são determinantes para as inversões de direcionamentos da nossa própria trajetória.

Como bem-visto, toda minha caminhada foi baseada na força de vontade e na dedicação ao trabalho, desde quando eu vendia picolés pelas ruas da cidade até o momento em que conquistei alguns dos meus principais objetivos de vida. No meio do trajeto entre uma coisa e outra, Deus foi me guiando e me dando entendimento para que eu pudesse decifrar o planejamento perfeito que Ele próprio havia arquitetado para minha vida.

Sob sua companhia eu pude superar vários obstáculos no meio do caminho e essa superação me fez adquirir força e sabedoria para chegar mais próximo da minha própria FORTALEZA. Mas sei também que o trajeto é longo, ainda tem muita estrada para rodar, muitos objetivos a serem conquistados e muito conhecimento a ser adquirido.

Vale ressaltar mais uma vez que os objetivos que conquistei e que fizeram parte do meu planejamento de vida, são grandiosos somente sob a minha perspectiva. Sob a vista de outrem, não há significado algum, é o mesmo que comprar uma medalha de honra ao mérito em uma loja de material esportivo e colocá-la no pescoço, não há esforço algum agregado que faça diferenciá-la de um simples objeto. Por isso, é importante quebrarmos paradigmas criados pela nossa mente que nos condiciona a interpretar situações e pessoas de forma equivocada, impedindo a inserção de novos conhecimentos e freando, por conta disso, a nossa própria evolução humana.

Lembre-se, a grandeza da sua vitória é proporcional a intensidade da sua luta. Por isso, você não precisa se tornar um supermegaempresário para se caracterizar uma pessoa vitoriosa, não precisa ganhar um *Prêmio Nobel* para se tornar uma pessoa incrível e diferenciada, as suas realizações pertencentes aos seus próprios propósitos darão esses prêmios a você, ainda mais se os devidos ajudarem também a transformar a vida de outras pessoas.

Tenho certeza também que a minha história de vida é parecida com muitas histórias espalhadas por este mundão afora, é só mais uma das milhões de pessoas que batalham diariamente em seus postos de trabalho para trazer o alimento e o singelo conforto para dentro de suas casas. E dessas belas histórias você poderá extrair lições e conhecimentos os quais servirão como inspiração e motivação para também mudar a sua realidade.

Realidade essa que não se trata somente de situação financeira ou bens materiais, mas sim de todas as riquezas as quais eu considero como preciosidades, como: qualidade de vida, família, amigos, saúde, fé... até porque, essas benfeitorias têm um valor agregado que não há dinheiro no mundo capaz de comprá-las. O saudoso vocalista *Chorão* da extinta banda *Charlie Brown Jr*, em um de seus icônicos shows sob o som do seu microfone, disse a seguinte frase: *"O melhor que a gente pode ter na vida, são as coisas básicas, é a nossa saúde, é a família, é o amigo, é um lugar para se viver, é ter no que acreditar, é viver em função de um sonho. Eu tenho uma alma que é feita de sonhos."*

O dinheiro propriamente dito é só uma consequência dos seus atos, se você trabalhar com afinco pelos seus ideais e implantar na sua vida todas as capacidades necessárias para se manter imbatível, o dinheiro não será problema para você. E não falo de quantidade e sim de prosperidade, pois R$ 100,00 adquiridos com dignidade e honradez compram muito mais pães do que R$ 1.000,00 adquiridos de forma ilícita.

Portanto, viva somente em função dos seus sonhos, não se cobre ou se compare a partir dos resultados da vida do outro, faça aquilo que proporcione felicidade e realização a si mesmo. Concentre-se nos seus propósitos de vida, descubra a sua verdadeira missão e viva em função dela adequadamente. Não importa se o seu principal objetivo de vida é ajudar pessoas necessitadas, cuidar de pessoas doentes, cuidar de animais abandonados, proteger o planeta, lutar por uma causa, combater o preconceito, construir uma família, morar sozinho no meio do nada, rodar o mundo, evangelizar, ensinar, governar, correr uma maratona, escalar o Monte Everest, ter 1 milhão de reais na conta, comprar uma casa, comprar um carro, conhecer um lugar específico, ajudar seu pai, ajudar sua mãe, ajudar seus filhos, enfim... não importa, absolutamente não importa quais sejam os seus objetivos, separe-os, adicione trabalho, e conquiste-os.

> ♫ *"Se disserem pra você que você não vai conseguir, deixa falar, deixa sorrir. Já disseram isso pra mim e olha aqui meu microfone, a vida dá o caminho pro sujeito homem. Então recicle suas ideias e queiram prosperar, preserve a natureza pro seu filho aproveitar. Então, erga a mão pro alto, faça a diferença, esteja sempre em paz com a sua consciência." Samba Triste – Charlie Brown Jr.*

PARTE III:
PROSPERIDADE

Regras da Prosperidade

Você está onde você se põe.
Só se ilude, quem é iludível.
Eu nasci para o melhor.

Luiz Gasparetto.

CAPÍTULO OITO

PREPARAÇÃO E PREVENÇÃO

Chegamos à terceira e última parte do livro, nesta etapa vamos pôr em prática todos os ensinamentos absorvidos no processo de DESPERTAMENTO e TRANSFORMAÇÃO apresentados na primeira e na segunda parte do livro, respectivamente.

Devo dizer que estou muito feliz por saber que você chegou até aqui, é sinal de que realmente este projeto está proporcionando ações e energias positivas à sua vida, lhe trazendo benefícios que só fazem contribuir para o seu autoaperfeiçoamento e evolução como ser humano. Pode ter certeza de que esta benevolência sentida por ti neste exato momento também reflete a mim, me proporcionando automaticamente a exalar sentimentos de gratidão e felicidade.

Nesta terceira parte do livro, vamos iniciar a construção da sua PROSPERIDADE, onde juntos iremos definir e elaborar um planejamento de vida com metas de curto, médio e longo prazo, de maneira inteligente e eficaz. Como também pontuaremos quais ações você jamais deve cometer durante os processos de planejamento e execução do seu projeto, além também das prioridades que você deve obrigatoriamente respeitar se queres realmente chegar aos seus destinos.

Obviamente também que você não poderá esquecer de carregar sempre sob a sua companhia todas as habilidades comportamentais que tanto estudamos nas duas primeiras partes do livro, pois certamente você precisará delas para conquistar a última etapa do projeto A CAMINHO DA FORTALEZA.

Por conta disso, antes de iniciar as apresentações dos conteúdos desta última parte do livro, eu gostaria de aproveitar o momento para relembrá-lo brevemente dos principais pontos explorados durante os processos de DESPERTAMENTO e TRANSFORMAÇÃO. Logo, já lhe aconselho a aproveitar a oportunidade para guardar este *know-how* de forma vitalícia dentro da sua mente, pois sem ele você realmente e definitivamente não chegará a lugar algum.

Na primeira parte do livro, foi abordada a relevância do DESPERTAMENTO, na qual você sofreu um choque de realidade para enxergar a verdadeira essência da vida, além da ativação da sua consciência e autopercepção, lhe proporcionando condições para identificar os verdadeiros propósitos que trarão sentido e significado a sua vida.

Esse despertamento também deu condições a você de expulsar todos os tipos de bloqueios causados pela sua mente, além de chacoalhar as suas estruturas para que você percebesse quantas riquezas a vida já lhe concedeu e quantas maravilhas mais ela é capaz de entregar.

Assim, todo aprendizado extraído desta primeira parte do livro ficou escalonada da seguinte forma:

DESPERTAMENTO:

- **O Poder da Mente:** A importância de se ter uma mente inabalável e livre de qualquer tipo de armadilhas ou bloqueios mentais, que possam impedi-lo de crescer, de progredir, e consequentemente de atingir uma vida próspera e feliz.
- **Fé e Gratidão:** A fé é a base de sustentação para suportar qualquer tipo de estrutura pessoal, é ela quem mantém viva a esperança que torna tudo possível e capaz, mesmo que os cenários da vida tentem de alguma forma convencê-lo de que não há mais a possibilidade de redenção. Já a gratidão reescreve o sentido da fé, sem uma, a outra de fato não existe, do mesmo modo que a PROSPERIDADE não acontece sem este perfeito casamento.
- **Propósito de vida:** Descobrir quais propósitos trazem sentido e significado a sua vida, seja em função de um simples objetivo, missão

ou talento, também é uma de suas principais tarefas a serem cumpridas no seu projeto de vida. Pois a partir deles, todo o restante se ajustará em um caminho que só lhe trará boas recompensas em formato de felicidade.

Já na segunda parte do livro, todo o enfoque do conteúdo apresentado foi para proporcionar a sua total TRANSFORMAÇÃO, em que você pôde aprender e aprimorar todas as ferramentas comportamentais que formarão as suas armas para o campo de batalha.

Nesta fase, você aprendeu que todos os problemas da vida são necessários para adquirirmos força, sabedoria e resistência. Aprendeu também que a disciplina é o seu principal e mais severo comandante, e que a humildade é um componente obrigatório para se levar em todo o trajeto da viagem.

Embora esses sejam primordiais na sua vida, é extremamente necessário acrescentar a força do trabalho nesta desafiadora aventura para que todo este conjunto de fatores seja realmente transformado em realizações e conquistas.

Assim, todo aprendizado extraído da segunda parte do livro ficou escalonada da seguinte forma:

TRANSFORMAÇÃO:

- **Disciplina:** A disciplina está diretamente relacionada ao tempo que você levará para atingir os seus objetivos, sobretudo o preço e a paz que custará as suas atitudes e as suas decisões.

Quanto mais disciplinado você for, melhor será o custo-benefício que envolve a relação (tempo x trabalho x recompensa), proporcionando que as suas conquistas cheguem com mais facilidade e rapidez.

- **Humildade:** A humildade é o oposto do egoísmo, a primeira sempre destacará os seus valores mesmo que você não faça questão disso. Já o outro, sempre destruirá as suas qualidades por mais que você force em destacá-las. Logo, escolher a primeira opção é uma questão de obrigação para quem realmente pretende progredir na vida.
- **Adversidades:** Não existe prosperidade sem passar por adversidades, as dificuldades da vida são necessárias para o seu auto-crescimento, elas reagem no seu corpo como se fossem vitaminas poderosas aumentando substancialmente a sua força e a sua resistência. Até porque, sem passar por elas, o que é humanamente impossível, o seu entendimento e a sua percepção sobre a verdadeira essência da prosperidade não acontecerá, justamente pela falta da devida sapiência provida das respectivas experiências da vida.
- **Trabalho:** O trabalho é justamente a ação responsável por concretizar aquilo que está sendo elaborado no "papel", que nada mais são do que os seus objetivos de vida denominados como

sonhos existentes em seus pensamentos. Logo, então, não há a mínima possibilidade de um dia tornar esses desejos possíveis, sem impor a ação e a força do trabalho neste compilado de ímpetos guardados no seu planejamento de vida, envolvendo principalmente a determinação, a dedicação e o foco.

Este foi um breve resumo das duas primeiras partes apresentadas neste livro, pois achei importante relembrá-lo deste conteúdo para darmos continuidade às próximas etapas do seu projeto. Na sequência, vamos focar 100% na construção da sua PROSPERIDADE, mesmo porque os seus objetivos de vida não estão tão distantes assim para serem alcançados como você imagina.

Neste oitavo capítulo, vamos realizar os últimos exercícios preparatórios antes de iniciarmos a elaboração do nosso plano de batalha, trazendo mais algumas orientações e informações relevantes para que o nosso projeto executivo seja elaborado e aprovado com viabilidade e consciência.

Por isso então, antes de começar a rascunhar as nossas metas de curto, médio e longo prazo, devo orientá-lo de que existem muitas armadilhas nesta fase do projeto e que precisamos apontá-las com antecedência para também evitá-las. Até porque, sair na loucura metendo a cara em tudo somente pelo fato de estar bastante motivado é um ato um tanto quanto imaturo e perigoso. É preciso ter calma e inteligência para identificar todos esses previstos contrassensos, para que também possamos evitar possíveis abandonos no meio do caminho.

Na verdade, essas armadilhas normalmente se descobrem na prática, através de erros cometidos e frustrações causadas por decisões equivocadas. Eu mesmo já cometi vários desses erros na minha vida e aprendi muito com eles, mas devo dizer também que assisti muitas pessoas em minha volta se frustrando por conta de outros desacertos que acabaram também agregarando para a minha própria aprendizagem.

Acerca disso, eu listei aqui os 10 principais erros que a maioria das pessoas cometem ao executar os seus planejamentos de vida, e que ajudará você a se esquivar dessas armadilhas comportamentais tanto no período de montagem do seu projeto quanto no período de execução do mesmo. Embora talvez não se trate de erros cometidos na execução de um plano, mas sim justamente por não existir um planejamento adequado para que eles de fato sejam evitados.

Logo, você perceberá que só o fato de apresentar esses erros comportamentais a você já começará a clarear as ideias na sua mente em relação aos seus próprios objetivos de vida, e automaticamente este discernimento dará a você a total capacidade de se planejar corretamente, e de caminhar com as próprias pernas para onde quer que sejam os seus destinos.

Então, vamos em frente, continue empenhado e fique atento para não cometer esses erros que só servem para destruir os seus sonhos e a sua motivação.

Erro nº 1 – Agir por impulso e sem planejamento

Carlos ficou encantado ao ver a propaganda da nova versão do modelo do seu carro que acabara de ser lançado, e logo tratou de ir a uma concessionária negociar a troca do seu veículo.

Apesar do seu carro ter menos de 5 anos de rodagem, Carlos não hesitou ao fechar negócio com o vendedor que aprovou um financiamento sobre a diferença dos preços dos automóveis em "suaves" prestações.

Todavia, pouco tempo depois, Carlos teve que entregar o novo modelo à concessionária porque não deu conta de pagar as parcelas somadas as despesas agregadas ao veículo, muito pelo motivo de justamente não haver planejamento algum que fizesse a sua razão superar a sua sedutora e perigosa emoção.

Mariana, também sob uma decisão impulsiva, resolveu comprar um terreno financiado em 180 prestações, cujo valor das parcelas consumiam uma boa parte da sua renda mensal. Logo, como já previsto, só não mesmo por ela, Mariana acabou se enrolando financeiramente e se endividou em virtude daquele compromisso, já que os pagamentos das devidas prestações não foram cumpridos pontualmente.

Ainda assim, Mariana insistiu e renegociou a dívida, acreditando que de fato teria a total capacidade de obter aquela despesa em seu orçamento. Entretanto, alguns meses depois, Mariana se descontrolou de vez e perdeu todo o capital gasto com prestações, juros e renegociações em virtude daquela decisão mal planejada.

Paulo também é um exemplo entre milhares de pessoas que cometem este mesmo erro. Sem nenhum planejamento e com um entusiasmo pouco convincente, Paulo resolve ingressar na faculdade e se matricula no curso de psicologia.

No entanto, depois de 6 meses cursando e arcando com todas as despesas possíveis de uma faculdade privada, Paulo simplesmente abandona o curso sem nenhum peso na consciência para nunca mais voltar.

Então veja, todos esses exemplos citados foram consequências de decisões tomadas por impulso e sem nenhum tipo de planejamento que os fizessem descobrir se as respectivas escolhas eram realmente viáveis.

Uma coisa é você tomar uma decisão consciente e posteriormente as coisas não saírem como planejadas, pincipalmente se tratando de intuição, determinação e força de vontade. Outra, é agir por impulso sem se planejar desperdiçando tempo e dinheiro que de fato não lhe sobra. São situações completamente diferentes, não dá para aceitar este tipo de comportamento fazendo parte da sua vida.

De forma oposta, quando você decidir comprar ou fazer algo que seja transformador na sua vida, tenha calma, respire e planeja-se, coloque no papel todos os possíveis gastos financeiros e analise afundo a viabilidade daquele novo projeto. Tente enxergar aquela decisão no curto, médio e longo prazo, veja se realmente aquele objetivo se encaixa no seu planejamento de vida e assim por diante. É dessa forma que você deve agir, se planejando e controlando suas emoções para que não cometa erros primários que só lhe fazem perder tempo, dinheiro e energia.

Erro nº 2 – Criar metas que não se interligam

Ao montar o seu planejamento de vida, você não pode traçar metas que não condizem uma coisa com a outra, não havendo "harmonia" entre elas que possam fazer sentido em realizá-las.

De modo explicativo, vamos usar como exemplo a mesma intenção citada nos primeiros capítulos deste livro: vamos supor que você tem como um de seus principais objetivos de vida atingir a sua independência financeira. Ou seja, você não quer depender somente da renda do seu trabalho por toda vida, e por isso investe o seu dinheiro para que os seus rendimentos possam lhe garantir uma "aposentadoria" o mais breve possível. OK. Ótimo!

Entretanto, você também possui outros objetivos que na prática trabalham contra a sua independência financeira, como, por exemplo: financiar a compra do carro esportivo que encabeça a sua lista de desejos; parcelar a compra do celular toda vez que um novo modelo é lançado; ter como prioridades várias aquisições que só fazem aumentar o seu custo de vida; e ainda, parcelando tudo o que vê pela frente, como: roupas, passeios, festas, viagens... Ou seja, todo esse conjunto de escolhas resultam em acúmulo de compromissos financeiros que só fazem inchar o seu orçamento mensal. Logo, como resultado, a sua independência financeira fica a cada dia mais distante de ser alcançada.

Então, não adianta você ter boas intenções se os seus objetivos de vida não obtêm coerência, não se interligam a ponto de parecer que todos aqueles objetivos fazem parte do planejamento da mesma pessoa. Na verdade, isso só mostra que os seus objetivos de vida não foram bem planejados e um planejamento mal elaborado é sinal de frustração e fracasso no futuro.

Veja como exemplo na minha história de vida quando mencionei sobre o objetivo que eu tinha a longo prazo de criar a minha própria empresa, mas que no meio do caminho eu estava criando um custo de vida que não condizia com a minha realidade, tornando assim mais distante a conquista do meu objetivo principal. Contudo, no meu caso, eu fui beneficiado por uma adversidade que me permitiu enxergar o erro que eu estava cometendo.

Por outro lado, se você cometer o mesmo erro criando metas na sua vida que de fato se contradizem, talvez você não tenha a mesma chance que eu tive de passar por uma adversidade que lhe faça abrir os olhos para o problema, ou talvez você não tenha sabedoria no momento para entender as lições que aquela dificuldade está lhe proporcionando.

Então, evite trafegar por este caminho, fuja desta armadilha que só lhe faz perder tempo e energia. Elabore um planejamento de vida o mais próximo possível do ideal e evite andar em círculos, pois dessa forma as coisas fluirão na sua vida, e você passará a percorrer o caminho que o levará as suas principais conquistas.

Erro nº 3 – Criar múltiplos planos sem prioridades

Sabe aquelas pessoas que estão a todo momento planejando fazer algo diferente na vida, e por fim acabam não fazendo nem uma coisa nem outra?

Então, e sabe por que isso acontece? Porque não há prioridades em seus planos, não há foco, não há concentração. E consequentemente também não haverá o devido esforço e dedicação para que os mesmos sejam minimamente executados.

Pessoas com esse perfil criam planos em cima de planos e não percebem que estão sempre andando em círculos, sem sair do lugar, criando um verdadeiro círculo vicioso e ao mesmo tempo tendencioso à regressão.

A partir do momento que você define uma meta e em sequência já cria uma nova sem nexo algum à primeira, você praticamente e automaticamente anula a anterior. Você não pode ficar perdendo tempo com coisas que de repente vem à sua cabeça sem ao menos fazer um estudo ou planejamento adequado para entender se há de fato uma possível viabilidade.

Criar, sonhar, desejar, experimentar... são ações extremamente prazerosas e fazem um bem danado para o nosso intelecto e autodesenvolvimento, mas desde que seja de forma equilibrada e com coerência, e não ao contrário disso.

Experimente então fazer o seguinte: concentre-se em algo que lhe retorne paz, prazer e felicidade; em seguida, dedique-se todos os dias neste projeto e jamais perca o foco por distrações. Assim, além de concretizá-lo, você também alcançará os devidos resultados positivos esperados. E não somente deste, mas de todos os projetos que você venha a desenvolver durante a vida.

Até porque, criar múltiplos planos sem ter prioridades é característica de uma pessoa sonhadora e você não é um mero sonhador, você é um gigante batalhador prestes a enfrentar o que for preciso para concretizar tudo aquilo que pretende. Pelo menos é isso que você se tornará daqui para frente.

Erro nº 4 – Procurar algo que "dá" dinheiro

Acredito que este seja o erro mais comum e mais praticado pelas pessoas que "buscam" demasiadamente alcançar tudo aquilo que elas próprias tratam e consideram como riquezas. E isso se dá ao fato de que muitos ainda acreditam que realmente exista a "galinha dos ovos de ouro", a facilidade, a rapidez, e com isso acabam desperdiçando tempo e energia com ilusões que certamente não levam a lugar algum.

O pior de tudo é que uma boa parte deste seleto grupo de pessoas iludidas por facilidade partem para o lado da ilegalidade, muitas vezes causadas justamente pelas frustrações dos seus próprios instintos.

Contudo, devo destacar que ninguém neste mundo tem a mínima condição e capacidade de jogar um mísero farelo de pedra em qualquer que seja a situação, ou a pessoa propriamente dita, até porque, nem ao menos sabemos da história de vida das pessoas e como as suas mentes foram realmente programadas durante as suas formações. A questão aqui não é julgamento, e sim aconselhamento, instrução, que poderá, uma vez acatado, proporcionar o seu devido crescimento e evolução como ser humano.

Nesse sentido, eu gostaria de aconselhar essas pessoas da seguinte maneira: se porventura em algum momento da sua vida passou pela sua cabeça seguir por este caminho, ou que ao menos se sentiu cativado pelas falsas maravilhas da vida que lhe foram apresentadas, preste atenção então e carregue esta mensagem pendurada em seu pescoço: É MUITO MAIS DESGASTANTE UM LEÃO VIVER PRESO DENTRO DE UMA JAULA DO QUE SOLTO NA SELVA LUTANDO POR SUA PRÓPRIA SOBREVIVÊNCIA.

Portanto, não caia nesta armadilha causada por você mesmo, a vida sempre será dura para aqueles que agirem com moleza. Se você quer tranquilidade e qualidade de vida amanhã, aprenda hoje a ser duro e forte como uma rocha, só assim a sua vida se tornará mais leve e mais prazerosa no futuro. E isso serve não só para as pessoas que seguem pelo caminho da ilegalidade, mas também para todas as pessoas que perdem tempo acreditando que realmente exista algum segmento profissional que "dá dinheiro" sem esforço e dedicação.

Então, não se iluda com esta patética ideia de dinheiro fácil, o precioso tempo que você perde tentando encontrar algo desse tipo faz com que você fique muito atrás daquelas que estão respeitando à risca O CAMINHO DA SUA PRÓPRIA FORTALEZA.

Erro nº 5 – Desistir facilmente na primeira objeção

As pessoas cometem este erro com uma certa frequência quando vão pôr em prática o seu planejamento de vida, e este abandono precoce faz muita gente desistir dos seus sonhos no momento que estavam muito próximas de conquistá-los.

Na verdade, as pessoas que cometem este erro não estavam inteiramente preparadas para essas devidas conquistas, ou simplesmente não entenderam a verdadeira essência dos principais assuntos abordados neste livro.

Portanto, entenda: você não pode jamais desistir dos seus sonhos, muito menos no primeiro obstáculo que surgir durante a execução dos seus projetos. Você acha que as pessoas bem-sucedidas não se depararam com obstáculos durante a construção dos seus respectivos patrimônios? Você acha que o sucesso é moldado 100% por vitórias e 0 de derrotas?

Veja, Abraham Lincoln tinha 31 anos de idade quando faliu em seus negócios. Aos 32 anos foi derrotado em uma eleição para o legislativo. Aos 34 anos faliu outra vez em seus negócios. Aos 35 anos superou a morte da sua namorada. Teve um colapso nervoso aos 36. Perdeu outra eleição aos 38. Aos 43, 46 e 48 anos, perdeu nas eleições para o congresso. Perdeu uma disputa para o Senado aos 55 anos. Fracassou na tentativa de tornar-se vice-presidente aos 56. Perdeu uma disputa senatorial aos 58. E aos 60 anos de idade foi eleito presidente dos Estados Unidos. Até hoje, Abraham Lincoln é considerado o melhor presidente que os Estados Unidos já teve em toda a sua história.

Agora eu lhe pergunto: você acha que Abraham Lincoln teria o seu nome marcado na história dos Estados Unidos se tivesse desistido na primeira, na segunda ou na terceira objeção que seja? Você acha que todos esses fracassos que ele superou não influenciaram diretamente na magnitude do seu êxito?

Certamente todas essas adversidades citadas da história de vida de Abraham Lincoln lhe proporcionaram uma capacidade de governança e sabedoria de vida gigantesca, que contribuíram consequentemente para que ele se tornasse ou pelo menos fosse considerado o melhor presidente da história dos Estados Unidos. (Veja, estamos falando de não desistir dos seus sonhos, e ao mesmo tempo nos deparamos com a sabedoria de vida extraída das adversidades. Você percebe agora que todos os pontos citados neste livro estão inteiramente ligados a ponto de formar uma astronômica FORTALEZA humana?)

Portanto, pare de se lamentar com o primeiro ou com quaisquer que sejam a quantidade de obstáculos que aparecem na sua vida, as derrotas e os fracassos existem justamente porque são necessários, não existe 100% de aproveitamento no jogo da vida. O sucesso é totalmente dependente do fracasso. Se você achar que esta colocação não faz sentido só porque você ainda não passou por nenhum revés na vida, tenha muito cuidado, pois a proporção do seu obstáculo poderá ser maior do que a normalidade, justamente por você achar equivocadamente que ele não aconteceria.

Por isso, mantenha os pés no chão com a devida humildade. Treine o seu corpo e a sua mente para se manter forte e persistente, pois dessa forma o sucesso chegará até você, não importa o tempo que percorrerá, mas ele chegará.

Erro nº 6 – Não respeitar o passo a passo

Outro fator importante e que você deve respeitar e cumprir à risca é obedecer ao termo "dar um passo de cada vez."

Em cima desse assunto posso citar como exemplo quando comecei a trabalhar no trecho, na época como estagiário. Logo no primeiro dia em que comecei a atuar naquele modelo de trabalho, eu também estava iniciando os meus planos para sair daquele mesmo e abrir a minha própria empresa.

Contudo, o fato de que os meus planos futuros se contradiziam com a minha atual realidade não interferiu na minha dedicação diária como estagiário e posteriormente como engenheiro civil. Pelo contrário, eu sempre fui bem-visto pelos meus superiores em relação aos meus serviços prestados e ali, principalmente, não foi diferente.

Em relação aos meus objetivos de vida, desde o início eu tinha consciência de que seria preciso passar por cada etapa de estruturação pessoal e profissional, para que eu pudesse ter condições de atingir tudo aquilo que eu desejasse. O período em que trabalhei neste modelo de "viajar a trabalho", me proporcionou sem sombra de dúvidas aprimorar muitas capacidades que contribuíram para o meu autodesenvolvimento, e, posteriormente, com mais experiência e estrutura financeira, eu pude então realizar outros objetivos que sempre foram prioridades na minha vida.

Então, da mesma forma que eu respeitei o passo a passo, você também precisa cumprir à risca este conceito, não queira cortar caminho pulando etapas que serão primordiais para o seu autocrescimento. Você não deve viver de forma apática no seu trabalho, por exemplo, só porque você não quer aquilo para sempre na sua vida. Se você fizer isso o efeito será ao contrário, e certamente você não terá capacidade futura tanto pessoal quanto profissional para conquistar os objetivos desejados.

Portanto, seja paciente e obediente, já que cada etapa da sua vida tem a sua parcela de contribuição para o seu autodesenvolvimento. Não queira deixar nenhuma delas para trás, pois você poderá pagar um preço em que os seus objetivos de vida não resistirão a esse destrutivo afobamento.

Erro nº 7 – Achar que pode realizar da noite para o dia

Eu sei que a frase deste erro virou um "clichêzão", mas infelizmente eu não posso deixá-lo de fora dessa lista.

Acredite, muitas pessoas ainda pensam que vão conseguir alcançar os seus objetivos de vida da noite para o dia, mesmo que ainda já tenham descoberto o caminho correto a ser percorrido.

Não é porque você está na direção certa que será rápido e fácil, haverá muitas barreiras a serem vencidas e vários desafios a serem superados, conforme já relatei no Erro n° 5 - Desistir facilmente na primeira objeção.

Então entenda de uma vez por todas: as conquistas virão para aqueles que chegarão mais próximo de suas próprias FORTALEZAS. Se você desistir ou desanimar no meio do caminho, seja por uma mísera e desprezível impaciência ou até mesmo por um simples desinteresse, isso somente destacará o tamanho da sua fraqueza.

Então, para exterminar definitivamente este erro da sua vida, devo-lhe receitar um medicamento para se tomar em 8 em 8 horas até o tempo que for necessário à sua cicatrização, chama-se PERSISTÊNCIA. A persistência, que contém as mesmas fórmulas e características da PERSEVERANÇA, evitará que você jamais desista dos seus sonhos. Até porque, em muitos casos, faltava ao paciente somente mais uma tentativa, mais um pequeno gargalo de luta, mas ele desistiu e jogou fora a sua saúde juntamente com a sua prosperidade quando estava bem próximo de alcançá-la.

Portanto, não abandone o navio só porque você se deu conta de que a viagem é longa e demorada, continue, lute, persista, persevere, lhe garanto que a satisfação e a felicidade que você sentirá ao alcançar as suas metas será duradoura tanto quanto o seu devido esforço necessário para obtê-las.

Erro nº 8 – Viver somente de frases motivacionais

Hoje em dia estamos sendo bombardeados com frases motivacionais em quase tudo que acessamos nos meios de comunicação, principalmente se tratando das redes sociais. Ficou cada dia mais comum recebermos mensagens através de áudios, vídeos e imagens contendo frases motivacionais dos mais variados tipos de assunto.

Para quem gosta de seguir pessoas ou páginas sobre assunto de finanças, por exemplo, recebe diariamente várias lições e conselhos para se ter uma vida financeira mais saudável e controlada. Para quem gosta de acompanhar páginas sobre empreendedorismo, recebe também muitas informações de como abrir o seu próprio negócio e alcançar o seu devido sucesso profissional.

Até que é bom ler e ouvir frases que nos motivam e que nos trazem um certo alento em meio a tantas notícias ruins do dia a dia. Mas de que adianta receber um turbilhão de informações preciosas e não fazer nada na prática daquilo que está aprendendo? O que adianta você estar gostando de ler este livro, por exemplo, e não agir para atingir os seus objetivos de vida e consequentemente a sua prosperidade? O que adianta você dizer frases bonitas em uma roda de amigos, se na prática você não dá exemplo daquilo que está dizendo?

Não basta se entupir de frases e conselhos motivacionais obtidos em cursos, palestras, livros e redes sociais e achar que somente isso mudará a sua vida. Se você não puser em prática tudo aquilo que está aprendendo, é o mesmo que querer matar a fome somente lendo o cardápio. Eu sei que se trata de uma frase repetitiva, mas é a pura verdade.

Se você quer ver resultados crescentes em sua vida, aja, lute e faça acontecer. Pois o maior exemplo e os melhores resultados NÃO estão na beleza das palavras ditas ou escritas, mas sim no suor e nas cicatrizes em consequência das suas próprias batalhas.

Erro nº 9 – Não se atentar às distrações

Vamos supor que hoje você acordou predestinado a conquistar aquela viagem de estudos que você tanto deseja, e imediatamente você já começa a se planejar a fim de alcançar o êxito o mais rápido possível.

No entanto, na semana seguinte você já está postando fotos de carros customizados acompanhada por sua iludida paixão momentânea por passivos. Você já nem se lembra mais do desejo relevante que havia aflorado em sua mente na semana anterior, que, por sinal, se tratava de um importante objetivo na sua vida.

A tão sonhada viagem lhe proporcionaria novas experiências, novas oportunidades e novos conhecimentos que aumentariam a sua capacidade de crescimento tanto na vida pessoal, quanto na profissional.

Agora, veja, em apenas uma semana você simplesmente e mais vez jogou para dentro da gaveta um dos seus principais objetivos de vida, ou até mesmo o exterminou de vez dos seus planos futuros. Isso graças a sua total desatenção às distrações e ao seu desfoco em relação as coisas que realmente atribui crescimento e evolução a si próprio.

Entenda uma coisa: manter um *hobby* ou uma paixão por algo que lhe faz bem é super válido. Mas desperdiçar tempo e energia com distrações sem ao menos ter construído algo daquilo que almeja é insanidade.

Portanto, aprenda a respeitar cada fase da sua vida. Existirá momentos propícios a tudo ao longo da sua jornada, mas desde que tenha inteligência necessária para não ficar congelado no tempo, sem avançar um degrau sequer na escada que lhe pertence.

Erro nº 10 – Achar que ganhar mais dinheiro vai tirá-lo da "pindaíba"

Acredito eu que este seja um dos erros que mais iludem as pessoas quando se trata de prosperidade, pois elas não entendem que o segredo para construir riqueza ou uma certa tranquilidade financeira não está na quantidade de dinheiro que ganham, mas sim na maneira com a qual os seus recursos financeiros são administrados.

Vou dar um exemplo na prática sobre este assunto.

Eu sou engenheiro civil e tenho uma empresa no ramo da engenharia e construção. Muitas vezes quando vou fazer uma visita técnica em uma obra, mesmo que eu não seja exatamente o responsável pela execução da mesma e pela contratação dos serviços ali prestados, sou abordado por algum trabalhador que quase sempre me faz a mesma pergunta:

– E aí, Patrão, está saindo alguma obra grande pra mim? Estou precisando que entre mais dinheiro para ver seu consigo sair dessa pindaíba.

Veja! Você acha que este trabalhador, levando-se em conta que quase sempre me surpreende fazendo essa mesma pergunta, administra o seu salário ou os seus devidos recursos financeiros corretamente? Você acha que ganhando mais dinheiro ele vai conseguir se estabilizar financeiramente?

Provavelmente não. Sem contar que uma obra maior requer mais trabalho, mais atenção aos detalhes de execução, e sobretudo, mais responsabilidade. O segredo não está nessa ilusão de grandeza e sim na maneira simples de saber controlar e administrar o precioso salário que ganha.

Sobre este tema, existe uma analogia que comprova ser praticamente impossível acabar com a desigualdade social no mundo, que o palestrante e escritor Rick Chesther destaca com frequência em suas publicações: *Se você pegar toda a riqueza do mundo e dividir para todas as pessoas de forma igualitária, rapidamente o dinheiro voltará para as mãos das mesmas pessoas*. E sabe por que esta tese tem fundamento? Porque a maioria das pessoas não tem educação financeira suficiente para saber administrar o seu dinheiro corretamente, elas deixam o consumismo tomar conta de suas vidas e não pensam em poupar ou investir a fim de garantir uma vida futura mais tranquila.

Inclusive, este é um assunto que está sendo muito discutido sobre a implantação da educação financeira como matéria obrigatória nas escolas. O intuito é exatamente fazer com que as crianças aprendam desde cedo como administrar bem o seu dinheiro, para que quando se tornarem pessoas adultas, elas tenham mais capacidade para construir famílias menos endividadas e um mundo menos desigual.

(Exatamente sobre este tema, estou descobrindo recentemente em função da criação do meu filho Artur, um propósito que pode ser um dos principais da minha vida, ajudar pais ou responsáveis a criarem os seus filhos com mais educação básica, finanças pessoais e investimentos presentes em suas educações. A partir disso, decidi então criar o projeto "FILHOS que POUPAM", presente nas principais redes sociais a fim de construir um futuro com menos endividamentos, com menos preocupações financeiras, e consequentemente com mais qualidade de vida na vida futura de nossas crianças).

Portanto, controle o seu padrão de vida e viva sempre um degrau abaixo do que ganha, pois se você passar a ganhar mais financeiramente e ao mesmo tempo aumentar o seu consumo e consequentemente o seu padrão de vida, o que adiantou pegar aquela "obra grande" que você tanto desejou?

Então, aprenda de uma vez por todas a NÃO ser escravo do seu próprio dinheiro, o dinheiro não tem pena de ninguém, se você não o trata da maneira que ele deve ser tratado, ele nunca será o suficiente para cobrir as suas devidas necessidades.

Esses foram os 10 erros que acredito ser os mais relevantes e que obrigatoriamente você deve evitá-los antes de montar e agir sobre o seu planejamento de vida.

Além disso, e ressaltando novamente, você jamais deve esquecer das habilidades principais mencionadas na primeira e na segunda parte deste livro, pois a somatória de todo este conjunto de fatores determinará o tamanho da sua FORTALEZA. Quanto maior for a sua capacidade em cada habilidade aqui apresentadas, maiores serão as possibilidades de você conquistar tudo aquilo que você mesmo considera como PROSPERIDADE.

Então agora, meu amigo(a), chega de avisos, chega de alertas, de sermões, de conselhos, como você queira chamar todos esses puxões de orelha que levara da sua própria consciência através das minhas dissertações. Agora é hora de agir, de se mexer, de fazer acontecer, de realmente ir a campo e lutar por tudo aquilo que você pretende conquistar.

Agora não tem mimimi e chororô, não há mais espaços para reclamações e vitimismo, aqui só ficarão os fortes, os guerreiros, somente aqueles que realmente estão dispostos a pagar o preço da conquista, assim como você, que chegou até aqui nesta leitura. Desde já gostaria de parabenizá-lo por esta simbólica conquista, isso demonstra que você também faz parte deste seleto grupo de pessoas que estão dispostas a conquistar os seus objetivos de vida e a sua própria FORTALEZA.

CAPÍTULO NOVE

PLANEJAMENTO DE VIDA

Agora chegou o momento de você juntar todo o aprendizado extraído até aqui e transformá-lo de uma vez por todas em verdadeiras realizações e conquistas. Agora você está inteiramente preparado para enfrentar as devidas e necessárias batalhas da vida: o seu interior está composto por otimismo e energias positivas; a sua mente está totalmente sob controle e livre de qualquer tipo de armadilhas ou bloqueios mentais; as suas habilidades físicas e comportamentais foram minuciosamente aprimoradas e fortalecidas; além também da sua confiança e motivação para alcançar tudo aquilo que deseja estar indiscutivelmente nas alturas. Agora, não há mais nada, absolutamente nada concreto que vá impedi-lo de avançar e progredir em busca dos seus objetivos.

Além disso, no capítulo anterior eu fiz questão de passar a você os cuidados mais importantes que você deve ter durante os processos de elaboração e execução do seu projeto. Informações essas que foram extraídas da prática, sob os tombos e rasteiras que outras pessoas e eu sofremos durante as nossas respectivas e particulares batalhas da vida. Portanto agora você já sabe o que fazer e o que não fazer no seu projeto de vida, e está inteiramente pronto(a) para o que der e vier para ir ao encontro da sua PROSPERIDADE.

Passo a passo para o sucesso

Vamos dar início a construção da sua prosperidade elaborando um projeto de vida que servirá como um mapeamento de metas e deveres para o decorrer da sua jornada. Vamos pôr no papel tudo o que você pretende conquistar no momento, isto é, todos os seus desejos e objetivos de vida, e vamos fazer isso de uma maneira prática e inteligente. Até porque, os seus sonhos precisam ser mensuráveis, ter números, valores, pesos e medidas para que você possa enxergar de forma explícita, a real distância entre você e os seus êxitos.

E para lhe ajudar nesta empreitada, eu criei um passo a passo ilustrando exatamente como eu me organizo para atingir os meus objetivos de curto, médio e longo prazo, e que certamente contribuirá para que você também conquiste os seus com esse devido planejamento.

Para dar início ao nosso planejamento modelo, vamos criar um exemplo de caso imaginando a vida do casal Pedro e Alice, um casal de namorados com muitos sonhos e planos a serem conquistados mas sem nenhuma noção do que fazer para transformar esses sonhos em realidade. Então, para ajudá-los, vamos criar um planejamento de vida efetivamente adequado para que Pedro e Alice possam enxergar com mais consciência e nitidez os caminhos a serem percorridos rumo a realização dos seus desejos.

E para este projeto modelo, batizarei esta estratégia de "Árvore da Prosperidade", pois acredito que este conjunto de conquistas os encaminharão até ela, já que é exatamente isso que todos nós meros batalhadores merecemos nesta vida, sermos minimamente felizes e prósperos.

1º passo – Defina os seus maiores objetivos de vida

O primeiro passo é definir quais são os maiores objetivos de vida deste casal, aqueles sonhos considerados os mais relevantes. Esses objetivos eu classifico como **objetivos a longo prazo**, independentemente do tempo que levarão para atingi-los.

Logo, é importante escolher no máximo 3 desses objetivos principais, para que não haja dispersão e para os manter focados em toda fase de execução dos seus projetos.

Esta etapa é muito importante, pois todos os movimentos do casal daqui para a frente serão na direção dessas três prioridades. Além do mais, é importante entender que esses 3 objetivos escolhidos se trata de objetivos que Pedro e Alice possuem no atual momento, pois ao longo da vida outros grandes objetivos serão criados e deverão ser planejados de acordo com cada momento presente.

Então, assim sendo, Pedro e Alice chegam em um bom senso e definem os seus 3 principais objetivos a longo prazo: realizar a FESTA DE CASAMENTO; aquisição da CASA PRÓPRIA; e ter o 1° FILHO. (Usarei esses três objetivos como exemplo para que encaixe para a grande maioria das pessoas, embora este modelo pode ser adequado para qualquer perfil e independentemente de quais sejam os seus respectivos desejos). Vale ressaltar também que os objetivos usados neste exemplo se trata de planos de vida do casal, e por isso as escolhas deverão satisfazer ambas as partes.

Portanto, após ter dado início ao planejamento de vida do casal Pedro e Alice, o 1° passo foi concluído com sucesso, definindo os 3 maiores e principais objetivos de vida do casal. Dessa forma, a "Árvore da Prosperidade" desses dois futuros vitoriosos começou a ser plantada.

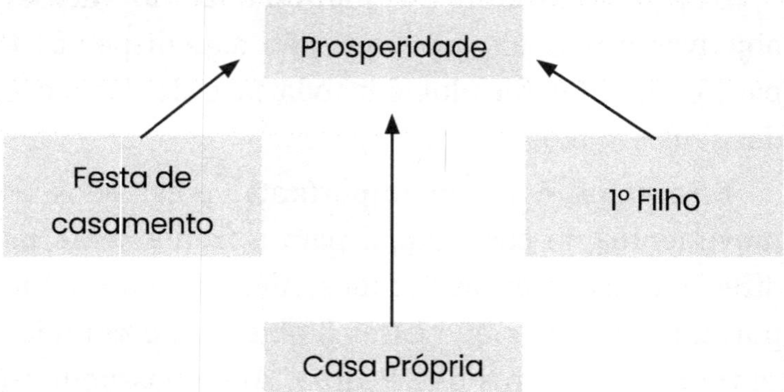

Agora vamos partir para o segundo passo, onde definiremos outras metas que precisarão ser conquistadas para que Pedro e Alice consigam transformar os seus três maiores objetivos em realidade.

2º passo – Identifique os objetivos que antecedem o seu alvo.

Antes de iniciar o segundo passo deste planejamento modelo, devemos analisar os 3 principais objetivos escolhidos na etapa anterior e priorizá-los de uma forma cronológica, para que todos os três possam ter reais condições de serem concretizados. Por exemplo:

Se o casal focar de cara em ter o 1° filho, automaticamente eles aumentarão o seu custo de vida familiar e consequentemente dificultarão a realização dos outros dois objetivos a longo prazo. Como também, se eles preferirem focar primeiro na aquisição da casa própria, o casal perceberá que surgirão outras prioridades financeiras no meio do caminho, sendo uma delas, a mobília da casa, que poderá postergar a festa de casamento para uma data que dificilmente acontecerá.

Então, seguindo esta linha de raciocínio, é evidente que a melhor estratégia para começar a organizar o cronograma de metas do casal é colocar como prioridade inicial a realização da FESTA DE CASAMENTO, para que assim os outros dois objetivos também possam ter condições, principalmente financeiras, de serem alcançados.

Vale ressaltar também que não estou analisando a situação de forma cultural ou religiosa, a ordem das coisas aqui se trata somente de planejamento estratégico, para que todos os objetivos sejam alcançados no menor tempo possível e com um custo financeiro no mínimo concebível.

Já em segundo lugar, é fácil perceber que eles devem escolher a aquisição da CASA PRÓPRIA, pois como eu disse há pouco, a chegada de um novo(a) integrante a família ocasionará um aumento considerável no custo de vida do casal, sem contar, é claro, a necessidade do lar para abrigar e dar o devido conforto ao bebê, além também da importante privacidade do casal para aprender a administrar as novas experiências da vida familiar.

Sendo assim, a ordem para a realização dos 3 objetivos a longo prazo do casal ficou escalonado da seguinte forma:

Primeiro: Realizar a FESTA DE CASAMENTO;

Segundo: Aquisição da CASA PRÓPRIA;

Terceiro: Ter o 1° FILHO.

Agora, com o cronograma de metas do casal organizado, daremos sequência ao 2° passo, onde definiremos os objetivos que antecedem os três alvos principais, que vamos denominá-los como **objetivos a médio prazo.**

Para isso, é importante pensarmos também na ligação desses 3 objetivos principais, ou seja, eles precisam estar relativamente conectados uns aos outros para que os 3 objetivos de fato sejam alcançados. Se não seria muito fácil, o casal faria um empréstimo financeiro para pagar a festa de casamento e assim o primeiro objetivo já estaria concluído. Depois, eles ficariam travados financeiramente sem conseguir dar um passo sequer impossibilitando o progresso dos outros dois objetivos. Não é assim que devemos pensar.

E para que isso não aconteça, é necessário que o casal vá a campo e faça um levantamento de informações em função dos 3 objetivos a longo prazo para saber o que fazer, como fazer, e qual o custo financeiro disso tudo. Assim, o casal terá a real noção do tamanho do trajeto a ser percorrido e quais ações serão necessárias para transformar esses objetivos em realidade.

No primeiro momento, os futuros noivos precisam definir como será a festa de casamento, para que assim possam determinar o custo financeiro para a realização do primeiro objetivo. De imediato, até parece ser uma tarefa fácil, mas de fato não é. São muitos detalhes a serem analisados, como: roupas, vestidos, alianças, local da festa, número de convidados, buffet, decoração, som, bebidas... E isso tudo influencia diretamente no custo total da festa, por isso é importante definir algo que seja proporcional ao padrão de vida e aos planos do casal.

Logo, então, depois de muito trabalho, pesquisas e indecisões, Pedro e Alice chegam em um consenso e definem o orçamento para a realização da festa de casamento, um custo total de R$ 20.000,00. Assim, o casal já começa a alimentar o seu planejamento com informações relevantes, o que é de fato fundamental neste momento. Então, vamos em frente.

Depois da primeira pesquisa concluída, Pedro e Alice partem para o segundo objetivo, a aquisição da casa própria, e logo começam a pesquisar os preços dos imóveis em suas regiões. Subitamente, o casal já percebe que não há a mínima possibilidade de comprar o imóvel através de recurso próprio, o que os condicionam às duas únicas alternativas disponíveis: buscar um financiamento habitacional ou partir mesmo para o prático e tradicional aluguel. Sendo assim, o casal vai até uma agência bancária simular um financiamento para terem uma ideia do que fazer.

Para este cenário, vamos considerar que Pedro e Alice trabalham e possuem uma renda conjunta equivalente a R$ 4.000,00. Assim, o gerente do Banco faz uma consulta através das informações pessoais do casal e, em seguida, monta uma simulação de um financiamento habitacional, e o valor das prestações resulta no valor de R$ 800,00 mensais, sendo esta proporcional a um imóvel pequeno e de baixo padrão, mas que atenderá perfeitamente as necessidades do casal.

No entanto, e para esta situação, o Banco consegue financiar no máximo 90% do valor do imóvel, sendo que os outros 10% restante deverá ser através de recurso próprio. Dessa forma, como o valor do imóvel simulado no financiamento é de R$ 180.000,00, Pedro e Alice terão que desembolsar então uma quantia de R$ 18.000,00 para somar com os outros 90% de valor financiado, o que se trata aqui de uma informação muito importante para os estudos do casal. Além disso, o casal terá também os custos com as documentações de registro do imóvel, que ficará aproximadamente um custo total de R$ 8.000,00.

Agora, com essas informações em mãos, Pedro e Alice fazem uma pequena análise consigo e percebem que na sua cidade, o valor do aluguel mensal de um imóvel semelhante ao que foi simulado no financiamento é praticamente o mesmo em relação ao valor das prestações do mesmo, tendo poucas variações de valores. Neste caso, apesar das prestações serem um passivo no orçamento do casal, no futuro, o imóvel acabará se tornando um ativo depois de quitado, o que acaba tornando o financiamento uma boa opção. Sem contar que os aluguéis de imóveis sofrem reajustes anuais devido a inflação e a correção dos seus índices, e a simulação do financiamento que Pedro e Alice fizeram no Banco se trata de uma modalidade com parcelas praticamente fixas, o que se trata também de mais um ponto positivo para o financiamento.

Já o lado negativo dele, seria a falta de flexibilidade comparada a casa de aluguel, principalmente se tratando de um casal que está começando a vida, estando mais expostos a imprevistos conjugais, financeiros e mudanças profissionais. Mesmo assim, analisando toda a situação, para este planejamento modelo vamos optar para o financiamento habitacional em função do segundo objetivo a longo prazo, até porque esta seria a melhor maneira de expor com mais detalhes a montagem de um adequado planejamento de vida.

É importante dizer também que não estou analisando este exemplo pensando na generalização das coisas, se a melhor das opções é financiar, alugar ou construir, tão pouco se é correto ou não tratar um imóvel financiado como casa própria. Esse tipo de cultura neste estudo de caso pouco importa, apenas fiz uma pequena análise pessoal sobre a situação para entender qual seria o melhor caminho. A ideia aqui é realmente mostrar a estratégia que eu uso para organizar a minha vida e conquistar os meus objetivos, e que consequentemente poderá servir como modelo para que outras pessoas também conquistem os seus.

Muito bem, neste momento Pedro e Alice já fizeram um levantamento completo de informações sobre o primeiro e o segundo objetivo a longo prazo, que se trata da realização da FESTA DE CASAMENTO e a aquisição da CASA PRÓPRIA, respectivamente. Mas ainda falta pesquisar sobre o terceiro objetivo, ter o 1º FILHO.

Pensando nisso, já sabemos que haverá um aumento no custo de vida do casal com a chegada de mais um integrante à família. Afinal, será necessário providenciar muitas coisas em relação ao bebê, como: roupas, mobília, acessórios, remédios, produtos de higiene, alimentação... Além também de um detalhe muito importante, o acolhimento do filho quando a Mamãe Alice precisar voltar ao trabalho, se este for o caso, obviamente. Saber onde o bebê ficará, com quem ficará, pensar na logística entre o trabalho e o local de acolhimento do filho, e no custo financeiro que isso tudo pode gerar. Ou seja, são muitos detalhes a serem programados e que influenciarão diretamente na parte financeira do casal.

No entanto, este aumento no custo de vida com a chegada do bebê é muito relativo. Depende do padrão de vida familiar, das escolhas em relação a criação do filho e até das necessidades patológicas que porventura qualquer família está sujeita a enfrentar.

Uma dica que eu dou a todos em relação a este assunto é que não fiquem condicionados a realizar este sonho preocupados basicamente com a situação financeira ou com a inexperiência da prática, as dificuldades sobre o nascimento do primeiro filho fogem de qualquer planejamento bem elaborado, você nunca estará 100% preparado para ser pai ou ser mãe. Na verdade, é a chegada dos filhos que os deixarão mais preparados para a vida. Além do mais, se você acha que conhece a intensidade da força, da resiliência, da motivação para enfrentar desafios, sobretudo do amor, experimente sentir a magia da criação de um filho(a), depois entenderás perfeitamente a magnitude e a veracidade dessas palavras.

Contudo, cabe-se aqui também um adendo EXTREMAMENTE importante. Criar um filho(a) é necessária muita responsabilidade e consciência, pois é nessa hora que se separa os homens dos meninos e as mulheres das meninas. Pois filho(a) não é brinquedo, não é um objeto que se usa e depois abandona, tampouco uma diversão momentânea baseada somente em uma aventura insuficientemente planejada. Filho(a) é uma vida, uma criação, muito diferente de um boneco movido a pilhas carregado de um botão vermelho que liga e desliga. Portanto, sejam responsáveis, gerenciem suas vidas para que possam proporcionar saúde, conforto, educação e uma dedicação adequada na criação dos seus filhos.

Agora voltando ao planejamento de vida do casal, sobre a pesquisa do terceiro objetivo a longo prazo existe outro detalhe muito importante e que não pode ser desprezado. Será primordial que o casal providencie um plano de saúde familiar adequado para atender e preservar a saúde tanto da Mamãe Alice quanto do bebê no período da gestação. E isso deverá ser feito antes mesmo da gravidez, pois além da necessidade do acompanhamento ginecológico antegestação, o casal ficará também protegido de possíveis imprevistos financeiros relacionados à saúde, que bem sabemos, não é nada barato. Então, um plano de saúde familiar nos planos deste casal será imprescindível.

Dessa forma, o terceiro objetivo a longo prazo está também bem alimentado de informações, o que é excelente por sinal, pois vamos precisar delas para definir os próximos desafios do casal.

Agora, vamos analisar a atual situação financeira dos dois para que possamos montar uma estratégia mais precisa em relação ao planejamento que estamos elaborando.

Conforme mencionado anteriormente, o casal possui uma renda familiar mensal no valor de R$ 4.000,00, decorrentes dos seus respectivos trabalhos ativos. Somado a isso, Alice também possui uma considerável reserva financeira no valor de R$ 12.000,00, fruto de um bom hábito que ela vem praticando todos os meses de poupar uma fatia do seu salário para prevenção. Além disso, o casal possui um fundo de garantia referente aos seus respectivos empregos que somam um valor total aproximado de R$ 26.000,00.

Se tratando de receitas, seria isso, mas devemos apontar também os compromissos financeiros que o casal possui.

No atual momento, Pedro e Alice moram com os seus respectivos pais, e por conta disso não possuem tantos compromissos financeiros assim em seus orçamentos, somente Pedro que tem um carro financiado, cujo valor das prestações é de R$ 650,00 mensais, restando no atual momento 12 parcelas a serem pagas. Fora isso, todo o restante da renda do casal é destinado somente para gastos do dia a dia, não havendo mais nenhum tipo de despesa fixa que seja mais relevante.

Muito bem, agora temos em mãos todas as informações necessárias tanto referente aos 3 objetivos a longo prazo, quanto da atual situação financeira do casal. Desse modo, já temos condições de incluir novos componentes à "Árvore da Prosperidade" de Pedro e Alice, apontando os objetivos que antecedem os 3 alvos principais do casal.

Assim, para facilitar o entendimento e deixar o nosso projeto mais organizado, vamos separar e escalonar cada objetivo com as suas respectivas informações para concluirmos o 2° passo deste nosso planejamento modelo.

Primeiro: Realizar a FESTA DE CASAMENTO

Para este objetivo a longo prazo, Pedro e Alice chegaram em um orçamento para a sua concretização no valor de R$ 20.000,00. No entanto, se tratando de recursos financeiros, o casal possui no momento somente a reserva financeira da Alice, de R$ 12.000,00, o que significa que os dois precisarão juntar mais R$ 8.000,00 caso usem a reserva para este fim. Lembrando que os seus fundos de garantia referente aos seus respectivos trabalhos não podem ser usados para esta finalidade, somente em caso de demissão do emprego ou abatimento em financiamentos habitacionais.

Por outro lado, cabe-se aqui também um adendo muito importante. A reserva financeira de R$ 12.000,00 que Alice possui poderia perfeitamente ser alocada como uma RESERVA DE EMERGÊNCIA para vida financeira do casal, o que traria mais segurança e proteção em função dos seus planos atuais e futuros. Desse modo, o casal aumentaria o tempo de poupança para o pagamento da festa de casamento, que passaria para o montante total de R$ 20.000,00 e manteria a reserva de emergência intacta como proteção. A outra opção obviamente é usar a reserva de R$ 12.000,00 para antecipação dos seus projetos e, posteriormente ou durante as suas caminhadas, formá-la novamente para as suas próximas aventuras.

Entretanto, há de se notar também que o valor das prestações do financiamento habitacional simulado anteriormente terá um peso no orçamento do casal de 20% em relação as suas rendas, e isso foi colocado propositalmente neste exemplo para mostrar a você, leitor, a importância de não trabalhar necessariamente no limite da sua capacidade, já que bem sabemos que é possível usar até 30% da renda total para financiamentos desse tipo. Ou seja, para este planejamento modelo eu estou considerando que o casal comprometerá 20% da renda para a habitação, e os outros 10% que estaria sobrando de margem será destinado permanentemente para alocação e formação das suas reservas financeiras. Assim, já podemos entender subitamente que consideraremos para esse planejamento a segunda opção relatada anteriormente, usar a reserva da Alice para a antecipação dos seus projetos de vida, e, posteriormente, formá-la novamente em função do espaço cauteloso bem planejado em seus respectivos orçamentos.

Dessa forma, para que Pedro e Alice conquistem o seu primeiro objetivo a longo prazo, será necessário então que o casal consiga juntar o valor restante da festa de casamento que se tratará de uma meta antecessora ao objetivo principal. Lembrando também que os dois não poderão fazer nenhum tipo de compromisso financeiro para cobrir essa despesa, pois um comprometimento de renda agora poderia arruinar completamente os planos subsequentes.

Assim, será acrescentado na "Árvore da Prosperidade" do casal o primeiro **objetivo a médio prazo**: Juntar R$ 8.000,00 para o pagamento total da festa de casamento.

Juntar R$8.000.00 → Festa de Casamento

Segundo: Aquisição da CASA PRÓPRIA

Para a realização deste segundo objetivo a longo prazo vimos anteriormente que a melhor das opções no momento é contratar o financiamento habitacional. E para este feito será necessário que o casal tenha no mínimo 10% de recurso próprio sobre o valor total do imóvel que se trata justamente da "entrada" do financiamento conforme explicado anteriormente. Logo, como o valor do imóvel simulado é de R$ 180.000,00, será então necessário que o casal tenha em mãos uma entrada de pelo menos R$ 18.000,00 para a concretização do negócio.

Por outro lado, como Pedro e Alice já possuem um fundo de garantia que soma um valor total de R$ 26.000,00 e neste caso pode ser usado para este fim, o casal já tem em mãos uma opção disponível para vencer este relevante obstáculo financeiro. Apesar disso, tem também os R$ 8.000,00 referente as documentações de registro do imóvel que, para isso, o casal teria em mãos duas opções disponíveis: usar o restante do fundo de garantia (R$ 26.000,00 – R$ 18.000,00 = R$ 8.000,00) para cobrir essa despesa, ou juntar o dinheiro necessário para não mexer no fundo.

Se eles optarem por não mexer no fundo para o pagamento das documentações, o casal poderia aumentar o valor de entrada sobre o financiamento (passando para R$ 26.000,00) e assim diminuiria o valor emprestado pelo Banco, proporcionando um financiamento relativamente menor com menos inserção de juros. Porém, como o casal já tem o desafio de juntar R$ 8.000,00 para pagar a festa de casamento, incrementar mais R$ 8.000,00 nas costas do casal talvez não seria a melhor das opções. Até porque, R$ 8.000,00 divididos no prazo total da dívida não ocasionará mudanças significativas para mais ou para menos no valor das parcelas. Sendo assim, com as duas opções disponíveis ao casal, Pedro e Alice preferem usar o saldo do fundo de garantia para bancar as documentações de registro do imóvel.

Em contrapartida, existe também um detalhe muito importante em relação a aprovação do financiamento. O Banco (a instituição financeira que emprestará o dinheiro para a compra do imóvel) permite que se comprometa no máximo 30% da renda familiar para aprovação do crédito imobiliário, conforme destacado há pouco. E já que o valor das prestações da casa terá um peso de 20% sobre a renda do casal, o compromisso do Pedro com as parcelas do seu carro impedirá que os dois atinjam a cota máxima de financiamento de 90% sobre o valor total do imóvel.

Assim, quando esse condicionamento de renda acontece, o valor da entrada aumenta proporcionalmente ao valor que diminuiu do financiamento, acarretando uma diferença expressiva em relação à normalidade. E este cenário, para Pedro e Alice, é totalmente inviável, pois o casal não teria condições financeiras para bancar praticamente metade do valor do imóvel como entrada. Sendo assim, será primordial que Pedro termine primeiro de pagar as prestações do carro para depois fazer o financiamento habitacional, isto é, o objetivo da aquisição da casa própria depende diretamente da quitação do financiamento do veículo do Pedro.

Outro desafio para Pedro e Alice conquistar este segundo objetivo a longo prazo são os custos sobre a mobília da casa. É claro que eles poderão comprar o básico no início e adquirindo o restante aos poucos, mas este básico também deve ser levado em conta.

E aqui você pode até pensar: "*mas a mobília da casa não vem depois da conclusão do objetivo principal?*" Sim, mas é como eu disse anteriormente, todos os objetivos precisam estar interligados uns aos outros para que todos de fato sejam concretizados e no menor tempo possível. O casal ainda precisa se planejar para a conquista do terceiro objetivo que é ter o 1° filho, então este compromisso sobre a mobília da casa não pode ser ignorado.

Vale destacar novamente que o casal não pode sair por aí fazendo crediários sem perder de vista, já que a renda dos dois estará reservada para o financiamento habitacional e também para que possam viver de forma estruturada e independente no decorrer de suas jornadas. Além disso, não é interessante realizar um ou dois objetivos e parar, o intuito é que todos os objetivos sejam realmente concretizados, de forma estruturada e organizada.

Assim, com todo este estudo em relação a aquisição da CASA PRÓPRIA, podemos definir que o casal Pedro e Alice terá mais duas metas a serem conquistadas antes de poder realizar este segundo objetivo a longo prazo: fazer a quitação do financiamento do carro do Pedro e se programar financeiramente para o custeio da mobília da casa.

Terceiro: Ter o 1° FILHO

Para a realização deste terceiro objetivo a longo prazo, Pedro e Alice já sabem que a chegada do 1° filho resultará em um aumento considerável no custo de vida familiar do casal. Mas quanto seria este aumento mensal nas despesas da família?

Bom, pensando em oferecer uma boa hospitalidade e um devido conforto para o bebê, podemos considerar um aumento de pelo menos 30% sobre a renda líquida do casal. E como hoje eles possuem uma renda familiar no valor de R$ 4.000,00, podemos então considerar um aumento de R$ 1.200,00 por mês em suas despesas (também seria necessário calcular a inflação imposta no período para que os valores não fiquem defasados, aqui estou considerando somente o valor real para facilitar o raciocínio).

É claro que isso varia muito de família para família, ainda mais atualmente com tantas novidades surgindo a todo momento, mas, para este planejamento modelo, vamos considerar mesmo este aumento de 30% sobre a renda do casal.

Outro fator importante e que também mencionamos no colhimento das informações sobre este terceiro objetivo é o fato de se ter um plano de saúde familiar adequado para amparar o casal, não somente quando chegar o momento de ter o 1° filho, mas também como proteção permanente a toda a família.

E de fato, esta condição não pode ser desprezada, pois a nossa ideia aqui é justamente montar um plano sólido e consistente, com consciência e responsabilidade. Até porque, imprevistos em casos de necessidades hospitalares podem ocorrer a qualquer momento e se eles não estiverem protegidos com um plano de saúde familiar adequado, os possíveis imprevistos poderão ocasionar um rombo no orçamento do casal, colocando todo o nosso planejamento por água abaixo. Então, Pedro e Alice deverão sim incluir em seus planos a contratação de um plano de saúde familiar como objetivo a médio prazo.

Uma observação a se fazer é que surgirão outras despesas ao casal com a chegada do 1° filho, como: chá de bebê, batizado, álbum de fotografias, e outras possíveis, como: chá de revelação e "mêsversários". Embora algumas dessas não se trate de gastos necessários no momento, depende, é claro, da ocasião, também não podemos tratá-las como se não existissem.

De todo modo, mesmo sabendo de todos esses haveres, neste planejamento modelo não acrescentaremos esses gastos no orçamento do casal, consideraremos que todo este pacote está incluso nos 30% de renda extra determinada anteriormente, incluindo também os gastos com mobília, roupinhas e acessórios para o bebê. Até porque, o *baby* será bastante presenteado por amigos e familiares durante essa fase, e isso ajudará muito o casal financeiramente.

Sendo assim, para a realização deste terceiro objetivo a longo prazo, vamos acrescentar na "Árvore da Prosperidade" do casal mais dois **objetivos a <u>médio</u> prazo:** aumentar 30% a renda líquida mensal do casal e adquirir um plano de saúde familiar adequado. Assim, Pedro e Alice ficarão mais tranquilos quando chegar este momento tão especial na vida do casal.

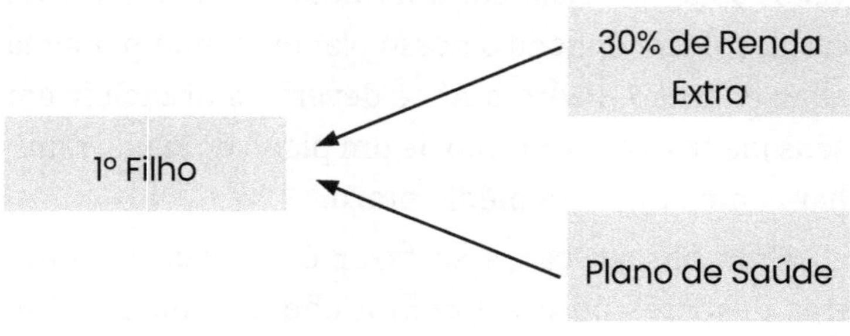

Agora já definimos todos os **objetivos a <u>médio</u> prazo** deste nosso planejamento modelo. Consideramos até aqui os compromissos mais importantes a fim de proporcionar um planejamento de vida saudável e consistente ao dois. Por consequência, o 1° e o 2° passo já foram concluídos, e assim a nossa "Árvore da Prosperidade" já tem forma, estrutura e vitalidade para proporcionar bons ares na vida deste novo e abençoado casal.

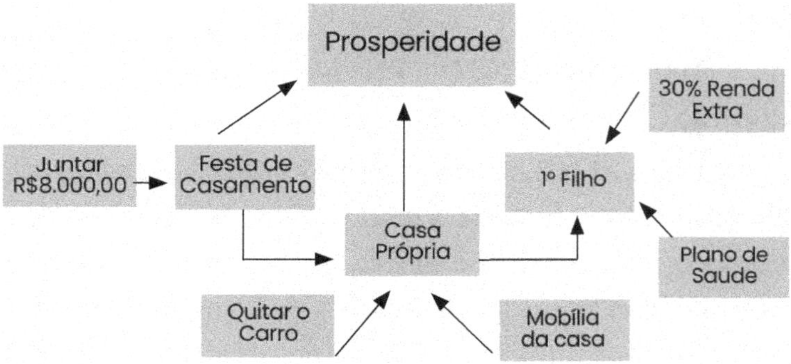

3º passo – Estabeleça as metas/ações necessárias para atingir os objetivos a médio prazo.

Neste momento, estamos chegando mais próximo daquilo que separa o que foi posto no papel da prática. Na sequência, vamos analisar de uma forma geral todo o planejamento feito até aqui e estabelecer novas atividades que ajudarão Pedro e Alice a chegarem até as suas conquistas o mais breve possível.

Agora devemos nos concentrar nos objetivos a médio prazo e definir quais metas ou ações são necessárias para que esses devidos sejam realmente alcançados. E essas metas/ações vamos definir nada mais nada menos como **objetivos a curto prazo.**

Os objetivos a curto prazo tanto pode ser uma META a ser cumprida como uma ação COMPORTAMENTAL, conforme explicado neste exemplo:

META: Preciso vender o violão para comprar uma bicicleta.

COMPORTAMENTO: Preciso economizar para comprar uma bicicleta.

Ou seja, a META é um objetivo concreto, uma tarefa propriamente dita. Já a ação COMPORTAMENTAL, como o próprio nome já diz, é um comportamento pessoal, um hábito, que através dele ou da sua repetição, proporcionará o alcance do objetivo desejado.

Muito bem, voltando ao planejamento de vida do casal Pedro e Alice... neste momento podemos fazer uma breve reflexão analítica sobre este projeto de vida que estamos elaborando. Em cima dos objetivos a médio prazo que definimos na etapa anterior podemos perceber que todos eles estão de certa forma relacionados a parte financeira do casal, logo, podemos pensar então que o dinheiro seria a solução para todo o problema.

De certa forma, podemos concluir que sim, mas algumas ações como organização e disciplina reduzirão bastante essa necessidade expressiva pelo dinheiro. E grande parte dessas ações dependerá unicamente do esforço e do empenho dos dois. Se Pedro e Alice querem de fato atingir os seus objetivos de vida e consequentemente a sua felicidade e prosperidade, eles deverão portanto fazer jus aos seus anseios. Então, vamos desembaraçar este planejamento de uma vez por todas e fazer com que este casal parta para a ação o mais rápido possível.

Mobília da Casa

Vamos dar início ao 3° passo começando pela mobília da casa. Em função do planejamento de vida que montamos para este casal, é possível observar que a aquisição da casa própria poderá ocorrer logo após a festa de casamento, ou simultaneamente, já que pelo andar da carruagem os dois já terão cumpridos os objetivos de juntar o dinheiro da festa e a quitação do carro do Pedro.

E pensando neste cenário, durante os preparativos da festa, os noivos provavelmente montarão uma lista de presentes que repassarão aos seus convidados, e justamente esses presentes poderão os ajudar com mobília da casa, incluindo obviamente o bom senso e a humildade do casal perante a situação. Além disso, se o casal fechar parceria com alguma loja de varejo, surgirá também a possibilidade de juntar uma quantidade de presentes menos expressivos e trocar por um item mais essencial da casa, caso a loja trabalhe com o sistema de venda virtual e acumulativa, o que é muito comum atualmente.

O que quero dizer é que o casal poderá programar a festa de casamento em conjunto com a aquisição da casa própria, justamente para aproveitar os presentes dos convidados para amenizar os recursos financeiros para a compra da mobília.

Quando minha esposa e eu nos casamos em janeiro de 2017, nós gastamos para a realização da festa um valor de R$ 24.000,00, e todos os presentes de casamento que ganhamos dos convidados somaram um valor total de R$ 22.000,00, isto é, praticamente ganhamos a festa de casamento ou toda a mobília da casa.

Dessa forma, através de uma simples organização, Pedro e Alice poderão alcançar um dos seus objetivos a médio prazo sem precisar de mais dinheiro para isso, considerando obviamente somente os itens essenciais da casa. Entenderam agora por que escolhi a mobília da casa como ponto de partida?

Desse modo, o tempo que o casal levará para a aquisição da casa própria, dependerá de quanto tempo levarão para conquistar a realização da festa de casamento, que consequentemente levarão mais dois objetivos a médio prazo na bagagem: juntar R$ 8.000,00 e quitar o financiamento do carro do Pedro. Estão vendo como uma coisa está ligada a outra?

E pensando nesta ligação de metas, o próximo estudo será em função de dois objetivos a médio prazo em conjunto, assim determinaremos novas AÇÕES NECESSÁRIAS para incorporar neste nosso planejamento modelo.

Juntar R$ 8.000,00 / Quitar o carro

Para juntar os R$ 8.000,00 restante que o casal necessita para a realização da tão sonhada festa de casamento não existe outro segredo ou milagre estratégico que possa poupá-los dos devidos esforços, o negócio agora é TRABALHAR.

Chegou o momento do "casal 20" usar todas as habilidades e capacidades mencionadas neste livro e fazer acontecer, agora é *tiro, porrada e bomba,* só o que resta para os dois neste momento é agir com determinação, dedicação e foco em busca dos seus objetivos.

Diante disso, vamos então analisar esses dois objetivos a médio prazo para que possamos pelo menos dar uma direção ao casal.

Primeiramente, vamos analisar a quitação do financiamento do carro do Pedro. Conforme dito anteriormente, faltam 12 parcelas de R$ 650,00 a serem saldadas, isto é, uma dívida sem desconto de R$ 7.800,00. Se o casal, além de pagar a parcela do carro, conseguir também poupar que seja R$ 100,00 por mês para o caixa da festa de casamento, quando terminarem de pagar o financiamento do veículo restará um valor menor do que os R$ 8.000,00 a serem juntados, concorda? Além do mais, essa poupança de R$ 100,00 por mês formará uma pequena reserva financeira com a qual eles poderão pensar em fazer a quitação antecipada do financiamento do veículo, ganhando aí uma ou duas parcelas de antecipação mais um pequeno desconto que o Banco poderá proporcionar. Assim, aos poucos, o casal vai antecipando a realização de todos os seus objetivos de vida.

Outra opção para a quitação das parcelas do carro seria usar a própria poupança de R$ 12.000,00 da Alice para esta finalidade, até porque antecipar 12 meses de um financiamento de veículo reduziria bastante a inserção de juros do tal compromisso. Em contrapartida, o casal estaria retirando essa reserva financeira do pagamento da festa de casamento que determinamos anteriormente, ou seja, estaria tapando uma coisa e descobrindo outra. Neste caso ou em qualquer planejamento pessoal que seja, é preciso sentar e fazer contas, analisar o que será mais vantajoso para o planejamento como um todo, considerando principalmente a relação tempo x custo financeiro.

Contudo, para este planejamento modelo, vamos continuar com o plano anterior, destinar a reserva financeira da Alice para o pagamento da festa de casamento e considerar o restante como compromissos mensais.

Nessa circunstância, quando o casal atingir a quitação do carro (um dos seus objetivos a médio prazo), Pedro e Alice abrirão um espaço no orçamento de R$ 750,00 por mês (considerando R$ 100,00 que eles já poupavam em relação a festa, mais os R$ 650,00 de espaço no orçamento referente a quitação do veículo). Logo, para juntar os R$ 8.000,00 que o casal necessita para a festa de casamento eles levariam aí em torno de 10 meses para este feito, considerando obviamente o cumprimento à risca do plano preestabelecido.

Está vendo agora como este casal não estão tão distantes assim dos seus maiores objetivos de vida?

Seguindo este raciocínio, o casal poderá alcançar 2 objetivos a longo prazo (realização da festa de casamento e a aquisição da casa própria) em um período de 1 ano e 10 meses, o que não é muita coisa se tratando dos seus maiores objetivos de vida. Sem contar que Pedro e Alice poderão fazer horas extras em seus respectivos empregos, poderão realizar algum trabalho extra nos períodos de folga, poderão vender algum pertence que não tem mais serventia, evitar um final de semana e outro com barzinhos a fim de economizar, entre várias outras possibilidades que eles próprios poderão ter para acelerar todo o processo. Ou seja, o tempo que separará o casal da conquista dos seus principais objetivos de vida dependerá exclusivamente da dedicação e do esforço dos dois. Quanto maior for a dedicação, menor será o prazo para a realização, simples assim.

Plano de Saúde / 30% Renda Extra

Para que Pedro e Alice consigam atingir um aumento de 30% sobre a renda mensal do casal, o esforço será parecido com os objetivos de juntar o dinheiro da festa casamento e a quitação do carro do Pedro. No entanto, nesta situação eles não poderão considerar essa tal renda extra em um período momentâneo, mas sim como uma renda permanente e constante, semelhante à renda formal do casal, já que agora se trata de uma necessidade financeira a qual será primordial para arcar com todos os gastos em função do nascimento do 1° filho.

Em virtude disso, Pedro e Alice precisam então criar possibilidades para que este feito seja alcançado até o momento da realização do terceiro objetivo a longo prazo.

Uma alternativa para os dois seria adicionar novas habilidades profissionais, seja através do próprio interesse dos envolvidos ou através de cursos profissionalizantes, com o objetivo é claro de evoluírem profissionalmente e assim conquistarem uma possível promoção salarial nos seus respectivos trabalhos. E que poderiam até considerar esta missão como mais um objetivo a médio prazo e adicioná-la a sua "Árvore da Prosperidade", caso prefiram.

Uma outra eventual opção seria pesquisar no mercado de trabalho se há oportunidades contundentes de trabalho como uma possível mudança de emprego para algo que seja mais valorizado, MAS, PORÉM, CONTUDO E TODAVIA, já fica o alerta para todos. Se porventura um dos dois pensar em se mudar de emprego somente pelo objetivo do salário mais alto, talvez esta não seja de fato uma opção, e, sim, uma grande cagada. Afinal, o casal já terá o compromisso do financiamento da casa e todos os gastos essenciais de um casal morando juntos, eles não podem sair por aí no desespero e acabar jogando no lixo todo o avanço conquistado. Portanto, consciência e responsabilidade!

Já em relação a contratação do plano de saúde familiar, a meu ver, eles deveriam contratar este serviço já de imediato, mesmo tendo o compromisso da poupança para a festa de casamento e a quitação do carro do Pedro. Até porque, agora no início, o casal não possui muitos compromissos financeiros em seus orçamentos, o que caberia sim um esforço a mais dos dois para incluir essa despesa. Sem contar que os dois já ficariam prevenidos caso aconteça algum problema de saúde com algum deles, evitando assim possíveis imprevistos financeiros que poderiam estender todo o planejamento do casal.

Enfim, nesta fase do planejamento não há muito o que fazer, os dois precisam se adaptar e se programar em relação a todas as suas despesas, inclusive essas especificamente, para que todo o seu planejamento seja concretizado o mais breve possível. Aí dependerá somente da dedicação e do esforço dos dois, não há muitos segredos, é simplesmente TRABALHAR.

Assim, este terceiro objetivo a longo prazo (ter o 1° FILHO) não será possível mensurarmos quanto tempo o casal levará para conquistá-lo, pois dependerá exclusivamente do esforço e da dedicação que dois implantarem. Além do que, eles precisarão primeiro conquistar os outros dois objetivos a longo prazo, para que só depois este terceiro possa ter condições de ser alcançado.

Por outro lado, é preciso se certificar de uma coisa: quando tomamos decisões baseadas em boas intenções e sabendo a todo momento o caminho correto a ser percorrido, tudo flui a nosso favor, todas as coisas se encaixarão naturalmente e os planos vão se concretizando de uma forma simultânea e automática, em paralelo, é claro, da gigantesca força de vontade das pessoas envolvidas no processo. Eu sei que parece uma frase filosófica ou algo do tipo, mas pode acreditar, implante esta estratégia de planejamento e execução na sua vida e verás o resultado no curto, médio e longo prazo. Quando menos perceber, você já terá conquistado tudo o que planejou, e assim passará a acrescentar novos e novos planos adquirindo definitivamente uma realidade próspera e vitoriosa como recompensa.

Planejamento Pedro e Alice – Considerações finais

Neste teórico planejamento de vida que construímos para o casal Pedro e Alice foram inseridos objetivos de curto, médio e longo prazo que direcionarão o casal ao encontro de suas gratificações. Isso além de ser um fator determinante para o sucesso dos dois, será o combustível inicial para que o casal se mantenha unido e focado durante as suas caminhadas.

Em relação aos seus respectivos objetivos de vida, bem como o planejamento como um todo que aqui elaboramos, Pedro e Alice deverão se atentar principalmente na questão financeira do casal, já que as suas rendas atuais estão de fato limitadas e delineadas aos seus próprios interesses. Por conta disso, os dois não poderão sair por aí criando compromissos financeiros sem necessidade, especialmente no início, por possuírem justamente metas relacionadas a compromissos e reservas financeiras.

Assim, o foco e a disciplina farão toda a diferença no início de execução dos seus projetos, já que o casal precisará controlar os impulsos e o bolso para conseguir quitar o financiamento do carro do Pedro e juntar os R$ 8.000,00 faltantes para a realização da festa de casamento.

Sobre a aquisição da casa própria, este objetivo está totalmente dependente de duas situações: a quitação do financiamento do veículo do Pedro, uma vez que o casal necessita desta liberação de margem sobre as suas rendas para a aprovação do crédito habitacional; e da concretização do primeiro objetivo a longo prazo, dado a importância do cumprimento do passo a passo e da organização de metas em função das suas concretizações. Logo, quando o casal terminar de pagar as parcelas do financiamento do carro, abrirá um fôlego no orçamento do casal, acelerando a poupança dos R$ 8.000,00 que o casal necessita para festa e consequentemente, é claro, o alcance das metas subsequentes.

Além disso, a aquisição da casa própria também foi planejada para acontecer simultaneamente a realização da festa de casamento, para que os presentes dos convidados contribuam também para a mobília da casa, um dos seus objetivos a médio prazo. Dessa forma, com um simples roteiro e organização para tal objetivo, Pedro e Alice conquistarão mais um de seus propósitos sem a necessidade real da implantação de mais recursos financeiros, proporcionando assim, através de um pacote de metas alcançadas, o sucesso de 2/3 dos seus maiores objetivos de vida.

Nesse sentido, podemos notar que todos os objetivos de vida do casal estão totalmente interligados uns aos outros, de modo que cada etapa avançada é uma contribuição para a conquista dos outros objetivos inseridos no planejamento.

Já em relação ao terceiro objetivo a longo prazo (ter o 1° filho), a meu ver, será o mais desafiador ao casal, pois dependerá muito de como Pedro e Alice enfrentarão este grande desafio em suas vidas.

Agora, não se trata somente de condições financeiras e bens materiais – já que determinamos neste projeto a necessidade da contratação de um plano de saúde familiar e do aumento de 30% sobre a renda mensal do casal – mas também, sobretudo, de uma vida, de uma criação, de uma bênção de Deus. Portanto, consciência e responsabilidade também serão indispensáveis no sucesso deste terceiro objetivo na vida do casal.

Por outro lado, se Pedro e Alice implantarem todas as qualidades necessárias que tanto debatemos e aprendemos neste original, e acrescentarem algumas outras habilidades as quais ainda vamos abordar neste livro, como: foco, concentração, equilíbrio e educação financeira, tenho certeza de que eles construirão essas condições antes mesmo do momento correspondente. Eles poderão chegar nesta fase do planejamento ganhando não somente 30% a mais de renda familiar, mas até 2 ou 3 vezes mais do que ganhavam no início do planejamento.

Já em relação ao organograma ilustrado na "Árvore da Prosperidade" que plantamos para este casal, podemos agora acrescentar novos componentes a ela, de acordo com as ações necessárias mencionadas no 3° passo deste nosso planejamento modelo que, como bem vimos, resultou em objetivos designados como ações COMPORTAMENTAIS, o que nada impede obviamente de incluirmos essas necessidades em nosso projeto, já que o principal conteúdo do livro é justamente evidenciar e despertar essas habilidades pertencentes aos próprios envolvidos.

Sendo assim, a "Árvore da Prosperidade" do casal Pedro e Alice ganhará algumas ações COMPORTAMENTAIS vinculadas às habilidades que melhor se encaixam para a conquista dos objetivos a médio prazo, formando assim um guia completo e definitivo em busca dos principais objetivos de vida e da felicidade deste casal.

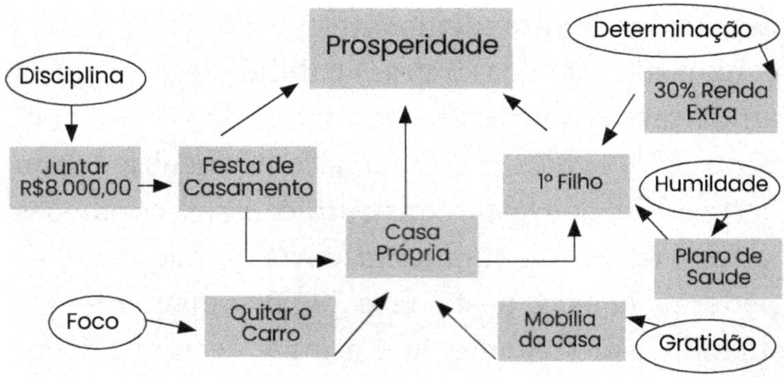

Olhando agora com atenção para esta imagem, se pudéssemos trazer a "Árvore da Prosperidade" para o mundo real, levando-se em conta todos os objetivos e metas nas quais inserimos neste planejamento modelo, a representação dos seus componentes ficariam designados da seguinte forma:

Os frutos seriam representados pelos objetivos a longo prazo, isto é, os maiores objetivos de vida, o êxito final.

As folhas seriam representadas pelos objetivos a médio prazo, ou seja, as metas antecessoras que permitirão que sua árvore dê frutos.

O caule e os galhos representariam os objetivos a curto prazo, ou seja, as metas ou ações de curto prazo que permitirão que a sua árvore floresça.

E por último, o componente mais importante, a raiz, é ela quem sustenta e vitaliza a sua árvore. A raiz representaria todas as capacidades físicas, mentais e comportamentais mencionadas em todo conteúdo deste livro, o que te leva a entender definitivamente que A RAIZ DA PROSPERIDADE ESTÁ EM VOCÊ MESMO, nas suas atitudes, nos seus bons hábitos, no seu esforço e dedicação ao trabalho, na verdadeira força de vontade de querer transformar os seus sonhos em realidade.

Por fim, e agora trazendo um presente em formato de oportunidade conforme prometido na introdução deste livro, vou dar a você a chance de pôr em prática tudo o que foi aprendido e ensinado neste artigo, fazendo que toda a teoria aqui apresentada seja transformada não somente em experiências da prática, mas também em realizações e conquistas no sentido literal da palavra.

Logo abaixo, eu deixei uma "Árvore da Prosperidade" modelo, a qual você escolherá os componentes que ela terá, inserindo os principais objetivos de vida que você, leitor, almeja atualmente. E você poderá montar da forma que quiser, sejam qual forem os seus objetivos de vida, inclusive poderá acrescentar novos componentes a ela se for necessário. Mas, claro, seguindo todo o conceito apresentado no planejamento modelo elaborado neste capítulo.

E quando os anos se passarem, ou meses, ou dias, você retornará a este livro e perceberá a magnitude do seu crescimento, quantos objetivos de vida foram conquistados e como foi o seu avanço perante a sua PROSPERIDADE. Logo, você apagará os seus objetivos conquistados (caso preencha a lápis) e em seguida acrescentará novos objetivos e mais e mais projetos vencedores na sua vida, formando assim, de modo inegável, um verdadeiro círculo VITORIOSO em sua bela e magnífica história de vida.

> *"Não importa quantos erros você cometa ou quão devagar é seu progresso, você ainda estará à frente daqueles que não estão tentando." Tony Robbin.*

"ÁRVORE DA PROSPERIDADE" MODELO

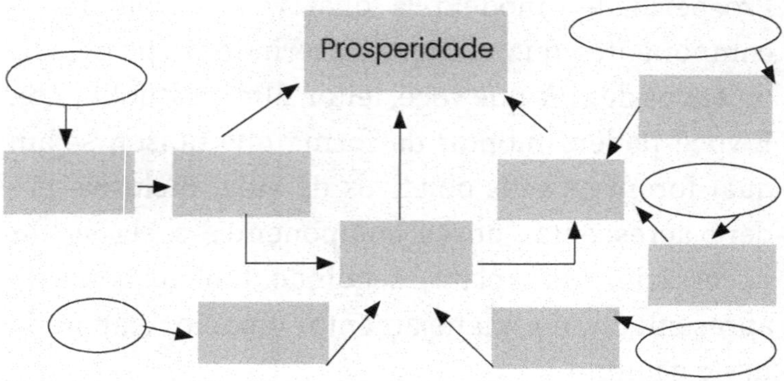

CAPÍTULO DEZ

FOCO E CONCENTRAÇÃO

Muitos sabem quanto Ayrton Senna da Silva era determinado e focado quando o assunto era automobilismo, o nível de concentração que ele exercia sobre sua performance como piloto era altíssimo, e nitidamente perceptível por todos em sua volta.

No grande prêmio de Mônaco da temporada de 1988, a primeira como piloto da gigante equipe McLaren, Senna dominou todos os treinos classificatórios com volta rápida em cima de volta mais rápida. No dia da prova, no domingo, Senna largou na frente e se distanciou do restante dos competidores com muita facilidade, inclusive do seu companheiro de equipe que estava na segunda colocação, o icônico tetracampeão mundial e grande rival de Ayrton, Alan Prost. Senna sobrou na corrida, abrindo quase 1 minuto em cima do segundo colocado, o que é quase uma eternidade se tratando de provas desta categoria.

Notadamente o desempenho de Senna nas ruas de Monte Carlo era algo assustador, até porque estamos falando de um circuito o qual é montado nas próprias ruas da cidade, com ruas estreitas e espaços limitadíssimos, servindo de palco para uma competição automobilística na qual os carros chegam a uma velocidade acima dos 300 km/h. Por isso, o nível de concentração e foco para competir numa prova como essa é mais do que uma necessidade, uma obrigação, e Ayrton era mestre nesse quesito.

No entanto, exatamente nesta prova de 1988, Ayrton foi traído pelo seu alto desempenho e sozinho bateu sua McLaren em uma curva teoricamente fácil, saindo da prova faltando algumas voltas para se consagrar o piloto vitorioso. Após a colisão, Ayrton, visivelmente arrasado, saiu imediatamente do circuito e foi direto para sua casa, já que ele residia na própria cidade de Monte Carlo.

Posteriormente, Senna deu uma entrevista comentando sobre o acontecimento e disse que naquele dia ele estava dirigindo tão perfeitamente que a sua dirigibilidade passou a ser conduzida de forma automática, como se fosse o seu subconsciente no poder do volante, fazendo com que o seu consciente perdesse a importante e necessária concentração. Depois dessa prova, Ayrton extraiu toda aprendizagem em cima do erro cometido e sua performance só fez aumentar no restante do campeonato, resultando na conquista do seu primeiro título mundial naquela mesma temporada. Inclusive, Senna nunca mais perdeu uma corrida nas ruas do Principado de Mônaco estando ele presente no grid, o brasileiro venceu todas as provas disputadas naquele circuito até a sua trágica morte em 1994. Até hoje, Ayrton Senna é carinhosamente titulado o "Rei de Mônaco", já que ele ainda é o recordista da prova com 6 vitórias no currículo.

No circuito da vida cotidiana não é tão diferente assim das pistas do automobilismo, também é necessário concentração e disciplina para manter-se firme sem deixar a peteca cair, acima de tudo, ter perseverança e acreditar que através da força do trabalho as conquistas e os prêmios da vida virão. Até porque, não é tão difícil assim uma equipe alcançar a liderança de um campeonato, mas é extremamente desafiador permanecer em primeiro lugar até o final do torneio para então se consagrar campeã.

Muitas vezes em nosso dia a dia, mesmo com objetivos claros e bem traçados, acabamos nos deixando levar pela distração e assim desfocamos daquilo que estamos em busca. O agir através do subconsciente, no modo automático, nos leva muitas vezes ao relaxamento, chegando também até à confiança excessiva que nos faz enganar parecendo que todos os nossos planos de vida estão inteiramente sob controle.

Inclusive, este ponto crítico levantado se torna ainda mais perceptível quando olhamos com mais atenção a nossa vida financeira. Muitas vezes nos deixamos levar pelos momentos de prazeres, aquelas devidas ocasiões envolvendo o descanso, o lazer e o entretenimento que, por sinal, até se trata também de mais algumas necessidades e obrigatoriedades para o sucesso de qualquer projeto pessoal ou planejamento de vida. Mas o problema é justamente esse apontado neste caso análogo de Ayrton, a falta de foco e concentração em relação aos objetivos que já faziam parte das nossas principais pretensões, fazendo com que nós nos distanciemos cada vez mais deles e de suas devidas concretizações.

Muitas pessoas, por exemplo, não têm o costume de fazer anotações ou controles financeiros em função das suas despesas e receitas do mês e, por conta disso, passam a viver na escura, por rumo, sem saber de fato se o salário que virá no final do mês será o suficiente para pagar as suas contas, bem como dar continuidade a seus respectivos projetos de vida. Logo, quando menos percebem, estão usando parte do cheque especial, fazendo empréstimo em bancos ou credoras, se atolando em dívidas, acabando com a sua qualidade de vida, e ainda rompendo definitivamente o pacto que fizeram consigo mesmas em relação a tudo aquilo que elas até então tratavam como "meus sonhos".

Quantas e quantas vezes respondemos perguntas que nós mesmos criamos em momentos de dúvida em determinadas ocasiões que envolvem a nossa vida financeira. Aqueles momentos em que o nosso subconsciente cria dois lados de defesa enviando a clássica dúvida ao nosso consciente: "ceder ou não ceder?" Logo, também passamos a respondê-la com algumas das mais esdrúxulas respostas que todo endividado faz para ludibriar as suas devidas obrigações:

"Tenho que aproveitar agora, e se eu morrer amanhã?"

"Essa parcela eu consigo pagar tranquilo."

"Depois economizamos em outra coisa."

"Está em promoção, não posso perder!"

"É só um tênis. É só um sapato. Eu mereço"

Será mesmo? Será que todas essas afirmações são realmente devidas ou necessárias? Será que há mesmo uma grande possibilidade de você perder a sua abençoada vida da noite para o dia assim como muitos usam essa mesma desculpa por aí? Até porque, se esses pensamentos fossem realmente contundentes, essas pessoas não poderiam nem sair de casa, não é verdade? E tudo isso é justamente devido a essa mentalidade social imediatista que toma conta cada vez mais da vida das pessoas, exterminando de todos os lados e de todas as maneiras possíveis as suas metas, as suas conquistas, os seus sonhos de vida e a sua preciosa liberdade, por fazer enganar de que: se não for agora, não é pra ser. E isso está completamente errado!

Lembre-se do **Erro n° 9 – Não se atentar às distrações** mencionado no capítulo oito deste livro. Neste respectivo apontamento eu fiz questão de destacar justamente essa infração que a maioria das pessoas cometem quando pateticamente se desviam do que realmente importa em suas vidas para encontrar-se com coisas ou momentos estritamente genéricos. E ainda que este exemplo citado na etapa da "Preparação e Prevenção" correspondesse a algo do mais imaturo dos competidores, essa situação também acontece com certa frequência na vida de pessoas que já estão bem encaminhadas, ou que já estão trafegando há um certo tempo em seus devidos trajetos.

Vamos pegar como parâmetro a vida do casal Pedro e Alice relatado anteriormente. Em cima do planejamento de vida que elaboramos para este casal, se eles não souberem ponderar os seus impulsos em relação as coisas que não fazem parte dos seus projetos de vida, aquelas projeções de tempo, metas, conquistas que tanto determinamos na plantação da "Árvore da Prosperidade" do casal, serão todas elas simplesmente jogadas na lata de lixo. Não adiantará absolutamente nada tudo aquilo que pensamos e planejamos. E se você que está lendo este livro neste exato momento fizer o mesmo quando estiver plantando também a sua "Árvore", todos seus sonhos, objetivos, felicidade, prosperidade, FORTALEZA, enfim... tudo aquilo de mais importante que tanto debatemos até aqui, serão todos eles destinados para o mesmo local de descarte. Sem dó nem piedade.

Por isso entenda definitivamente essa mensagem:

Depois que você elaborar o seu planejamento e traçar os seus devidos objetivos de vida, você precisa seguir à risca o que foi posto no papel. Você deve respeitar o passo a passo fielmente, lutar com todo empenho e dedicação sobre os mesmos, sobretudo implantar a disciplina para que outras qualidades também estejam presentes, como: autonomia, concentração, organização, controle. Não adianta querer vivenciar uma realidade de colheita ou de uma certa estabilidade quando você ainda está na fase do projeto e da construção. Não queira bancar o esperto, o sábio, o inteligente, o comparando com pessoas que já possuem a devida capacidade do equilíbrio fazendo parte de suas dominâncias, pois elas já passaram por essa fase a qual você está vivenciando atualmente. Então respeite o processo, viva cada etapa no seu devido tempo, e absorva sobretudo as aprendizagens e as respectivas premiações de cada uma delas.

As distrações, os prazeres, o relaxamento, tudo isso são primordiais para o sucesso de qualquer pessoa que queira seguir pelo CAMINHO DA FORTALEZA, PRIMORDIAIS! Mas sejamos adultos e responsáveis para entender definitivamente que para tudo na vida existe um equilíbrio. Não adianta ficarmos nos autossabotando o tempo inteiro só porque temos uma rotina pesada e estressante todos os dias, servindo a todo momento como desculpa para os devidos fracassos, mascarando a ineficiência, a incompetência, e deixando em evidência a insuportável conduta vitimista que o aleija a seguir em frente.

Portanto meus amigos, vou repetir pela última vez, e agora de forma mais sutil: a prioridade de qualquer pessoa, sobretudo deste casal que tomamos como exemplo neste projeto modelo, deverá ser em função dos seus objetivos apontados no planejamento de vida, as distrações e os pequenos prazeres quando realizados de forma equilibrada são um item essencial para o projeto, mas quando feito de forma exagerada só atrapalhará e adiará tudo que foi planejado. Estamos entendidos???

Dessa forma, o FOCO e a CONCENTRAÇÃO passam a ser uma grande habilidade a ser aprimorada para que todo seu planejamento de vida possa se tornar de fato uma autêntica realidade, principalmente agora, neste próximo capítulo, onde vamos adentrar a um assunto que tem como papel principal um dos itens mais desejados da humanidade a muitos e muitos anos, o DINHEIRO.

CAPÍTULO ONZE

CRIE OUTRAS FONTES DE RENDA

Criar outras fontes de renda e não depender somente de uma única fonte pagadora é uma atitude altamente inteligente e, a meu ver, necessária para quem deseja de fato alcançar a tão sonhada PROSPERIDADE.

E quando falo em criar outras fontes de renda, falo principalmente em gerar remunerações providas de outras atividades que diferem do seu trabalho principal, podendo ser considerada como uma simples renda extra, ou como uma segunda, terceira ou quarta fonte geradora de ganhos financeiros.

A princípio já devo me adiantar em dizer que, para isso, existem dois caminhos, duas categorias que podem levá-lo a conquista dessas remunerações adicionais:

A primeira é através da RENDA ATIVA, aquele tipo de remuneração a qual provém do trabalho presencial, isto é, é necessário a dedicação de tempo e esforço físico para a realização do mesmo, o que se assemelha ao trabalho convencional.

A segunda é através da RENDA PASSIVA, aquele tipo de renda que não requer a atividade constante e direta por parte do indivíduo, o que não depende necessariamente da atuação presencial do envolvido como no caso anterior.

No capítulo nove deste livro (Planejamento de Vida), quando montamos um planejamento modelo e plantamos a "Árvore da Prosperidade" do casal Pedro e Alice, foi mencionado brevemente sobre a importância de o casal criar outras fontes de renda para que eles pudessem acelerar o processo de concretização dos seus objetivos.

No caso deste casal que tomamos como exemplo, a etapa de vida dos dois, bem como as particularidades as quais foram desenhadas naquele planejamento modelo, faz da RENDA ATIVA a opção de renda extra que mais se encaixa ao momento de vida do casal.

Primeiro que os dois são jovens e estão começando a vida, cabe muito bem encaixar um trabalho extra para aumentar a renda familiar do casal, exceto, é claro, quando chegar o momento dos dois terem o primeiro filho, eliminando assim esta opção para a Mamãe Alice. E segundo que, há muitas questões a serem analisadas antes de se pensar em usufruir dos possíveis rendimentos de uma renda passiva, e isso não só na vida financeira deste casal, como na vida de qualquer pessoa que queira seguir pelo CAMINHO DA FORTALEZA.

Aliás, essas questões analíticas as quais sinalizei serão na verdade um dos temas principais deste capítulo, até porque, é obrigatoriamente necessário passar primeiro por esses questionamentos para entendermos de fato em qual etapa de vida financeira você se encontra, assim evitaremos qualquer tipo de equívoco em seu planejamento que o faça regredir em relação a concretização dos seus objetivos.

Também é conveniente dizer que este capítulo será um pouco mais extenso em relação aos demais, por justamente se tratar de um tema extremamente importante na continuidade do seu projeto. Logo, o aconselho a programar a sua leitura para que a leve naturalmente e progressivamente, sem impor muitas interrupções dispersivas que possam atrapalhar o seu autoentendimento.

O capítulo como um todo será dividido em 3 artigos principais:

O primeiro será sobre Renda Ativa, em que falarei sobre as suas particularidades, como também darei dicas de como seguir por este caminho na criação de outras fontes de renda;

O segundo será sobre Gestão Financeira, em que pautarei todas as etapas evolutivas e necessárias para o alcance de uma vida financeira saudável e controlada;

E o terceiro será sobre Renda Passiva, um rico conceito que abrirá a sua mente no que diz respeito a proteção e multiplicação dos seus ativos.

Acerca disso, o recomendo a ler cada artigo separadamente e sem interrupções, ou todo o capítulo de uma vez só, assim você aproveitará e filtrará melhor as informações aqui contidas.

Todo conteúdo aqui exposto mostrará a você a relevância do dinheiro no alcance dos seus objetivos, bem como a importância dele na construção da sua PROSPERIDADE. Espero que os meus argumentos possam contribuir de alguma forma para a sua estabilidade financeira, como também para uma possível independência ou liberdade, dependendo obviamente de quais situações fazem parte dos seus objetivos de vida.

Bem sabemos também que as boas orientações proporcionam a valer um verdadeiro direcionamento, e isso de fato é uma importante ferramenta de trabalho para o alcance dos bons resultados. Porém, nunca é demais em dizer que toda mudança de fluxo que o faz sair de um cenário de vida ruim para um outro completamente oposto parte exclusivamente de você, da sua coragem e da sua disposição para alcançar tudo aquilo que pretende.

RENDA ATIVA

Conforme mencionado anteriormente, a RENDA ATIVA é uma categoria de remuneração financeira relacionada a ganhos gerados a partir de um trabalho ativo, sendo necessária uma certa dedicação de tempo e esforço físico para conquistá-la.

Através da RENDA ATIVA, você pode adicionar novas fontes de renda de mil maneiras possíveis, isso dependerá somente da sua criatividade e da sua própria força de vontade.

Para exemplificar esta classe de receita, podendo até servir como ideias sugestivas, vou trazer aqui algumas alternativas de trabalho pertencentes a esta categoria, até para que fique mais claro sobre o real assunto que estamos tratando.

O primeiro segmento que trarei como exemplo trata-se do campo de trabalho mais tradicional quando o assunto é renda extra, estou me referindo ao segmento de VENDAS.

Em formato de exemplo prático, esta opção pode ser descrita da seguinte maneira: o João ou a Maria trabalham 44 horas semanais em uma determinada empresa e, nas horas vagas, vendem roupas para pessoas dos seus círculos de amizade e convívios. Logo, essa renda extra os ajuda no orçamento mensal, sobretudo na concretização dos seus objetivos pessoais.

Posso dizer que esta é a maneira mais simples de mencionar um exemplo de trabalho extra na categoria RENDA ATIVA.

Pressupondo que o universo das vendas seja uma alternativa compatível com a sua realidade ou com as suas habilidades pessoais, posso sugeri-lo a iniciar esta jornada oferecendo a amigos, familiares e colegas de trabalho, itens como: roupas, calçados, joias, bijuterias, perfumes, cosméticos, acessórios de moda, itens de decoração, itens de cama, mesa e banho, produtos eletrônicos, de tecnologia, suplementos alimentares, alimentos congelados, entre outros. Há uma infinidade de possibilidades dentro do universo das vendas. Afinal, quase tudo pode se tornar um produto comercializável, desde banana, torneira e garrafa pet a um pedregulho úmido comumente encontrado nas águas marinhas de algum lugar paradisíaco.

Já no setor culinário, você já pensou em vender aqueles biscoitos deliciosos que você prepara e que seus amigos tanto elogiam? E aquele seu hambúrguer gourmet, já pensou comercializá-lo? Esta alternativa vale também para doces, salgados, bolos de aniversário e até mesmo as famosas marmitas, as quais você pode preparar e vender nos finais de semana, levando-se em conta que de segunda à sexta-feira você atua no seu emprego de onde vem a fonte de renda n° 1.

Se você possui motocicleta, você pode realizar entregas para bares, lanchonetes e restaurantes no período noturno, onde normalmente se passa o período de folga do seu trabalho principal, e as entregas *deliveries* nesses pontos comerciais acontecem com mais frequência e volume.

Caso você more em uma cidade turística, você já pensou em intermediar locação de imóveis para temporada? Você já pensou em vender algum produto típico e específico ao turismo da sua cidade? Fique ligado, você pode ganhar um bom dinheiro atuando neste segmento.

Se você é um profissional com alguma especialização no ramo de atividade que exerce, como, por exemplo: eletricista, pedreiro, encanador, marceneiro, pintor, cozinheiro, cabeleireiro, manicure, pedicure, esteticista... enfim, e atua como empregado em uma determinada empresa, você pode usar as suas habilidades profissionais para também realizar trabalhos autônomos fora do horário do seu expediente. Assim, você turbinará a sua receita mensal sem precisar se desviar da sua função profissional, e isso vale para qualquer identidade de gênero, independentemente de quais sejam as suas atividades ou profissões.

Para as pessoas que possuem alguma habilidade específica, poderão elas realizar trabalhos avulsos para pessoas ou empresas que necessitam da sua dominância, os chamados *freelancers*. *Freelancer* é o termo inglês utilizado para denominar o profissional autônomo que trabalha com diferentes empresas e capta seus clientes de forma independente. Ou seja, é o profissional que atua sem vínculo empregatício formal.

Para exemplificar esta opção de trabalho extra, posso citar algumas prestações de serviços, como: edição de vídeos, revisão e edição de textos, redação e tradução de língua estrangeira, criação e reprodução gráfica, serviços de áudio e som, aulas particulares, consultoria, publicidade e propaganda, ou qualquer outra opção de trabalho que encaixe nesta modalidade autônoma.

Há também os trabalhos extras designados de algum talento pessoal, como: desenhos, pinturas, artesanatos, esculturas, dança, canto, música, teatro, esportes... isso sem contar uma infinidade de outros trabalhos que poderiam servir como trabalho extra, como: faxinas residenciais, garçonaria, limpeza de carros, limpeza de piscinas, jardinagem, carregamento ou transporte de mercadorias, cuidados com idosos e crianças, passeios com animais de estimação, seguranças, panfletagem etc. etc. etc. Há de fato uma imensa nuvem de oportunidades pairando sobre nossas cabeças.

Em suma, a grande maioria dessas categorias de trabalho as quais citei como exemplo, bem como as atividades mencionadas de maneira sugestivas, fazem parte de uma categoria de trabalho mais tradicional e existem desde quando o arco-íris ainda era preto e branco.

Por outro lado, existe um universo paralelo a tudo isso, onde o crescimento e as remunerações financeiras podem atingir patamares elevadíssimos e exponenciais. Estou falando de um sistema global de redes de computadores que permite o compartilhamento instantâneo de dados entre os dispositivos, estou falando da *INTERNET*.

Através da *internet* é possível explorar e potencializar ideias em proporções gigantescas e até inimagináveis, visto que a cada novo dia surge também uma nova revolução dentro do universo digital. Desse modo, não vejo a necessidade de aprofundarmos tanto sobre o assunto, até porque não podemos nos desviar do foco principal que engloba todo o conteúdo do livro. Por isso, serei breve e objetivo, será apenas para alertá-lo da quantidade de oportunidades existente por trás da *internet*, principalmente quando se trata de faturamento e geração de renda.

Hoje em dia se tornou comum nos depararmos com relatos de pessoas que ficaram milionárias trabalhando somente através da *internet*, e se incluirmos também nesta conta o universo dos *games*, os números, tanto de pessoas quanto do saldo total disponível em suas respectivas contas bancárias, saltarão de forma explosiva e espantosa.

Sob o meu ponto de vista, um dos segmentos pertencentes ao universo digital que mais carrega potencialidade em transformar OPORTUNIDADE em RENDA é a <u>criação de conteúdo</u> na *internet*.

A produção de conteúdo para web é o processo pelo qual as empresas e entidades oferecem informação, seja para solucionar uma dúvida ou problema, seja para prover entretenimento ou integrar a base de conhecimento dos usuários da internet.

Nesse ínterim, pode-se dizer que toda e qualquer pessoa pode criar conteúdo na internet explorando algum assunto de sua dominância, como, por exemplo: conteúdos sobre moda, saúde, esporte, música, alimentação, economia, comédia, entretenimento...e esses conteúdos podem ser expostos através de *Vlogs, Blogs, Sites* ou páginas em redes sociais.

Quando você cria um conteúdo e o expõe na *internet,* você automaticamente proporciona visibilidade daquilo que está sendo explorado, logo, essa exposição construirá um público fiel que absorverá e fomentará as suas ideias. E este público é chamado na indústria digital de TRÁFEGO.

O tráfego digital nada mais é do que a movimentação dos usuários por páginas na *internet.* Basicamente, quanto mais tráfego você tem, maior é a visibilidade do seu negócio, do seu produto ou do seu serviço. Ou seja, quanto maior for a exposição do seu *business* na *web,* maior será a probabilidade de as vendas serem concretizadas, tanto na facilidade, quanto na quantidade e volume, ocasionando assim uma alta potencialidade de monetização e lucratividade.

Esta analogia se trata do mesmo conceito de monetização do rádio e dos canais de televisão, que são os pioneiros da publicidade. Aliás, podemos considerar que a exposição de conteúdo através das plataformas digitais nada mais é do que uma evolução dos meios de comunicação mais tradicionais, uma vez que as pessoas estão cada dia mais optando por entretenimento conectados à *internet* ao invés das ondas eletromagnéticas.

O tráfego nesses dois cenários, representaria a audiência, isto é, um grande fluxo de pessoas assistindo o mesmo conteúdo no mesmo canal ou mesma plataforma. Logo, as empresas interessadas pagam a esses canais para divulgarem os seus produtos, como também para vendê-los diretamente.

Por outro lado, as pessoas criadoras de conteúdos *web*, que são na verdade mais conhecidas profissionalmente como Influenciadores Digitais, aproveitam o seu alto tráfego de seguidores para também construir o seu próprio *business*, seja através de vendas diretas ou indiretas.

A venda de produtos ou serviços diretos refere-se à comercialização de itens da sua própria loja, como também serviços profissionais derivativo do seu próprio negócio. Um exemplo desta categoria são influenciadoras digitais que criam conteúdos na *internet* voltados a moda feminina e usam esta conectividade para divulgar e vender os produtos de suas lojas.

Já a venda de produtos ou serviços indiretos refere-se ao mesmo conceito das vendas diretas, porém comercializando produtos ou serviços de terceiros, uma espécie de representação de vendas de uma loja ou de uma empresa. E esta operação indireta é muito conhecida na indústria do comércio eletrônico como VENDA AFILIDADA.

A venda de produtos e serviços afiliados nada mais é do que vender um produto de um terceiro e receber uma comissão pelo serviço prestado, semelhante a qualquer tipo de operação de venda física e presencial. E quando falo de um terceiro, falo da possibilidade de representar as maiores empresas de varejo e *marketplace* do mundo, como *Walmart, Amazon, Alibaba* e as maiores aqui no Brasil, como *Magazine Luiza, Pão de açúcar* e *Carrefour.*

O processo de venda afiliada funciona da seguinte forma:

1°) O vendedor afiliado capta o cliente através da sua influência digital;

2°) O vendedor expõe o produto afiliado através de um anúncio ou propaganda, criando uma espécie de chamariz que faça o cliente se interessar pelo produto;

3°) Neste anúncio ou propaganda, o vendedor insere um link de acesso para compra do produto (sendo que este link contém o vínculo único com todas as informações do vendedor), e ao clicar o cliente é automaticamente direcionado para a página da empresa mantenedora, em que o item está exposto para venda.

4°) Já em contato com a página de comercialização, o cliente efetua a compra do produto ou a contratação de um determinado serviço e o vendedor afiliado recebe a devida comissão pela indicação do mesmo.

Todo esse processo, que inclui desde a afiliação do vendedor até o recebimento das devidas comissões, normalmente é administrado e controlado por empresas *online* que trabalham especificamente no gerenciamento de produtos e serviços afiliados, como, por exemplo: *Hotmart, Monetize, Eduzz*... e através delas você consegue tanto vender produtos e serviços de outras entidades, como também expor os seus próprios para que outras pessoas vendam, seguindo este mesmo procedimento apresentado.

Agora pense consigo, imagine milhões de pessoas acompanhando sua página e o seu trabalho através das plataformas digitais, a partir do momento que você propaga um produto normalmente atrelado ao conteúdo de sua influência, toda aquela multidão de seguidores diretos e indiretos visualizarão o seu anúncio, logo as vendas poderão ser concretizadas na mesma velocidade em que os minutos do relógio se movimentam, de forma espontânea e constante. É realmente um mercado com um grande potencial.

É claro também que você pode ter o seguinte pensamento. *"Ah, mas eu não me sinto à vontade me expondo da internet e também não sei se levo jeito pra coisa."*

Tudo bem, acho que me identifico em partes com você, como também respeito os dois lados. Mas, você não precisa necessariamente criar conteúdo na *internet* para trabalhar com vendas online, você consegue fazer isso simplesmente se afiliando a um produto e anunciando-o em sites de comércio eletrônico, como *Mercado Livre, OLX, eBay*...

Como também você não precisa se afiliar a um produto em sites específicos de afiliação para trabalhar com vendas na *internet*, você consegue fazer isso simplesmente fechando parceria com alguma loja física da sua região e realizando o mesmo processo de comercialização. Tem muita gente ganhando dinheiro na *internet* vendendo produtos indiretos de lojas situadas até mesmo no bairro onde moram, simplesmente anunciando-os nas suas redes sociais ou em sites voltados ao comércio eletrônico, criando uma espécie de ponte que interliga o cliente ao lojista.

A *internet* nada mais é do que uma vitrine virtual onde as pessoas estão o tempo todo passando e observando. Se o seu produto ou serviço estão ali expostos para as pessoas olharem 24 horas por dia, logo você venderá mais e consequentemente ganhará mais dinheiro. Muitos dos exemplos de trabalhos citados anteriormente na categoria mais tradicional podem ser facilmente impulsionados através da *internet*, seja através da criação de conteúdo ou simplesmente fazendo divulgações e propaganda da sua marca. E a equação para este conceito é muito simples:

Produto + Tráfego + Divulgação = Venda = **Renda**

E não precisamos ir muito longe para compreender a magnitude existente por trás da *internet*, basta repararmos em nosso cotidiano e perceber a frequência com que as pessoas estão conectadas virtualmente através dos seus *smartphones*, *tablets* e computadores. A conectividade virtual já se tornou algo tão simples e comum quanto respirar o oxigênio que necessitamos para sobreviver, é somente uma questão de audácia e criatividade própria para transformar tudo isso em negócio e renda.

Por outro lado, é necessário destacar que a *internet* não se trata somente de um mecanismo de trabalho usada somente para a alavancagem de vendas. Na verdade, toda cadeia produtiva do planeta está de alguma forma vinculada à conectividade virtual.

Através da *internet* é possível manter constante a comunicação e a interatividade entre os colaboradores, é possível controlar estoque, produção, finanças, segurança, desempenho... e tudo isso só faz aumentar a produtividade e a lucratividade de todo departamento empresarial, abrindo ainda mais espaço para as possibilidades e oportunidades no que diz respeito a RENDA ATIVA.

Além disso, vale ressaltar também que há uma lista extensa de profissões existentes no mercado de trabalho que são exercidas de forma 100% remota, isto é, por profissionais que exercem e operam trabalhos à distância, o que torna a *internet* uma ferramenta de trabalho extremamente essencial para eles. Aliás, muitos profissionais que não estavam acostumados a trabalhar de forma remota tempos atrás tiveram a necessidade de se ingressar no modelo *home-office* após o surgimento da pandemia da COVID-19, no início de 2020.

Inclusive, segundo o portal de notícias CNN Brasil, a procura por profissionais de tecnologia, os quais estão diretamente relacionados a trabalhos remotos, cresceu 671% durante a pandemia e, a meu ver, esses números só tendem a crescer no futuro.

Notadamente, há de se perceber que constantemente estamos passando por momentos de transformações, e bem sabemos que as novas tecnologias contribuem demais com toda essa gigantesca metamorfose, principalmente no que diz respeito à produção e a empregabilidade.

A todo momento surgem novas ideias, novos modelos de trabalho, novos mecanismos atrelados à *internet*, como também a manufatura de modo geral. E isso tudo só vem a somar e a possibilitar o seu autodesenvolvimento e a sua evolução como profissional, criando assim diversas possibilidades para um impulsionamento da sua vida financeira.

Neste primeiro artigo eu quis mostrar a você uma prévia da vasta quantidade de alternativas disponíveis para você criar remunerações adicionais através da RENDA ATIVA, tanto no meio físico, seguindo o caminho mais tradicional, quanto no meio digital, através dos recursos da *internet*.

Só o que não dá para aceitar é vê-lo de braços cruzados questionando e lamentando a sua atual realidade financeira, sem ao menos mover um dedo para alterá-la. Pois, enquanto você perde tempo se limitando e enfatizando as dificuldades, milhões de pessoas estão arregaçando as mangas e faturando muito com esse universo de oportunidades a sua inteira disposição.

GESTÃO FINANCEIRA

Após uma breve apresentação no início deste capítulo, sobre a importância de se ter mais de uma fonte de renda na busca constante pela PROSPERIDADE, iniciamos a abordagem dos temas falando sobre a RENDA ATIVA, a primeira categoria de remuneração financeira das duas principais opções existentes.

Já em relação a segunda, como bem-dito anteriormente, se trata da RENDA PASSIVA, aquele tipo de remuneração que não necessita necessariamente do trabalho ativo.

No entanto, antes de avançar para essa etapa do processo, é necessário passarmos pela fase da GESTÃO FINANCEIRA, isto é, um processo de gerenciamento que terá como finalidade a administração das suas finanças, além de abordar também todas aquelas questões analíticas mencionadas no início deste capítulo.

Nesta etapa, vamos analisar de forma consciente como anda a sua atual situação financeira se tratando de consistência, organização e controle, pois só assim saberemos se realmente você está apto a avançar para a próxima fase do projeto PROSPERIDADE. Até porque, seria uma total insanidade trafegar pelo CAMINHO DA FORTALEZA acompanhado de uma vida financeira totalmente bagunçada e desorganizada, pois seria muito difícil alcançar os tais objetivos lutando com essas "vestimentas" inapropriadas a batalha.

Sendo assim, iniciarei esse diagnóstico lhe fazendo algumas perguntas voltadas ao assunto, pois precisamos entender e conhecer a fundo o terreno onde você próprio pretende construir e realizar todos os seus objetivos de vida.

Pois bem, vamos começar os questionamentos.

Você que está lendo este livro neste exato momento, VOCÊ POR ACASO POSSUI O HÁBITO DE ANOTAR AS SUAS DESPESAS MENSALMENTE OU FAZ ALGUM TIPO DE CONTROLE FINANCEIRO, SEJA EM UMA PLANILHA OU NO BOM E VELHO CADERNINHO DE ANOTAÇÕES?

Outra coisa... VOCÊ JÁ FORMOU A SUA RESERVA DE EMERGÊNCIA?

POR ACASO POSSUI ALGUMA RESERVA DE NECESSIDADES?

VOCÊ JÁ ADQUIRIU O HÁBITO DE POUPAR TODOS OS MESES?

POSSUI ALGUM TIPO DE INVESTIMENTO?

Bom, agora é provável que você esteja pensando: *"Vixe, lá vem mais um com esse papo de economia."*

Embora seja um assunto do momento, economia não se trata de uma tendência, mas sim de uma das mais importantes áreas a serem dominadas quando se pretende alcançar a PROSPERIDADE. A diferença é que hoje em dia as pessoas possuem mais acesso às informações, estão expostas a novos mecanismos que as levam diretamente a assuntos dos mais variados tipos. O que é de muita valia por sinal, pois da mesma forma que as novas tecnologias nos deixam mais expostos a coisas destrutivas, também nos beneficiam na mesma proporção com assuntos que contribuem não só para o nosso intelecto, como também para a nossa própria evolução humana.

Já em relação às perguntas que lhe fiz anteriormente, se a resposta for NÃO para alguma delas, ou para todas, será então necessário realizar alguns ajustes na sua vida financeira antes de se pensar em criar remunerações adicionais através da renda passiva. Até porque, uma simples organização em suas finanças já resultará em sobras no seu orçamento que causarão o mesmo efeito colateral de uma autêntica renda passiva na sua conta bancária.

O primeiro ponto é começar pelo mapeamento dos seus gastos, você deve planilhar todas as suas despesas do mês, sem nenhuma exceção, até mesmo aqueles cinco centavos cobrados do seu Banco visualizado no extrato bancário devem ser lançados, isso permitirá você enxergar com precisão para onde está indo todo o seu dinheiro literalmente.

Se você é casado ou casada, é interessante fazer este procedimento incluindo todos os gastos familiares, assim o controle de vocês ficará mais preciso e eficiente.

Com a realização desses apontamentos, logo você perceberá a existência de despesas as quais pareciam invisíveis, e outras que de fato são totalmente desnecessárias. Inclusive, é exatamente essa a real finalidade deste hábito, servir como um mapeamento financeiro a ser estudado e analisado, não é simplesmente saber o quanto você gastou ou quanto faturou no mês.

Você precisa enxergar com propriedade para onde está indo o seu dinheiro, quais despesas são essenciais e quais não são, quais caminhos você deve seguir referente as suas finanças para atingir determinado objetivo e assim por diante. Pois se você simplesmente anotar e não analisar a fundo a sua realidade financeira, você perderá tempo e dinheiro com a tal ineficiência. Aliás, este controle de gastos é um hábito necessário independentemente da situação na qual você se encontra, até porque seria uma ofensa alguém dizer que está disposto a lutar por uma vida repleta de PROSPERIDADE se ela ao menos se dedica algumas horas do dia, sendo uma vez por mês, para a realização desses apontamentos.

É claro que no caso de pessoas que possuem uma única fonte de renda, sendo ela fixa, e mais meia dúzia de compromissos financeiros em seu orçamento, este hábito realmente não fará tanta diferença assim. Mas, mesmo assim, eu enxergo como uma tarefa necessária e obrigatória, pois se existem poucas despesas no orçamento, existem também mais espaços para o gerenciamento das economias e das possíveis aplicações.

Agora, veja bem, preste atenção. Se você recebe a sua renda mensal no formato VARIÁVEL, isto é, semelhante aos profissionais liberais, autônomos, empresários e comissionados, aí, meu amigo, não há espaço algum para as desculpas, pois não há a mínima chance de PROSPERIDADE na sua vida se você não praticar este hábito todo santo mês, é uma questão até de consciência e de lógica.

Portanto, insira este hábito na sua vida e o mantenha permanentemente, essa é a primeira medida a ser tomada se realmente queres ter uma vida tranquila financeiramente.

Depois dessa etapa concluída, você entrará no escalonamento de prioridades, sendo que essas "preferências" deverão ser tomadas de acordo com a sua atual situação financeira. Ou seja, os próximos passos do processo de GESTÃO FINANCEIRA serão proporcionais à sua realidade presente, de modo que quanto menor for o seu progresso atual, maior será o trabalho necessário para reajustar a suas finanças.

Para lhe ajudar nessa nova empreitada, apresentarei o plano de inteligência financeira que particularmente minha esposa e eu seguimos para administrar as finanças da nossa família. Logo, devo ressaltar que este modelo estratégico NÃO se trata de uma regra, mas sim de uma simples tática que particularmente usamos para gerenciar a nossa vida financeira e consequentemente os nossos planos futuros.

A estratégia que seguimos contém 4 etapas evolutivas, e tratamos cada uma delas como prioridades, isto é, Prioridade 1, Prioridade 2, Prioridade 3 e Prioridade 4, de modo que o avanço para a próxima prioridade depende exclusivamente do sucesso da anterior, principalmente nas 3 três primeiras etapas do planejamento (calma, isso não se trata de um jogo coreano). Em caso de sucesso nas 4 etapas do planejamento, posso lhe garantir que a sua vida financeira mudará radicalmente, podendo facilmente e obviamente dizer, para melhor.

Para maior entendimento vosso, vamos imaginar que a sua situação financeira esteja em um verdadeiro colapso, sendo necessário ajustes extremos para reverter a desastrosa situação na qual você se encontra. Vou aproveitar esta situação modelo para explicar as 4 etapas principais a serem conquistadas e separá-las em ordem prioritárias, para que assim possamos extrair o máximo de conhecimento possível sobre o assunto.

Então, vamos em frente.

Prioridade 1 - Dívidas emergenciais

Em uma realidade financeira totalmente conturbada e descontrolada, a primeira coisa a se pensar para tentar reverter a situação é priorizar o pagamento das dívidas emergenciais. "*E quais dívidas emergenciais são essas, já que tudo parece ser um monstro de 7 cabeças prestes a destruir a minha vida?*"

Bom, você pode considerar emergenciais as dívidas com maior inserção de juros, como as dívidas do cartão de crédito e limite do cheque especial, além de outras que podem ter se transformado em uma "avalanche" de juros devido ao longo período de atraso. Outrossim, as dívidas ecoadas perigosas e aterrorizantes, como empréstimos com garantia de bens e agiotagem, sendo que este último costuma carregar juros elevadíssimos que podem sim ser o monstro de 7 cabeças da sua vida financeira.

Sendo assim, as dívidas emergenciais deverão ser o seu ponto de partida em relação a quitação das suas dívidas, pois não dá para se pensar em poupar, investir ou qualquer outra coisa antes de eliminar essas penitências da sua vida o mais rápido possível.

Um caminho para tentar resolver o problema é buscar em instituições financeiras alternativas de crédito pessoal com juros mais baixos, e assim fazer a quitação das dívidas emergenciais com o recurso adquirido. Mas, claro, desde que as prestações dos mesmos não causem um outro problema semelhante aos que você já tem.

Caso você não tenha mais espaço em seu orçamento para arcar com este novo compromisso, sendo essa uma questão de obviedade, buscar novas remunerações através da RENDA ATIVA pode ser uma ótima alternativa para conseguir a renda extra que você tanto necessita, embora a quitação de algumas dívidas emergenciais já dê este fôlego financeiro em seu orçamento.

Por outro lado, se você não conseguir a aceitação dos Bancos para novos créditos devido a sua conturbada situação financeira, a opção de vender algum bem que te pertence também se torna uma alternativa válida, pois dar um passo atrás nesse tipo de circunstância é uma atitude superinteligente, afinal, se o objetivo principal é viver dias mais tranquilos, sacrifícios são necessários.

Em contrapartida, cabe-se aqui um adendo muito importante. Os Bancos, dos quais você possui dívidas emergências em aberto, provavelmente aceitarão com uma certa facilidade o levantamento de um novo recurso financeiro em formato de negociação, uma vez que não é nada interessante aos mesmos ter em sua carteira dívidas impagáveis e um cliente totalmente inadimplente e inoperante. Então, não se acanhe quanto a isso, vá ao campo de batalha e lute com todas as possibilidades disponíveis.

De modo geral, você precisará então fazer uma análise completa da sua atual situação e tentar de alguma forma levantar recursos financeiros para saldar as dívidas emergenciais o mais rápido possível.

Se for preciso trabalhar 4 horas a mais por dia para aumentar os seus ganhos, trabalhe. Se for preciso vender alguns pertences que você considera não são essenciais, venda-os. Se for preciso até desfazer do seu carro para levantar um recurso financeiro maior, venda-o, mesmo que você fique por um tempo dependente do transporte público ou de aplicativos, depois quando as coisas se acalmarem você vai restabelecendo a sua vida como era antes, isso faz parte do processo.

Então, tenha humildade e atitude, faça alguma coisa para construir possibilidades de eliminar as dívidas emergenciais da sua vida o mais rápido possível, só assim você terá condições psicológicas para reverter a situação desagradável na qual está vivendo.

Prioridade 2 - Reserva de emergência / Reserva de necessidades

Após superar a fase turbulenta das dívidas emergenciais que de fato estavam tirando a sua paz e o seu sono, você partirá para a segunda prioridade do seu plano de inteligência financeira, montar a sua reserva de emergência.

A reserva de emergência é a acumulação de recursos para momentos inesperados. Ela deve estar alocada em um ativo de alta liquidez e baixa volatilidade, para que não haja surpresas quando você, eventualmente, precisar resgatá-la.

A reserva de emergência, como bem descrito, deverá ser usada somente em momentos efetivamente inesperados, como, por exemplo: despesas atreladas a doenças, acidentes, falecimentos, desemprego, sinistros, ou para qualquer outra coisa que você considere primordial na sua vida.

O mais importante é você entender que não poderá usar a reserva de emergência por qualquer aperto financeiro que venha ocorrer, até porque, se isso acontecer, a sua reserva de emergência perderá o seu real significado. E para que isso não aconteça sobre nenhuma hipótese, entra em cena o papel da reserva de necessidades.

A reserva de necessidades faz exatamente esta função de amparo financeiro quando algo sair fora do eixo, como também servirá para pagamento de despesas temporais, como: IPVA, IPTU, seguros, revisões do carro, reparos residenciais, viagens e outras despesas esporádicas de menor relevância.

Em resumo, as reservas de emergência e de necessidades servirão como proteção aos imprevistos que certamente virão na sua vida, sobretudo revitalizarão a sua saúde financeira para que você não volte a entrar nas dívidas emergências das quais você acabou de sair.

Até porque, se você parar para analisar, toda vez que surgir um imprevisto financeiro na sua vida e você não possuir nenhuma reserva para suprir a devida necessidade, você automaticamente ficará condicionado a criar mais uma dívida parcelada, ou até mesmo se tornar inadimplente novamente, justamente por não ter uma bendita reserva de emergência a sua disposição.

E convenhamos, caso esta situação aconteça na sua vida, como fica o planejamento de vida que você veio articulando todo esse tempo? Você adiará mais uma vez para uma data que certamente não existirá? Ou desistirá de uma vez por todas de lutar pela concretização dos seus objetivos?

Então, não despreze sob nenhuma hipótese essas proteções do seu plano de inteligência financeira, pois, indiscutivelmente, se trata de uma obrigatoriedade.

Já em relação a uma quantia necessária, ou mesmo uma porcentagem de valores referente a uma possível poupança mensal para suas formações, não decretarei nenhuma regra. Até porque, não seria correto da minha parte fixar números em algo totalmente relativo, cada caso é um caso, cada pessoa possui um estilo de vida completamente diferente da outra, enfim, não dá para decretar isso e aquilo. Porém, fica combinado entre nós o seguinte, você precisa formar essas duas reservas financeiras custe o que custar, para que o seu projeto PROSPERIDADE não vá para o ralo na primeira ou em qualquer outra objeção que venha ocorrer.

Então, poupe o máximo que puder o mais rápido possível e junte uma quantia financeira suficiente para adquirir essas duas importantes proteções, assim você vestirá as armaduras que o protegerão no campo de batalha, aumentando assim as suas chances de vitória em relação aos seus principais objetivos de vida.

Prioridade 3 - Dívidas parceladas

Agora que você está protegido financeiramente com a montagem consciente das reservas de emergência e de necessidades, você partirá para terceira prioridade deste planejamento financeiro, a amortização das dívidas parceladas.

Eu considero dívidas parceladas todas as despesas que são pagas através de prestações, como, por exemplo: financiamentos, empréstimos, consórcios, compras parceladas no cartão de crédito, parcelas no crediário etc.

Nesta fase, também caberá escolher algumas prioridades em ordem mais "prejudiciais" ao seu bolso. Isto é, você deverá priorizar a amortização das prestações com maior inserção de juros juntamente com a intenção de aliviar o mais rápido possível o montante de compromissos financeiros que você possui.

Por exemplo, se você realmente fez o empréstimo pessoal para cobrir as despesas emergências as quais foram o assunto principal da primeira prioridade, essa despesa deverá ser a sua primeira prevalência de amortização, pois além de se tratar de uma dívida com juros mais altos em relação aos outros compromissos, o prazo desta dívida não deve ser tão longevo como a de um financiamento habitacional, por exemplo. Isso além de aliviar o montante de juros pagos até o final deste compromisso, logo você desinchará o seu orçamento mensal com a quitação de mais um compromisso. E será com este pensamento que você escalonará o restante das suas dívidas parceladas, pois com pequenos avanços somados de forma constante a sua realidade financeira mudará drasticamente.

E antes que você me pergunte através do seu pensamento criterioso no bom sentido da palavra, já me adiantarei a respondê-lo que SIM, todas as despesas parceladas as quais você se compromete a pagar em "leves" prestações também se trata de dívidas. Mesmo que seja a parcela do financiamento da casa que fazia parte dos seus maiores objetivos de vida, mesmo que seja aquela camiseta de R$ 30,00 parcelada em duas vezes no cartão de crédito, mesmo que seja uma compra parcelada em 10x "sem juros" (que de "sem juros" não tem é nada), enfim, por mais inofensivo que seja o valor empírico do seu compromisso financeiro em relação a sua renda, se for despesa parcelada, é DÍVIDA.

Eu sei que parece tentador olhar para aquela TV de "n" polegadas na loja de varejo e pensar que você pode levá-la para casa pagando somente dois dígitos por mês referente ao valor das prestações. Mas pense, este compromisso perdurará em sua planilha de custo mensal por um longo período, e em todo esse tempo a sua renda ficará comprometida proporcionalmente ao valor da parcela firmada. Agora, imagine um grande acúmulo deste hábito fazendo parte da sua vida financeira? O seu salário sempre trabalhará no limite da sua capacidade, já pisando com meio pé na linha do descontrole.

Se a sua geladeira queimou e você precisa de uma nova urgentemente, use a reserva de necessidade ou até mesmo a de emergência, mas não vá correndo buscar uma nova parcelada em "70 vezes" no cartão de crédito. Por isso até, a importância de se ter as devidas proteções financeiras em seu planejamento.

As dívidas parceladas só parecem inofensivas, mas de boazinhas elas não tem é nada. Elas são como medicamentos tranquilizantes que iludem a sua capacidade de dormir, o seu problema de insônia será resolvido momentaneamente, mas com o passar do tempo essas drogas trarão outros problemas a sua saúde, sendo uma delas a dependência. E este será o efeito que as dívidas parceladas causarão na sua saúde financeira, pois cada novo uso desta má escolha, você se torna mais impotente e menos capaz, uma vez que o seu poder de compra diminuirá proporcionalmente aos seus compromissos firmados.

A questão aqui, vale ressaltar, não é o fato de não fazer compras ou dívidas parceladas de jeito nenhum, mas fazê-las de modo descontrolado, sem consciência, sem motivos, sem planejamento... ainda mais se na sua atual situação financeira não existir a necessária reserva de emergência ou de necessidades das quais falamos anteriormente.

Veja como exemplo quando relatei sobre as conquistas dos meus objetivos de vida pós ano de 2015, em que constava naquela lista de benções dois financiamentos habitacionais: a construção da nossa casa familiar e o imóvel pronto para minha Mãe morar. Pois então. Você acha que aqueles dois compromissos financeiros foram realizados por impulso e sem nenhum tipo de planejamento que não nos fizesse sentido as devidas escolhas? Será então que sou totalmente contra o fato de ter dívidas parceladas em seus respetivos orçamentos? Inclusive até, esses dois compromissos financeiros os quais fizemos naquele período, que se trata de contratos de prazos mais longevos, ambos com 30 anos de duração, já NÃO estão mais presentes em nossa planilha de orçamento de gastos mensais, pois no momento que escrevo essas dissertações realizamos a quitação do último deles que faltava.

Por conta disso até, mesmo que este compromisso do financiamento habitacional que tomei como exemplo faça parte também dos seus respectivos objetivos de vida, essa DÍVIDA PARCELADA também deve entrar neste conceito de amortização, assim como minha esposa e eu fizemos em relação aos nossos, que quitamos muito antes de prazo. Pois assim, com pequenos avanços gradativos, você eliminará qualquer tipo de dívida do seu orçamento, e poderá passar de pagador de juros a recebedor de proventos, caso você conquiste a próxima prioridade deste exemplo de planejamento financeiro.

Prioridade 4 - Poupar / Investir

Agora que você organizou a sua vida financeira, sobretudo criou um plano para eliminar todos os tipos de sugadores de renda da sua vida, chegou o momento então de iniciar a colheita dos frutos desta semeadura.

Nesta quarta prioridade, o foco principal será poupar parte do seu salário para fins de investimento, para que posteriormente essas fatias se multipliquem em função dos seus rendimentos ou da sua valorização, além também de proteger o seu dinheiro perante a inflação que certamente ocorrerá durante toda a sua trajetória.

No primeiro momento, você pode até achar que o hábito de POUPAR se trata de uma tarefa difícil, uma vez que a maioria das pessoas acreditam que os seus respectivos salários mal dão para pagar as suas contas do mês. No entanto, há de se lembrar que você é o ator ou a atriz principal desta trama financeira que lhe induzi a participar, isto é, você já concluiu aqui as 3 primeiras etapas do processo de GESTÃO FINANCEIRA, até mesmo já se livrou de bloqueios mentais como este que o impedem de progredir, então, bora lá que você tem sim a total capacidade de vencer mais este desafio.

Na verdade, o hábito de poupar mensalmente você já o praticou neste planejamento financeiro e talvez não tenha percebido. Pois como você já passou pela montagem das reservas de emergência e de necessidades, como também pela fase de amortização das dívidas parceladas, provavelmente em algum momento deste ínterim você fez uso deste excelente hábito na sua vida. Agora, só o que você precisa fazer é seguir com essa disciplina pelo tempo que for preciso em função dos seus objetivos de vida.

Aliás, o hábito de poupar todos os meses, será preciso exercê-lo praticamente em todas as etapas prioritárias que apresentei neste modelo, exceto, é claro, nas dívidas emergências, pois sair delas será a sua primeira e principal necessidade de "sobrevivência".

Para dar mais engajamento a esta condição, posso citar uma frase clássica dita com frequência em artigos de economia e finanças pessoais: "*paga-se primeiro e com o restante pague as suas contas*". A meu ver, essa é uma forma simples e eficiente para ajudá-lo a manter constantemente esta disciplina ativa, além também de ajudá-lo a controlar o padrão de vida em relação a sua renda mensal.

Apesar disso, a maioria das pessoas fazem justamente o contrário, pagam todas as contas do mês e, caso sobre alguma coisa, poupam. Embora quase sempre não sobre, como até falta, exatamente por seguir o caminho inverso do processo.

Pensa comigo, você paga tudo: o aluguel da casa, a prestação do carro, as compras do supermercado, água, energia, cartão de crédito, enfim, tudo, menos você. A sua principal prevalência deve ser você mesmo, o seu esforço e o seu empenho devem ser literalmente recompensados por mais um mês de trabalho e dedicação, até porque a sua motivação e a sua disciplina necessitam desse incentivo para se manterem ativos.

Sobre as porcentagens estabelecidas para esta poupança mensal, segue conforme eu disse anteriormente, não decretarei nenhuma regra, uma vez que depende significativamente da situação financeira de cada pessoa envolvida. No entanto, se você conseguir reservar próximo de 20% de todo faturamento familiar, melhor será o seu processo de alavancagem. Mas caso seja uma porcentagem menor, tipo 10 ou 5%, não tem nenhum problema, o importante é progredir, só entenda que quanto menor for o sacrifício, maior será o tempo que levará para alcançar a sua estabilidade financeira.

Por outro lado, é provável também que nesta fase do processo possam surgir algumas dúvidas na sua cachola em relação a destinação do dinheiro poupado, pois uma hora é para reserva, outrora para pagamento de dívidas e agora para investimentos. Afinal, qual a lógica disso tudo?

Muito bem, vamos organizar essa "bagaça".

Primeiro, conforme já foi mencionado, você deve eliminar de uma vez por todas as dívidas emergências, esta será a sua primeira e principal prioridade.

Segundo, você partirá para a formação das 2 reservas financeiras, a de emergência e a de necessidades, e será neste momento que você iniciará a praticidade do hábito de poupar mensalmente. É claro que você pode formar as suas reservas financeiras da maneira que quiser, seja poupando ou fazendo uso de algum recurso que venha surgir no meio do caminho, o importante é você possuir essas duas reservas financeiras custe o que custar.

Depois disso, você partirá para a terceira prioridade, que é o pagamento das dívidas parceladas, e neste momento entra um adendo importante referente às possíveis dúvidas sobre a destinação do dinheiro poupado.

Como pode haver algumas dívidas parceladas em seu orçamento que poderão levar muito tempo para serem totalmente saldadas (ex. financiamento habitacional) e outras que poderão carregar consigo juros menos agressivos (ex. o financiamento do veículo contratado quando a taxa Selic - taxa básica de juros do Brasil - estava baixa), você poderá pensar na possibilidade de iniciar a construção dos seus investimentos simultaneamente às amortizações das dívidas parceladas. Mas... preste atenção, este movimento deve ser feito com muita cautela, sobretudo, com inteligência, pois 99% das dívidas parceladas correm percentuais de juros maiores do que os rendimentos dos seus investimentos. Ou seja, de um lado você pagará mais e do outro receberá menos, não teria muita lógica seguir por este caminho.

Todavia, eu vejo que em casos semelhantes a esses dois exemplos citados, há sim a possiblidade de dividir as duas prioridades, contando é claro que você faça uma análise completa de suas finanças e compreenda economicamente o que será mais vantajoso para o seu bolso. Até porque, não seria legal aguardar até 30 anos para a quitação de um financiamento habitacional, por exemplo, para só depois iniciar a sua jornada de investimentos.

Uma estratégia interessante seria eliminar primeiro todas as dívidas com juros mais altos e as de prazos mais curtos. Depois disso, reparta a sua poupança mensal e destine 50 % para cada finalidade, por isso comentei sobre a possibilidade de separar 20% da renda mensal, pois assim você conseguiria aplicar o número mágico de 10% tanto para a amortização das dívidas parceladas quanto para poupança geradora de renda passiva.

Dessa forma, você continuaria com a missão de eliminar todo tipo de sugador de renda da sua vida financeira e ao mesmo tempo iniciaria a construção dos seus investimentos. Pois quanto mais cedo você adquirir o hábito de construir múltiplas fontes geradoras de renda, ao invés de só pagar juros em cima juros para deus e o mundo, mais rápido você conquistará a estabilidade financeira que tanto deseja.

Logo, é importante ressaltar também que, caso você faça usufruto de alguma quantia financeira significativa no meio do caminho que seja diferente da sua renda mensal e de qualquer outra reserva que você já possui, dê preferência no seu destino ao pagamento das dívidas parceladas, e não de alguma forma para os devidos investimentos. Pois, com a quitação de mais uma dívida parcelada, que provavelmente nesse caso será uma despesa de valor mensal relevante, você aliviará ainda mais o seu orçamento mensal, possibilitando uma poupança mensal maior para os devidos investimentos.

E observe como é importante eliminar todas as dívidas parceladas do seu orçamento. Quando você conseguir a quitação de todas elas, automaticamente abrirá o dobro de espaço da sua poupança mensal para alavancagem dos seus investimentos. Ou seja, se você seguir a estratégia de 20% a qual citei anteriormente, sendo 10% para cada finalidade, depois que todas as dívidas tiverem saldadas a construção da sua "liberdade" financeira passará a usufruir de todo o percentual poupado, acelerando assim o seu progresso e os seus objetivos de vida.

Então, meu amigo(a), crie o hábito de guardar dinheiro o mais cedo possível. Siga o conselho que todos os economistas pregam: *"paga-se primeiro e com o restante pague as suas contas"*. Se o dinheiro não der, diminua os seus gastos e baixe o padrão de vida, pois será um sinal de que você está vivendo em um padrão ao qual a sua realidade financeira ainda não suporta. Porém, logo suportará, caso você mantenha a inteligência financeira em plena atividade durante toda a sua caminhada.

ESTAS FORAM AS 4 ETAPAS PRIORITÁRIAS AS QUAIS ENXERGO COMO PRIMORDIAIS PARA O ALCANCE DE UMA BOA SAÚDE FINANCEIRA.

DEPOIS DISSO, AÍ, SIM, VOCÊ ESTARÁ INTEIRAMENTE PRONTO(A) PARA AVANÇAR A FASE DA RENDA PASSIVA, QUE EVIDENCIA E SOLIDIFICA O CASAMENTO PERFEITO ENTRE O DINHEIRO E A PROSPERIDADE.

RENDA PASSIVA

Antes de adentrarmos ao assunto da RENDA PASSIVA é importante adiantar que neste tópico eu não falarei sobre estratégias de investimentos, modelos de carteira, perfis de investidores, comportamentos, erros, acertos... nada disso, para isso existem livros específicos, profissionais e empresas especializadas que ensinam e operam este tipo de trabalho. Além disso, não haverá sob nenhuma hipótese a tentativa da minha parte de convencê-lo a seguir por um caminho ao qual coincide com os meus próprios interesses, isso seria uma conduta totalmente contrária a tudo que foi dissertado neste original.

O assunto que tratarei é sobre a importância da RENDA PASSIVA na criação de múltiplas fontes de renda, bem como a relevância dela na conservação da sua saúde e qualidade de vida futura.

Pois bem, conforme mencionado no início deste capítulo, a RENDA PASSIVA é a categoria de remuneração financeira que não depende necessariamente do trabalho ativo, diferentemente da RENDA ATIVA, que depende obrigatoriamente da realização de uma determinada atividade presencial.

Por outro lado, se fosse necessário definir o que é RENDA PASSIVA em uma única frase, eu repetiria a clássica, *"NÃO TRABALHE PELO DINHEIRO, FAÇA O DINHEIRO TRABALHAR POR VOCÊ"*, a meu ver, essa frase descreve perfeitamente a diferença entre essas duas classes de remuneração financeira, como também evidencia a potencialidade por trás do principal conceito desta segunda.

Para exemplificar o que é de fato RENDA PASSIVA, que é o sonho de consumo para milhões de pessoas, posso trazer aqui alguns exemplos que se encaixam nesta modalidade, tais como: aluguéis de imóveis; royalties sobre produtos (exemplo livros) ou sobre negócios (exemplo franquias); direitos de imagem; direitos autorais; pensões; juros sobre empréstimo de capital próprio; lucros sobre venda de ativos; e, sobretudo, rendimentos derivativos de investimentos do mercado financeiro, como: ações, fundos imobiliários, CDBs, LCIs, LCAs, CRIs, CRAs, Debêntures e por aí vai.

Logo, após observar esses exemplos de renda passiva citados, e considerando aqui mais uma vez que a sua vida financeira esteja baseada na "trama" de gestão relatada no artigo anterior, pode ser que neste momento você deva estar construindo em seus pensamentos o seguinte questionamento:

"OK, mas como achas que conseguirei ter uma casa de aluguel, ou ser sócio investidor de uma empresa, ou mesmo ter condições financeiras de investir em algum desses modelos de investimentos citados se até hoje o máximo que consegui foi sair de uma montanha de dívidas e juntar duas pequenas reservas financeiras como proteção?"

Antes de responder este questionamento, vou aproveitar a ocasião para provocá-lo devolvendo com uma outra pergunta aparentemente fora do contexto:

Você que está lendo este livro, que está participando desta trama construtiva e didática, VOCÊ GOSTARIA DE UM DIA TER A CONDIÇÃO FINANCEIRA DE INVESTIR EM UMA FRANQUIA DO *MC DONALD´S*? (O investimento inicial hoje em uma franquia do *Mc Donald´s* custa em média uma bagatela de R$ 2 milhões).

"Claro que sim, mas provavelmente passarei a minha vida toda e não conseguirei juntar os R$ 2 milhões necessários."

OK, então agora trarei as respostas dos seus questionamentos, obviamente, sob o meu ponto de vista.

De imediato, já lhe adianto que VOCÊ não é diferente de nenhum milionário, bilionário ou de qualquer outra pessoa que se considere feliz, realizada e que possua várias fontes de renda que a proporcione tranquilidade e qualidade de vida. Todas essas pessoas têm as mesmas condições físicas e biológicas que você, ou será que eles são extraterrestres e eu não sabia? Então, chega de vitimismo.

Já em relação a pergunta sobre a franquia do *Mc Donald´s*... e se eu te disser que você pode sim, neste exato momento, se tornar sócio desta que é a maior cadeia de restaurantes de fast food de hambúrguer do mundo?

Pois é, você não precisa ter R$ 2 milhões na conta para tornar-se sócio dessa gigante, você consegue fazer isso simplesmente investindo de forma proporcional ao valor que você já tem disponível na sua conta bancária. Basta você abrir uma conta (gratuita) em uma corretora de investimentos específica, e com apenas 5 dólares, ou seja, com aproximadamente R$ 30,00 você já consegue comprar uma fração das ações do *Mc Donald's* na Bolsa de Valores Americana, e, assim, se tornar sócio não só de um ponto de atendimento mas também dos mais 37 mil pontos de vendas espalhadas em 119 países.

(Este exemplo refere-se à opção de comprar ações direto na Bolsa de Valores Americana, sendo que no exterior as ações são chamadas de *Stocks,* que nada mais são do que títulos adquiridos por investidores, e que fazem deles donos de uma fração das empresas correspondentes).

Como também você consegue se tornar sócio desta mesma comprando um BDR aqui no Brasil, na Bolsa de Valores Brasileira. *(Os Brazilian Depositary Receipts são certificados que representam ações emitidas por empresas em outros países, mas que são negociadas aqui, no pregão da Bolsa Brasileira).* Atualmente, uma cota de BDR do *Mc Donald's* (empresa a qual estou usando somente para fins de exemplificação didática) custa aproximadamente R$ 70,00. Está vendo como não é tão difícil quanto parece?

Na verdade, você consegue se tornar sócio de qualquer empresa do planeta seguindo este mesmo conceito apresentado sobre as ações do *Mc Donald's,* desde que, é claro, as empresas estejam listadas na Bolsa de Valores para as devidas negociações.

E quando falo em qualquer empresa, falo principalmente na diversificação de oportunidades que englobam os setores de toda cadeia produtiva do planeta, o que traz mais confiança, credibilidade e segurança àquele singelo e humilde trabalhador que busca investir e proteger suas economias conquistadas com tanto suor.

No Brasil, este conceito refere-se ao tradicional mercado de ações, que se trata resumidamente de um ambiente público e organizado para negociação de alguns títulos mobiliários e imobiliários (ações, opções de ações, fundos imobiliários etc.). Logo, as transações podem ocorrer por intermédio das Bolsas de Valores ou nos chamados mercados de Balcão (mercados em que são comercializados títulos não negociados em Bolsas, dentro das normas legais previstas em lei e regulamentos, sem coordenação de entidades privadas de autorregulação).

Basicamente, quando você compra uma ação ou várias de uma determinada empresa na Bolsa, automaticamente você se torna sócio dela, isto é, você passa a fazer parte dos acionistas que incorporam o *business* daquela companhia, passando a ter participação nos possíveis lucros através dos pagamentos de proventos, ou lucrando com a valorização da mesma em função do crescimento e expansão da empresa.

Tecnicamente, as ações negociadas na Bolsa Brasileira, de modo geral, são representadas por *tickers* em formato de siglas, isto é, códigos que representam as ações das empresas no mercado financeiro, sendo eles compostos por 4 letras e, 1 ou 2 números, dependendo do tipo da ação. Pois dentro deste mercado existem as Ações Ordinárias, as quais são terminadas com o número 3, exemplo "ACDF3"; as Ações Preferenciais, que são terminadas com o número 4, exemplo "ACDF4"; e as Units, que são terminadas com o número 11, exemplo "ACDF11".

As Ações Ordinárias (ON), são aquelas que oferecem o direito de voto em assembleias e eleições empresariais. Ou seja, a ON permite que o investidor participe das decisões do negócio, podendo votar em assembleias importantes.

As Ações Preferenciais (PN), não dão direito de voto ao acionista, contudo são "preferenciais" no recebimento de proventos e em caso de liquidação da empresa. Ou seja, no caso de falência ou outro motivo de fechamento da companhia, os possuidores de preferenciais têm maiores chances de recuperar parte de seus investimentos.

Já as Units, são menos comuns no mercado brasileiro, pois são ativos compostos por mais de uma classe de valores mobiliários como, por exemplo, um conjunto de ações ordinárias e preferenciais. Em outras palavras, uma Unit, ou certificado de depósito de ações não é uma ação, mas sim um "pacote" de classes de ativos, que pode ser formado por ações ordinárias, preferenciais e bônus de subscrição.

Agora, para deixar o nosso bate-papo mais singelo e descomplicado, embora trazendo as mesmas e principais mensagens que quero transmitir, vou desenhar uma situação análoga em formato comparativo, incorporando o mercado de ações à nossa realidade do dia a dia, assim poderei também ajudá-lo a desmistificar de uma vez por todas este tema um tanto quanto interessante e ao mesmo tempo oportuno.

Vamos imaginar uma situação em que o Sr. Manoel, o dono da padaria aí da esquina do seu bairro, pretende ampliar o seu negócio abrindo mais dois estabelecimentos na sua cidade. Logo, o Sr. Manoel decide que não realizará este empreendimento sozinho, e então convida mais dois amigos a participarem do seu novo projeto, entrando cada um com uma fatia de todo capital necessário. Assim ocorrendo, tanto o Sr. Manoel como os seus dois amigos investidores passarão desde então a serem sócios da rede de padarias e, consequentemente, todos terão participação proporcional nos resultados financeiros da empresa, sejam eles positivos ou negativos, assim como qualquer outro tipo de negócio envolvendo a relação risco x retorno.

Agora, vamos transferir este cenário da vida cotidiana para o mercado de ações.

Vamos supor agora que, ao invés de convidar alguns amigos para serem sócios da sua rede de padarias, o Sr. Manoel decide lançar a sua empresa no mercado de ações.

Neste segundo caso, basicamente, o empresário lançaria uma série de cotas da sua empresa na Bolsa de Valores, representadas por um *ticker* de código MANL3, por exemplo, com um preço inicial por cota que se resultaria da avaliação do valor de mercado da sua empresa como um todo, dividido pela quantidade de ações que serão lançadas no mercado. Por exemplo:

Se a rede de padarias do Sr. Manoel está hoje avaliada em R$ 1 milhão, e o empresário resolve lançar 100 mil cotas de MANL3 no mercado financeiro, logo, esta divisão resultaria em um preço inicial por cota de R$ 10,00. Basicamente seria essa a equação, embora haja diversos procedimentos e números a serem levantados antes de chegar nesta simples operação matemática.

(A este processo no mercado de ações se dá o nome de IPO (*ai-pi-ou*), do termo em inglês *initial public offering*, que significa Oferta Pública Inicial. O IPO é o processo por meio do qual uma empresa oferece ações para o mercado pela primeira vez, com o objetivo de levantar recursos através dos acionistas para expansão do seu negócio).

Depois do processo de IPO concluído, já com os preços definidos e os papéis efetivamente distribuídos no mercado, qualquer cidadão comum passa a ter a total capacidade de comprar uma fatia de participação da empresa do Sr. Manoel, adquirindo cotas de MANL3 através do mercado de ações, e assim, passarão a ter participação nos resultados financeiros da empresa, da mesma forma que os amigos do Sr. Manoel do caso anterior.

Além do mais, nesta segunda situação, os investidores não necessitariam de um alto valor inicial de investimento, já que uma cota de MANL3 custaria hipoteticamente R$ 10,00 por ação, além também da facilidade para tornar tudo isso acessível e viável, uma vez que é possível realizar cadastros, abrir contas em corretoras e concluir operações na Bolsa de Valores até mesmo pelo seu *smartphone*, sem sair de casa e sem precisar depender de contatos empresariais ou vencer tantas outras diretrizes essenciais existentes em qualquer tipo de parcerias de negócio.

Por fim, se os negócios da rede de padarias do Sr. Manoel apresentarem bons resultados no decorrer das suas operações, provavelmente novos investidores se interessarão a comprar mais cotas de MANL3 na Bolsa de Valores, e isso, tendencialmente, faria com que o preço da cota subisse, por exemplo, para R$ 11,00, ocasionando assim lucros aos investidores que compraram MANL3 a R$ 10,00. Além disso, a empresa poderá distribuir parte dos lucros operacionais aos seus acionistas (os famosos dividendos ou proventos), como também usar grande parte desse capital extra para abrir novas filiais, aumentando consequentemente o seu faturamento e a sua lucratividade.

Viu como esse tema não é tão complicado assim?

Na prática, o objetivo final de qualquer negócio empresarial, seja dentro do mercado de ações ou do nosso próprio cotidiano, é praticamente o mesmo: investir tempo e dinheiro em um determinado negócio a fim de obter faturamento e lucro. Logicamente que há várias nuances a serem observadas e que se diferem nesses dois cenários citados, mas o fundamento, a ideia, o objetivo pelo qual ambos querem alcançar, efetivamente se assemelham.

Diante destas explicações, você percebe que você já tem a total capacidade de se tornar sócio investidor de um grande negócio, da mesma forma que os amigos do Sr. Manoel ou de qualquer outro investidor da Bolsa que você tanto ouve falar por aí? Percebe também que você já tem a total condição de fazer parte de um seleto grupo de pessoas que juntos podem tornar possível a concretização de um grande empreendimento, e não apenas isso, receber também uma proporção dos lucros por ser sócio desse mesmo projeto? E não é bacana isso?

Pois é exatamente esse papel que você fará investindo no mercado de ações, e ainda com muito mais facilidade e diversidade para aplicar e proteger as suas economias.

Imagine você se tornando sócio dos principais Bancos do nosso País, das principais companhias energéticas, das principais estatais, das principais empresas do segmento de Saúde, Seguros, Varejo, Telecomunicações, Construção Civil, Aviação, Alimentação... e melhor ainda, sem precisar possuir um grande capital para isso, uma vez que é possível comprar papéis de empresas na Bolsa de Valores Brasileira por R$ 1,00 até. Isso não é incrível? E tudo isso já está ao seu alcance e a sua inteira disposição.

Eu sei que é provável que você já tenha ouvido falar sobre o assunto, mas também é provável que a sua mente criou alguns paradigmas enviando na caixa de mensagem do seu cérebro, frases do tipo: "Bolsa de Valores é cassino", "só investe quem é rico", e assim por diante. E esses bloqueios mentais simplesmente foram responsáveis por impedi-lo de progredir ou de pelo menos aprender um pouco mais sobre o assunto, exterminando dessa forma qualquer possibilidade de você gerar renda passiva através desta alternativa de investimento.

E não para por aí.

Outro exemplo prático e ainda mais transparente, trata-se de um dos modelos de RENDA PASSIVA que acredito ser o mais conhecido dos brasileiros, os aluguéis de imóveis.

Quem aqui não tem um tio, um primo ou um amigo que possui uma casa de aluguel, um ponto comercial, ou vários imóveis locados que geram renda passiva todos os meses a ele?

Pode ser também que este seja um dos seus objetivos a longo prazo, o que é muito bom por sinal. Mas, se você quiser, você já consegue antecipar este objetivo de forma proporcional ao capital que você já possui para esta finalidade, uma vez que já existem várias opções e oportunidades para isso.

Com pouco dinheiro você já consegue receber aluguéis de casas, apartamentos, escritórios, galpões comerciais, áreas rurais, loteamentos urbanos e até de resorts e shopping centers, sem necessitar de toda quantia financeira necessária para comprar algum desses imóveis fisicamente.

Este conceito se trata da mesma analogia do *Mc Donald's* citada anteriormente, basta você investir de forma proporcional em cotas de Fundos Imobiliários negociados na B3 (Brasil, Bolsa, Balcão) que é a sigla para a Bolsa de Valores oficial do Brasil, e assim você já começa a receber os "aluguéis" em formato de rendimentos/dividendos/proventos.

Aqui no Brasil, os Fundos Imobiliários são chamados de FIIs (Fundos de Investimento Imobiliário), sendo que cada Fundo tem também o seu *ticker* de negociação, que normalmente são compostos por quatro letras e dois números terminados em 11, exemplo: "ABCD11".

Já na Bolsa de Valores Americana (NASDAQ ou NYSE, sendo essas duas as principais), você consegue investir no setor imobiliário através dos REITs (*Real Estate Investment Trusts*) que traduzindo para o português fica uma espécie de "Relações de Confiança sobre Investimento Imobiliário", o que se assemelha aos Fundos Imobiliários do Brasil apesar de carregarem fundamentos contratuais assimétricos.

Os REITs, assim como a maioria das opções de investimento no exterior, não possuem padronização nas siglas que representam as empresas na Bolsa, como no Brasil, não havendo números e quantidade de letras padronizadas. Tanto é que existem empresas Americanas que são representadas por *tickers* compostos somente por uma letra, exemplo: "A".

Sobre as diferenças de se investir em FIIs ou em REITs, o fator que mais se destaca e se evidencia é de fato a moeda na qual ambas são comercializadas. Pois investindo lá fora você também passa a receber os "aluguéis" em Dólar Americano (moeda oficial dos Estados Unidos da América), o que é ainda melhor levando-se em conta que 1 Dólar Americano vale atualmente mais de 5 vezes o valor de 1 Real (moeda oficial do Brasil).

No entanto, os Fundos Imobiliários do Brasil costumam pagar um percentual de rendimento sobre o valor investido maior do que os REITs, mesmo convertendo o valor de uma moeda para outra. Esse parâmetro acontece muito pelo fato do Brasil ser um dos países que mais arrecada com pagamento de impostos, e isso acaba gerando também um percentual maior no campo dos investimentos, como se fosse uma espécie de compensação. Se na prática esse rebalanceamento acaba não sendo justo aos contribuintes, isso já é um outro assunto a ser discutido.

Então, olhando para essas duas opções de investimento do setor imobiliário, de um lado você enxerga os FIIs com um maior percentual de rentabilidade e do outro os REITs com a proteção do Dólar, devido a histórica desvalorização da moeda Brasileira frente as principais economias mundiais. Assim, podemos considerar que esses dois produtos se trata sim, de duas excelentes oportunidades de geração de renda passiva, ainda mais se tratando de investimentos do setor imobiliário, um segmento o qual sempre foi visto pelos brasileiros como ouro em forma de concreto há muitos e muitos anos.

Por outro lado, eu penso que o mais interessante de se ingressar no universo dos investimentos de RENDA VARIÁVEL, que é o caso dos exemplos citados como: Ações, Stocks, BDRs, Fundos Imobiliários e REITs, é sem dúvida a DIVERSIFICAÇÃO.

Se você pensar nos imóveis físicos, por exemplo, talvez venha a sua mente um ou dois setores como alternativas para recebimento de aluguéis, como residências e pontos comerciais. Mas na verdade existem uma infinidade de setores do segmento imobiliário capazes de gerar renda passiva todos os meses a você, e tanto os REITs quanto os Fundos Imobiliários podem te dar esta capacidade com mais facilidade.

Para você ter uma ideia da dimensão abrangente deste mercado, eu relacionei abaixo os principais setores do segmento encontrados nas opções de investimentos em FIIs, sendo que no exterior a gleba deste mercado é ainda mais extensa, uma vez que há muitos setores deste segmento que ainda não foram explorados em nosso País, como fundos que investem em presídios, torres de transmissões, plantações, entre outros.

Os principais setores encontrados nos Fundos Imobiliários brasileiros são:

- Fundos de Desenvolvimento Imobiliário;
- Fundos de Shoppings;
- Fundos de Lajes Corporativas;
- Fundos Imobiliários de Galpões Industriais, Comerciais e Logísticos;
- Fundos de Hotéis;
- Fundos Imobiliários do segmento Turístico;
- Fundos Imobiliários do segmento Educacional;
- Fundos Imobiliários de Hospitais;
- Fundos Imobiliários de Agronegócios;
- Fundos de Fundos;
- Fundos de Compra e Venda de Imóveis;
- Fundos de Recebíveis Imobiliários (CRIs);
- Fundos Híbridos (Papel e Tijolo);
- Fundo de Agências Bancárias;
- Fundos de Varejo;
- Entre outros.

E sabe o que é melhor disso tudo? É que atualmente você encontra opções em Fundos Imobiliários no Brasil por menos de R$ 10,00 por unidade de cota, ou seja, com apenas R$ 10,00 você já consegue investir no setor imobiliário e a partir daí já começa a receber dividendos em formato de aluguel. Sem contar que a grande maioria dos Fundos Imobiliários do Brasil distribui dividendos aos seus acionistas em fluxo mensal, muito semelhante aos aluguéis dos imóveis tradicionais.

Não é incrível isso?

Em suma, esses dois casos análogos citados (Ações/*Stocks* e Fundos Imobiliários/REITs) serviram para mostrar a você que existe um universo de opções e oportunidades para colocar as suas reservas financeiras para trabalhar em paralelo as suas atividades. O que não impede, de maneira alguma, você seguir os seus desejos caso você prefira o lado mais tradicional.

Se você pretende e almeja no futuro ter um imóvel físico para receber aluguéis como renda passiva, ou ter um negócio de "porta aberta" como no exemplo da franquia do *Mc Donald's,* maravilha, nada o impede de alcançar esses objetivos. Como também nada o impede de optar por mesclar as duas formas de investimento, os FIIs com os imóveis físicos, e as Ações com os negócios próprios, o que seria uma escolha superinteligente, já que destacamos a relevância da diversificação.

Sobre o imóvel físico, por exemplo, se você tem o objetivo de comprar ou construir um com o intuito de alugá-lo e ainda não tem todo o capital necessário para tal feito, você precisa então continuar poupando para que no futuro você conclua este objetivo com o devido sucesso. Porém, se você simplesmente guardar suas economias e não fizer este recurso poupado trabalhar através dos investimentos ou nem ao menos protegê-lo da inflação contra a diminuição do seu poder de compra durante o período, a sua caminhada rumo ao objetivo desejado será bem mais longa, ou até mesmo, a tempo inapto. E é aí que entram os conceitos dos investimentos de RENDA FIXA.

Os investimentos de renda fixa, por serem mais conservadores, se tornam opções de investimentos ideais para quem busca aumentar e proteger o seu patrimônio a longo prazo, além disso são ideais para as alocações das reservas de emergência e de necessidades, devido não só ao fator segurança, como também pela facilidade de acesso ao recurso aplicado.

No Brasil, os principais e mais conhecidos investimentos de renda fixa atualmente no mercado, são:

- Poupança;
- CDBs (Certificados de Depósito Bancário);
- LCIs (Letras de Crédito Imobiliário);
- LCAs (Letras de Crédito do Agronegócio);
- Tesouro Direto (investimento no Tesouro Nacional).

Antes de falar sobre os principais conceitos de cada um desses e como eles funcionam, é necessário dizer dois fatores muito importantes que incidem nos investimentos de RENDA FIXA, os indexadores e suas categorias.

Cada contrato de investimento de renda fixa possui um indexador, que é o que determina os percentuais de rendimentos de cada título. E os principais desta categoria de investimento, são:

- **Selic:** A Selic é a taxa básica de juros da economia do Brasil. *A taxa Selic também serve como parâmetro para a atividade econômica nacional. Quanto mais baixa ela estiver, menores serão os juros dos financiamentos bancários, o que pode estimular o aumento do consumo de forma geral.*
- **CDI**: O CDI (Certificado de Depósitos Interbancários) *é a principal referência dos títulos de renda fixa. A sua variação acompanha o movimento da Selic, ficando, aproximadamente, 0,10% abaixo da taxa básica de juros.*
- **IPCA**: O Índice de Preços ao Consumidor Amplo (IPCA), é o índice oficial do governo para medir a inflação no Brasil.

Já em relação as categorias dos indexadores, também se trata de três: Os prefixados, os pós-fixados e os híbridos.

Os **prefixados** são investimentos que possuem um percentual de rentabilidade fixa, firmada no momento da compra de um determinado título, sendo que essa rentabilidade percorrerá durante todo o período de contrato do investimento. Por exemplo, um CDB que rende 10% prefixado ao ano.

Os **pós-fixados** são investimentos com rendimentos atrelados a um dos três indexadores principais de renda fixa mencionados anteriormente, a Selic, o CDI (que está atrelado à taxa Selic) e o IPCA.

Dessa forma, os investimentos pós-fixados terão os seus rendimentos determinados de acordo com o comportamento do mercado macroeconômico Brasileiro, isto é, haverá variações nas taxas de rendimento durante o período de contrato.

E os **híbridos**, são investimentos que possuem rentabilidades que abrangem as duas categorias anteriores, o prefixado e o pós-fixado, como, por exemplo, uma LCI que rende 100% do IPCA + 5% prefixado ao ano.

Sobre os conceitos básicos de cada um dos investimentos citados, vamos começar falando do investimento de renda fixa mais conhecido dos brasileiros, a POUPANÇA.

A poupança tem como indexador a taxa Selic, e é sem dúvida a opção de investimento de renda fixa mais comum e tradicional na vida nos brasileiros, principalmente nas gerações passadas, já que há muito tempo ela deixou de ser uma opção atrativa por conta de os números inflacionários corroerem toda e qualquer tipo de rentabilidade positiva.

A Poupança tem como regra dois critérios de rentabilidade:

- Se a Selic for igual ou inferior a 8,5% ao ano, o retorno da poupança nova é de 70% da Selic + a taxa referencial (TR);
- Se a Selic ficar acima de 8,5% ao ano, a poupança rende 0,5% ao mês + TR, conforme regra antiga.

Grosso modo, se pegarmos como exemplo uma taxa Selic na casa de 8,00% ao ano, e considerarmos a mesma taxa referencial (TR) dos últimos anos que ficou próxima de 0, a Poupança renderia em média 5,60% ao ano (70% da taxa Selic). Já no caso de a Selic estar em 9,00%, a Poupança renderia em média 6,00% ao ano (0,50% ao mês x 12), conforme regra antiga.

No entanto, quando a taxa Selic sobe e ultrapassa a casa dos 8,50%, podendo chegar em números ainda mais elevados, as outras opções de investimentos de renda fixa se tornam ainda mais atrativas do que a Poupança, já que a mesma fica fixa nos 6,00% devido a sua regra de rentabilidade.

Na verdade, em nenhum momento a Poupança superará a rentabilidade de outros investimentos de renda fixa, mesmo descontando os devidos impostos que incidem sobre os mesmos, uma vez que a Poupança não tem essa incidência (assunto este que vamos tratar mais à frente). Sem contar o fator inflacionário que precisa ser obrigatoriamente analisado.

Se o índice de inflação do País (IPCA) estiver na faixa de 10,00% ao ano, por exemplo, o seu dinheiro investido na Poupança perderia um poder de compra anual de 4,00%, seguindo, é claro, a mesma situação da Poupança estar fixada nos 6,00% de rentabilidade. Dessa forma, ao invés de multiplicar o seu dinheiro, você estaria reduzindo quase pela metade o seu poder de compra durante o período de 1 ano, imagine agora se esse dinheiro estivesse guardado embaixo do colchão, você praticamente jogaria fora 10% das suas economias em um intervalo de 12 meses.

Então, fique ligado quando for investir o seu dinheiro, analise a fundo o fator inflacionário para não correr o risco de você cair nesta arapuca chamada defasagem.

Já em relação aos CDBs (Certificado de Depósito Bancário), trata-se de investimentos típicos dos Bancos comerciais, que os utilizam como mecanismos de captação de recursos para implementação no varejo. Ao comprar um CDB você está emprestando dinheiro para o Banco e recebendo juros em troca, e os Bancos utilizam esse dinheiro captado para reinvestir em produtos de sua carteira, como empréstimos pessoais e limites de cheque especial, além de utilizar para capital de giro e aumento de caixa.

Os CDBs têm como indexador principal o CDI, que rende muito próximo dos 100% da taxa Selic, subtraindo apenas 0,10% da taxa anualizada conforme descrito anteriormente.

No mercado financeiro, você encontra várias opções de investimentos em CDBs com rentabilidade próxima dos 100% do CDI (opção mais comum), como também várias outras opções com rentabilidades que variam de 90% até 300% do CDI, aproximadamente. Geralmente, o que determina essa discrepância de rentabilidades dentre essas opções de investimentos são: o fator PRAZO de validade dos contratos, isto é, o período em que os números contratuais de um determinado investimento se mantêm válidos; e uma das mais importantes premissas a ser analisada em qualquer tipo de investimento, a LIQUIDEZ.

A liquidez corresponde à facilidade e velocidade com as quais um ativo pode ser convertido em dinheiro novamente, ou seja, quanto tempo o seu dinheiro fica em poder da instituição que o adquiriu como empréstimo, sem que você tenha a permissão de resgatá-lo antes deste prazo.

Por exemplo, um determinado Banco está oferecendo a opção de um CDB com rentabilidade de 300% do CDI, com prazo final de contrato de 90 dias e uma liquidez somente no vencimento. Ou seja, trata-se de um produto de investimento com uma alta rentabilidade, porém com um prazo de contrato de curta duração, e uma liquidez baixa ou nula, pois só será permitido o resgate após o cumprimento do prazo de contrato.

Ainda sobre liquidez, você também encontra com facilidade no mercado financeiro opções em CDBs com rentabilidades próximas dos 100% do CDI com liquidez diária, podendo o seu investimento ser resgatado a qualquer momento como no caso da Poupança. E esta opção de investimento é muito usada para as reservas de emergência ou de necessidades, pois além de ter uma rentabilidade de certa forma satisfatória comparado à Poupança, poderá ser resgatada imediatamente após a ocorrência de alguma emergência que venha ocorrer.

Contudo, os CDBs não têm somente o CDI como indexador, há também opções de CDBs atrelados ao IPCA (que no caso desses dois últimos fazem parte da categoria pós-fixado) como também opções em prefixados e híbridos, como, por exemplo: um CDB que rende 3% prefixado ao ano + 100% do CDI e/ou um CDB que rende 4% prefixado ao ano + 100% do IPCA. Ou seja, há um leque enorme de opções e oportunidades de se investir em CDBs que podem facilmente se adequar a diversas estratégias de investimentos atreladas aos devidos objetivos de vida.

Veja agora no quadro abaixo alguns exemplos de opções de investimentos em CDBs comumente encontrados no mercado financeiro, contendo as principais premissas em seus respectivos contratos para melhor entendimento vosso.

TÍTULO	CDB DI SOL	CDB 1080 SOL	CDB PRE LUA	CDB IPCA LUA
EMISSOR	Banco "Sol"	Banco "Sol"	Banco "Lua"	Banco "Lua"
RENTABILIDADE	100% do CDI	106% do CDI	11,90% a.a.	IPCA + 4,50% a.a.
VALOR MINIMO	R$100,00	R$5.000,00	R$1.000,00	R$1.000,00
VENCIMENTO	2 anos	1080 dias	720 dias	5 anos
LIQUIDEZ	Imediato	No vencimento	Após 360 dias	No vencimento

Em relação as LCIs (Letras de Crédito Imobiliário) e LCAs (Letras de Crédito do Agronegócio), se trata novamente de investimentos típicos dos Bancos comerciais, que também os utilizam como mecanismos de captação de recursos. Porém, neste caso, os recursos captados são destinados para setores específicos, sendo para o setor imobiliário no caso das LCIs e para o agronegócio no caso das LCAs, com o intuito obviamente de fomentar e impulsionar os seus *businesses* nesses dois setores.

As LCIs e as LCAs, carregam os mesmos conceitos de rentabilidades como no caso dos CDBs, tendo opções de investimentos nas categorias pós-fixado (CDI e IPCA), prefixado e híbrido.

Sobre os prazos de contrato, também se assemelham aos CDBs, podendo os contratos serem encerrados na data de vencimento ou a partir do prazo mínimo preestabelecido em contrato, salvo uma diferença a qual se atrela a liquidez.

As LCIs e as LCAs têm como regra uma liquidez mínima de 90 dias, ou seja, todas as opções em Letras de Créditos terão sempre em seus respectivos contratos uma liquidez e um prazo de vencimento maior ou igual a 90 dias, logo, não há opções de LCIs e LCAs com liquidez diária.

Outra diferença relevante é que as Letras de Créditos NÃO possuem inserção de imposto de renda, como no caso dos CDBs e de outros títulos de renda fixa. Por essa razão, se vê, habitualmente, opções de investimento em LCIs e LCAs com rentabilidades contratuais um pouco abaixo comparada aos CDBs, justamente porque as Letras de Créditos não carregam esses descontos tributários. Por isso a necessidade de analisar com mais preciosidade as opções de investimentos disponíveis no mercado, para saber de fato quais estão oferecendo as melhores rentabilidades, sem desprezar, é claro, as outras premissas as quais aqui foram destacadas.

Vale ressaltar também que os impostos que são descontados nos investimentos de renda fixa são incididos somente sobre o lucro, e não de alguma forma sobre o valor investido.

De modo geral, essas seriam as principais informações referentes a investimentos em LCIs e LCAs. Por outro lado, eu também fiz questão de relacionar alguns exemplos de opções de Letras de Crédito encontradas no mercado, para que todas as informações aqui citadas também sejam transmitidas em formato ilustrativo.

TÍTULO	LCI DI 90 SOL	LCI DI 1080 SOL	LCI PRE LUA	LCA IPCA LUA
EMISSOR	Banco "Sol"	Banco "Sol"	Banco "Lua"	Banco "Lua"
RENTABILIDADE	88% do CDI	94% do CDI	10,50% a.a.	IPCA + 4,10% a.a.
VALOR MINIMO	R$100,00	R$100,00	R$1.000,00	R$1.000,00
VENCIMENTO	3 anos	3 anos	360 dias	9 anos
LIQUIDEZ	Após 90 dias	No vencimento	No vencimento	No vencimento

Agora vamos falar sobre Tesouro Direto.

Os investimentos no Tesouro Direto, que na verdade se trata de investimentos em títulos do Tesouro Nacional, possuem eles algumas funcionalidades que se diferenciam dos demais investimentos aqui citados. Mas antes, vamos entender como funciona a plataforma de negociação do Tesouro Direto e em seguida falaremos sobre as suas particularidades.

Para começar, é preciso dizer que o nome "Tesouro Direto" não se trata de um nome específico de investimento. Na verdade, o termo "Tesouro Direto" trata-se de uma espécie de plataforma que compõe todas as opções de investimentos dos títulos do Tesouro Nacional, e essa plataforma é administrada e controlada pela B3, que é uma das principais empresas de infraestrutura de mercado financeiro do mundo.

Atualmente, dentro do Tesouro Direto você encontra opções de investimentos atrelados à taxa Selic, IPCA e Prefixado, até aqui semelhante as opções de investimentos citadas anteriormente.

Logo, para melhor clareza das informações seguintes, eu relacionei na sequência os principais títulos de investimentos disponíveis na plataforma no Tesouro Direto, atualmente encontradas no mercado, assim permitirá de certa forma que você visualize as opções na prática no decorrer das minhas explicações.

- **Tesouro Selic:**

TESOURO SELIC 2024

TESOURO SELIC 2027

- **Tesouro Prefixado:**

TESOURO PREFIXADO 2024

TESOURO PREFIXADO 2026

TESOURO PREFIXADO 2031 (com juros semestrais)

- **Tesouro IPCA +:**

TESOURO IPCA+ 2026

TESOURO IPCA+ 2030 (com juros semestrais)

TESOURO IPCA+ 2035

TESOURO IPCA+ 2040 (com juros semestrais)

TESOURO IPCA+ 2045

TESOURO IPCA+ 2055 (com juros semestrais)

(*Vale ressaltar que os anos contidos em cada opção de investimento no Tesouro aqui citado foram considerados no período em que este livro foi escrito, tendo somente como principal intenção a exemplificação e o estudo)*

A propósito, esses anos contidos nos nomes de cada título de investimento do Tesouro Direto significam o ano que se encerra o contrato adquirido, variando obviamente a data que ocorreu a compra do título.

Em relação a informação "com juros semestrais", refere-se ao pagamento parcial dos rendimentos ao investidor em períodos semestrais, e não somente no final do contrato como no caso dos outros títulos. Porém, esta opção deve ser analisada de forma mais precisa, pois cada momento em que se recebe os devidos rendimentos, paga-se também os devidos impostos de renda que incidem sobre os lucros. E como se trata de prazo semestral, a alíquota que incide para este período é a máxima, de 22,50%, o que acarreta uma somatória maior de juros pagos até o final do contrato.

Sobre as regras de rentabilidade de cada título, funciona da seguinte forma:

O Tesouro Selic está atrelado à taxa Selic e acompanha também uma pequena taxa prefixada somada a ela, uma espécie de investimento híbrido, apesar desta taxa prefixada não ser relevante a ponto de descaracterizá-lo como investimento pós-fixado, já que a mesma fica na casa de 0,10% a 0,30% ao ano, aproximadamente.

O Tesouro Prefixado, como o próprio nome já diz, está atrelado a uma taxa fixa anual, sendo que após a compra efetuada de um determinado título, a taxa de rentabilidade é mantida até o final do contrato, mesmo que aquele título disponível no Tesouro sofra variações ou seja extinto.

Já o Tesouro IPCA+, todos eles são totalmente híbridos, sendo eles atrelados ao IPCA, mais uma taxa prefixada, como, por exemplo, um TESOURO IPCA+ 2045, com rentabilidade 100% do IPCA + 5,15% prefixado ao ano.

Sobre a diferença dos prazos dos contratos, isto é, o que diferencia um TESOURO IPCA+ 2026 de um TESOURO IPCA+ 2045, por exemplo, além do prazo de validade citado anteriormente, as opções de títulos com prazos mais longos possuem, na maioria das vezes, taxas prefixadas com rentabilidades maiores do que os títulos de prazos mais curtos, uma vez que o seu dinheiro investido ficará por mais tempo em poder do tomador do crédito que, neste caso, é o Tesouro

Nacional. Com isso, automaticamente, você fica exposto a imprevisibilidade do mercado por muito mais tempo, podendo você se beneficiar ou se prejudicar dependendo do que venha ocorrer com a macroeconomia durante o período. Porém, tudo isso é passível de análise pessoal, dependendo obviamente da sua estratégia e dos seus planos para o futuro.

Agora, vamos entrar na premissa mais importante quando se trata de investimentos no Tesouro Direto, o PREÇO.

Cada título do Tesouro possui um preço de negociação, ou seja, um preço unitário correspondente ao custo de 1 cota de um determinado título, havendo também a possibilidade de comprar essas cotas de forma fracionada, muito semelhante ao mercado de Ações. Este formato de negociação difere de todos os demais investimentos de renda fixa aqui citados, que trabalham com um valor mínimo de investimento, ou valores ilimitados, como é o caso da Poupança e alguns títulos de liquidez diária.

Se pegarmos como exemplo o TESOURO SELIC 2027, que atualmente está cotado a um preço unitário de RS 11.420,00, se você investisse hoje R$ 114,20 neste título (que se trata do valor mínimo de investimento atual), logo você teria 0,01 cotas. Ou, se investisse R$ 5.710,00, logo teria 0,50 cotas do mesmo, sendo que a cada novo aporte você aumentaria automaticamente a quantidade de cotas do mesmo, variando, obviamente, o preço médio de compra.

E É EXATAMENTE AQUI QUE ESTÁ O “X” DA QUESTÃO.

O preço dos títulos do Tesouro Direto sofre variações de acordo com o comportamento do mercado, e mesmo que você já tenha comprado um título por determinado preço, ele também oscilará de acordo com as novas cotações, muito semelhante ao mercado de renda variável. Na verdade, o que é fixo aqui, já que estamos falando de um título de renda fixa, é a rentabilidade contratada, mas o preço do título pode sim mudar. Por exemplo:

Vamos supor que você comprou R$ 1.000,00 em cotas do TESOURO IPCA+ 2035 por um preço de R$ 100,00 por cota, ou seja, você comprou 10 cotas desse título. A rentabilidade contratada foi de 100% do IPCA + 5,00% de taxa prefixada ao ano.

Muito bem, essa rentabilidade contratada não será alterada, somente o IPCA que oscilará por se tratar de um indexador pós-fixado. Já o preço da cota sofrerá variações diariamente de acordo com as cotações do mercado. Se o preço da cota passar a valer R$ 90,00, hipoteticamente falando, logo o seu investimento resultará em um montante de R$ 900,00, já que você possui 10 cotas do mesmo. Em caso contrário, se o valor da cota subir, indo para casa de R$ 110,00, o seu investimento também se valorizará, indo para um saldo montante de R$ 1.100,00, entendeu? E isso se chama MARCAÇÃO A MERCADO.

A marcação a mercado nada mais é do que uma atualização diária, seja nos preços de títulos do

Tesouro, quanto em produtos de renda variável, sendo que essas variações podem levar os preços tanto para baixo quanto para cima.

Em contrapartida, para investimentos em títulos do Tesouro Direto a marcação a mercado só acontecerá em caso de resgate antecipado do título, isto é, em caso de encerramento do contrato de investimento fora do prazo preestabelecido. Ao contrário disso, ou seja, se o prazo de contrato do título for cumprido até o seu final, a marcação a mercado simplesmente não existirá, e, com efeito, as variações que ocorrerem no preço do título durante todo o período de contrato não influenciarão no valor montante do seu investimento, assim como as rentabilidades contratadas, que ficarão todas inalteradas.

Posto isto, é possível então notar que a LIQUIDEZ contida nos títulos do Tesouro são todas passíveis de resgate imediato, não tendo como obrigatoriedade o cumprimento do prazo total de contrato antes estabelecido. Entretanto, ocorrendo de fato esse pressuposto, as rentabilidades prometidas serão automaticamente anuladas, uma vez que o contrato de investimento será literalmente interrompido, e a marcação a mercado, já que o tal investimento ficará exposto aos preços de mercado do momento presente, podendo a devida operação apanhar de lucros acima do esperado, como também de prejuízos significativos e da mesma proporção.

Sem contar também a inserção de imposto de renda, que certamente acontecerá no caso de uma operação acompanhada de lucros e os possíveis IOFs (Imposto sobre Operações Financeiras), que pode haver em qualquer tipo de investimento de renda fixa que seja resgatado em até 30 dias após a contratação do mesmo (exceto no caso da Poupança, que está imune a qualquer tipo de tributação, e das Letras de Crédito, por carregarem uma liquidez contratual mínima de 90 dias).

Sobre a tributação do imposto de renda para investimentos de RENDA FIXA, os percentuais dos impostos cobrados sobre os lucros variam de acordo com o tempo em que o contrato está ativo, uma espécie de tabela regressiva conforme mostrado abaixo:

TEMPO DE INVESTIMENTO	ALIQUOTA
Entre 0 e 180 dias	22,5%
Entre 181 e 360 dias	20,0%
Entre 361 e 720 dias	17,5%
Acima de 721 dias	15,0%

Já em relação a segurança de se investir em títulos de investimento de RENDA FIXA, devo citar e destacar o FGC, o Fundo Garantidor de Crédito. *O FGC constitui-se em uma associação civil sem fins lucrativos com personalidade jurídica de direito privado do Brasil, que administra um mecanismo de proteção aos correntistas, poupadores e investidores, permitindo recuperar até um limite máximo determinado os depósitos ou créditos mantidos em instituição financeira, em caso de sua falência ou liquidação.*

Atualmente, o FGC garante em tese ao investidor um valor máximo de R$ 1 milhão por contribuinte, sendo este um valor teto de R$ 250 mil por Instituição. Ou seja, se o contribuinte possuir investimentos nos Bancos A, B, C e D, de até R$ 250 mil, ele estará protegido, acima disso, não. Vale ressaltar que se trata de uma tese, pois caso haja uma quebradeira generalizada no sistema financeiro do País, provavelmente o Fundo Garantidor de Crédito não teria condições financeiras de ressarcir todos aqueles que se sentirem lesados por tal feito.

Em contrapartida, os investimentos do Tesouro Direto não têm essa proteção do FGC, pois, de certa forma, não precisam, já que o Tesouro Nacional é a fonte mais segura do País. Na verdade, é uma questão de lógica, se por acaso o Tesouro Nacional venha a "quebrar", todo o setor produtivo e financeiro do País possivelmente estaria na mesma situação ou até pior, tornando essa afirmação uma questão de coerência.

Vale lembrar também que quando o investidor aplica o seu dinheiro em um determinado ativo de investimento, quem se responsabiliza ou se responsabilizará pelo cumprimento do contrato, bem como o ressarcimento em caso de um possível calote, é o banco emissor do título e não a empresa que serviu de mecanismo da respectiva negociação.

Por exemplo, se você comprou um CDB do "Banco A", dentro da plataforma da "Corretora X", quem fica responsável por garantir o seu capital investido é o emissor “Banco A” e não a “Corretora X”. Em caso de calote, é o “Banco A” que deverá ser acionado para o devido ressarcimento, ou mesmo o FGC em caso de falência ou liquidação da empresa.

Agora, apresentado as principais informações e conceitos sobre investimentos em títulos do Tesouro Nacional, e da mesma forma que na apresentação dos conceitos básicos sobre CDBs e Letras de Crédito relatado anteriormente, eu também fiz questão de montar um quadro analítico exemplificando algumas opções de investimentos em títulos do Tesouro encontradas atualmente no mercado, contendo obviamente as principais informações de contrato e a variedade de opções de investimento da classe, aas quais todas foram mencionadas neste artigo.

TÍTULO	TESOURO SELIC 2027	TESOURO PREFIXADO 2026	TESOURO IPCA+2030 C/ JUROS SEMESTRAIS	TESOURO IPCA+2045
PREÇO UNITÁRIO	R$11.420,00	R$741,10	R$4.079,20	R$1.133.60
RENTABILIDADE	SELIC + 0,17% a.a.	11,53% a.a.	IPCA + 5,03% a.a.	IPCA + 5,48% a.a.
VALOR MÍNIMO	R$114,20	R$37,05	R$40,79	R$34,01
VENCIMENTO	5 anos	3 anos	8 anos	23 anos

Em síntese, estas foram as principais informações as quais achei fundamentais retratar sobre investimentos de RENDA FIXA, com priorização, é claro, das principais opções disponíveis atualmente no mercado. Diante disso, achei interessante organizar as premissas fundamentais correlacionadas a todas essas opções aqui apresentadas, para que assim fiquem mais bem expostas para maior entendimento vosso, além também para possíveis consultas futuras em caso de necessidade ou dúvida.

INVESTIMENTO	POUPANÇA	CDB	LCI eLCA	TESOURO DIRETO
GARANTIA (emissor)	Banco	Banco ou outra Instituição Financeira	Banco	Tesouro Nacional
PROTEÇÃO (FGC)	Sim	Sim	Sim	Não precisa
TIPO (indexadores)	Pós-fixado	Prefixado, Pós-fixado e Híbrido	Prefixado, Pós-fixado e Híbrido	Prefixado, Pós-fixado e Híbrido
LIQUIDEZ (resgate)	Imediato	Liquidez diária ou no vencimento	Liquidez após 90 dias ou no vencimento	Imediato (sujeito à marcação a mercado)
IMPOSTO DE RENDA	Não (isento)	Sim	Não (isento)	Sim
IOF	Não (isento)	Sim (resgate ≤ 30 dias)	Não (isento devido a liquidez)	Sim (resgate ≤ 30 dias)
TAXAS	Não	Não	Não	Taxa de B3 de 0,20% a.a. (isento para Tesouro Selic até R$10.0000,00)

Em fechamento deste capítulo, todas as informações alusivas a investimentos mencionadas neste terceiro artigo, bem como as particularidades contratuais que correspondem aos principais investimentos de RENDA FIXA e RENDA VARIÁVEL atualmente no mercado, foram expostas exclusivamente para fins didáticos e educacionais, somente com o intuito de auxiliá-lo a tomar as melhores decisões durante a fase de construção do seu patrimônio financeiro.

É claro que existem outras opções de investimentos que não foram citadas de forma mais abrangente, sendo as mais conhecidas: CRIs (Certificados de Recebíveis Imobiliários), CRAs (Certificados de Recebíveis do Agronegócio) e Debêntures, todos esses pertencentes a categoria de RENDA FIXA; como também: Fundos de Investimentos e ETFs (*exchange-traded fund* ou Fundo de Índice), pertencentes a categoria de RENDA VARIÁVEL.

Entretanto, os conceitos básicos e as premissas que envolvem todos eles estão relativamente atrelados ao conteúdo e as informações aqui apresentadas, é claro que cada um contendo as suas específicas particularidades.

Também é importante ressaltar que as informações aqui contidas sobre investimentos, trata-se exatamente de informações e conceitos <u>básicos</u>, apesar, é claro, de se referir às predominantes sobre o tema. Logo, para algumas pessoas este conteúdo será apenas "o mais do mesmo", justamente por não conter nenhuma novidade para elas. No entanto, não penses que estas sairão daqui sem levar nada em troca, pois na verdade, por trás de todo este contexto havia também uma grande oportunidade para testar uma de suas principais habilidades, a HUMILDADE. Então, se você considera que passou por esse teste com o devido êxito, digo-lhe que estais de fato no caminho certo, só continue a fazer o mesmo sobre todas as coisas e pessoas no decorrer da jornada.

Assim, todo este material didático em formato dissertativo que me propus apresentar contribuirá significativamente para o seu aprendizado e evolução, e não somente para sua vida financeira, mas também no pessoal e profissional, uma vez que todas essas áreas acabam se conectando de alguma forma quando se trata principalmente do assunto dinheiro.

Além do mais, o assunto educação financeira é de extrema importância para todos que buscam trafegar pelo CAMINHO DA FORTALEZA, pois é através dela que as pessoas passam a ter mais capacidade de proteger, de administrar e de multiplicar as suas economias em busca da concretização dos seus principais objetivos de vida.

Paralelo a isso também, tem a questão das aprendizagens relacionadas ao conceito principal da RENDA PASSIVA, que não é somente através do seu honrado e abençoado trabalho que proverá as suas recompensas que o levarão ao encontro dos seus objetivos, existe também um universo de oportunidades que o permitirão multiplicar as suas remunerações e consequentemente a alavancagem do seu progresso. Por justamente não depender unicamente da sua presença, do seu precioso tempo e de suas próprias ações operacionais, haja vista que a nossa saúde física não é, de maneira alguma, constantemente eficaz, muito menos eterna.

Por isso até, é de extrema importância, em meio a essa grande quantidade de motivação que o consome, que você considere a sua saúde como seu projeto de vida mais importante a longo a prazo, de modo que a sua situação financeira, estando ela consideravelmente sadia, controlada e bem-organizada, contribuirá imensamente para esta devida preservação.

Inclusive, uma vez você entrando na fase de colhimento dos frutos da RENDA PASSIVA, por exemplo, a sua qualidade de vida se beneficiará consideravelmente, já que a necessidade do trabalho físico diminuirá proporcionalmente ao aumento gradativo de suas recompensas. (Embora seja mais interessante reinvestir esses rendimentos, principalmente na fase inicial, para que no futuro essa replantação resulte em uma quantidade maior de frutos para o seu próprio consumo, ocasionando até a possibilidade de um desfruto de uma independência ou liberdade financeira, se estas forem, obviamente, algumas de suas principais intenções).

Logo, é importante orientá-lo que, caso você de fato siga por este caminho, tendo como principal estratégia receber os mágicos e transformadores DIVIDENDOS como renda passiva, é comum e provável que no início você sinta um certo desânimo ao ver os míseros centavos de rendimento caindo na sua conta bancária, considerando obviamente um capital inicial investido pequeno e modesto. Porém, fique você sabendo que essas pequenas recompensas contribuirão para sua ascensão eternamente mais do que você possa imaginar ou que o seu próprio poder financeiro é capaz de comprar.

A partir deles, você passará a dar tamanha importância a cada centavo gasto, já que agora você sabe exatamente o valor empírico necessário para gerar os mesmos centavos e reais que tanto foi para o ralo antes da implantação do seu processo de gestão financeira. Isso sem contar o efeito bola de neve que esses primeiros rendimentos farão na sua carteira de investimentos, pois, neste caso, a magia dos juros compostos trabalhão a seu favor fazendo com que os seus rendimentos se multipliquem a cada dia, a cada mês e cada ano que passa. Assim já dizia o "gênio" Albert Einstein: *"Os juros compostos são a oitava maravilha do mundo. Aquele que entende, ganha. Aquele que não entende, paga".*

Por fim, e mediante a todo conteúdo exposto neste capítulo, concluo então este importante e prazeroso episódio da seguinte maneira:

Se houvesse a necessidade de minha parte de sintetizar e destacar as principais lições contidas nos 3 principais artigos aqui dissertados, sendo eles: **RENDA ATIVA**, **GESTÃO FINANCEIRA** e **RENDA PASSIVA**, eu dividiria esta chamada em três pilares fundamentais para a consequência de uma excelente estrutura financeira:

Primeiro: trabalhar com afinco.

Em que sentido?

Mantenha-se constantemente concentrado em dar o melhor de si em seu trabalho principal; em caso de necessidade, adicione outras fontes de renda ativa para turbinar a sua receita mensal; atue em todos os seus trabalhos com determinação e foco em busca da concretização dos seus objetivos; e no caso de dúvida ou desapontamento, carregue consigo o seguinte pensamento em formato de regra: o melhor ativo da sua carteira de investimentos sempre será as remunerações derivativas do seu próprio trabalho.

Segundo: eliminar todos os tipos de sugadores de renda.

De que forma?

Comece pela implantação do hábito de controlar suas finanças mensalmente; enxergue o desperdício e os supérfluos e exclua-os da sua vida; viva sempre um degrau abaixo do que você ganha; elimine toda e qualquer tipo de dívida, de preferência, não as faça;

evite pagar juros desnecessários mesmo que sejam centavos, pois toda catástrofe financeira começa pela má administração daquilo que se considera insignificante.

Terceiro: faça o seu o dinheiro render.

De que maneira?

Comece pela implantação do hábito de poupar todos os meses; coloque essas reservas em um ativo seguro e de alta liquidez; monte suas reservas de emergência; trace uma meta financeira de longo prazo e a atrele aos seus objetivos de vida, assim você terá condições de se planejar em relação à vasta quantidade de oportunidades presentes no universo dos investimentos.

SEGUINDO POR ESTE CAMINHO VOCÊ TERÁ A TOTAL CAPACIDADE DE OBTER SAÚDE FINANCEIRA DURANTE TODO O PERCURSO.

> *"Se você não encontrar um jeito de ganhar dinheiro enquanto dorme, você vai trabalhar até morrer." Warren Buffett.*

CAPÍTULO DOZE

EQUILÍBRIO

Eu gostaria de iniciar este capítulo fazendo uma pergunta a você, leitor(a), a você que agora se tornou meu amigo ou minha amiga mesmo que seja uma intimidade através do pensamento e do compartilhamento de boas energias:

VOCÊ CONCORDA, QUE A SAÚDE É O NOSSO BEM MAIS PRECIOSO, DE TAL MODO A SER A PRINCIPAL PRIORIDADE EM NOSSAS VIDAS?

Pois é, normalmente todos nós temos esta convicção de que a saúde é o nosso bem mais importante, mas ainda que tenhamos esta certeza guardada conosco, na maioria das vezes respondemos esse tipo de pergunta de forma espontânea e superficial. Na verdade, a influência e a predominância da saúde em nossas vidas são ainda mais grandiosas do que possamos imaginar.

A saúde, cientificamente falando, *é um estado de equilíbrio dinâmico entre o organismo e seu ambiente, a qual mantém as características estruturais e funcionais do organismo dentro dos limites normais para sua forma de vida e para a sua fase do ciclo vital.* Ela, como um todo, é composta pela saúde física, mental, emocional, social, espiritual e profissional, isto é, tudo que nos dá a sensação de segurança, conforto, tranquilidade e disposição está relativamente relacionado a nossa saúde. Assim, podemos chegar a simples conclusão de que a nossa QUALIDADE DE VIDA possui uma grande parcela de contribuição em todos os estados de equilíbrio que compõe a nossa saúde por completa.

Já o que se trata qualidade de vida, por definição "*é o método utilizado para mensurar as condições de vida de um ser humano, bem como o conjunto de condições que contribuem para o bem-estar dos indivíduos em sociedade. Envolve o bem-estar espiritual, físico, psicológico e emocional, relacionamentos sociais, saúde, educação, poder de compra, habitação, saneamento básico e outras circunstâncias da vida. Ela manifesta uma síntese cultural de todos os elementos que determinada sociedade considera seu padrão de conforto e bem-estar. Não deve ser confundida com padrão de vida, uma medida que quantifica a qualidade e quantidade de bens e serviços disponíveis.*

Em resumo, a qualidade de vida é uma composição de diversos fatores qualitativos capazes de nos proporcionar de forma geral, tranquilidade, disposição e felicidade.

Todavia, é natural e um tanto quanto óbvio sabermos que a relação entre saúde e qualidade de vida NÃO se trata de uma regra de proporção exata, ou seja, ter uma boa qualidade de vida não garante necessariamente que o indivíduo tenha uma vida 100% saudável, ou que este mesmo seja mais saudável do que outro com situação oposta. Afinal, somos meros mortais e todos nós estamos sujeitos ao ciclo natural da vida: nascer, crescer, reproduzir, envelhecer e morrer, sendo que durante o percurso estamos expostos a acidentes, incidentes, homicídios, suicídios e doenças dos mais variados tipos.

Aliás, quantos casos já presenciamos de pessoas que tiveram uma trajetória de vida impecável em relação a cuidados com a saúde e bem-estar, e depois de um certo tempo passaram a viver uma vida composta por limitações e enfermidades? Tantos outros também de pessoas que dedicaram suas vidas fielmente ao trabalho e quando chegaram no momento do descanso e da aposentaria ficaram doentes ou perderam suas vidas num estalar de dedos?

Eu sei que este assunto causa um certo debate de opiniões entre as pessoas, mas é como eu disse no início deste livro, a vida é como um jogo de cartas, você precisará de uma porcentagem de sorte e outra de capacidade, quanto mais capaz você for, menos dependerá da sorte.

Neste caso, a capacidade está relacionada a sua qualidade de vida, na forma como você se porta em relação a preservação do seu bem-estar. Já a sorte, está relacionada a sua saúde ou as suas doenças, no caso, da falta delas. Por outro lado, o fato de você ser altamente capaz no jogo, isto é, depender de uma porcentagem mínima de sorte, não garantirá com exatidão a sua permanência na partida por um longo período. Os "seus adversários" poderão estar em um dia atípico de sorte de tal modo a liquidar a partida em um *All In* inesperado e inconcebível.

Apesar disso, o fato de a saúde não depender 100% de você, cuidar dela e do seu bem-estar é uma forma inteligente de adquirir mais capacidade para postergar a sua participação no torneio da vida. É como eu disse há pouco, somos meros mortais, todos nós vamos ficar doentes e morrer um dia, cabe a nós diminuir ao máximo esta parcela de "sorte" vivendo uma vida mais saudável e feliz por um período maior possível de tempo.

Equilíbrio é o segredo da vida

Após este breve resumo conceitual exposto, você é capaz de perceber que todas as ações que praticamos em nosso dia a dia, sejam elas na forma física, psicológica, emocional e até espiritual são produzidas automaticamente reações que impactam diretamente na qualidade da nossa saúde e do nosso bem-estar?

Pois é. Todas as ações que praticamos diariamente as quais escolhemos fazer parte da nossa rotina, modelam o formato do nosso momento presente e consequentemente definirá a qualidade do nosso futuro. A prática de exercícios físicos, a alimentação, o descanso diário, a qualidade no trabalho, a relação entre pessoas, a paz emocional e espiritual, o lazer, o entretenimento... todas essas praticidades estão diretamente relacionadas ao grau de benevolência que envolve o nosso bem-estar e a nossa saúde como um todo.

Nesse sentido, podemos também perceber que alguns de nossos estados de equilíbrio são mais fáceis de discernir do que outros, como, por exemplo a nossa saúde física. Todos nós estamos cansados de saber o que faz bem para o nosso corpo e o que não faz, o que é construtivo e o que é destrutivo para nós mesmos. No entanto, todos os estados de equilíbrio que formam a nossa saúde por completa, isto é, a saúde física, mental, emocional, social, espiritual e profissional, todas elas estão em total sintonia uma com a outra, de modo que cuidar bem de uma delas ou ignorá-la, dependo da maneira de como iremos conduzir, influenciará significativamente em todos os aspectos que dizem respeito a nossa SAÚDE propriamente dita. Desse modo, podemos chegar a simples reflexão de que cuidar bem do nosso corpo é cuidar bem da nossa mente, e cuidar bem da nossa mente é cuidar do nosso corpo e de todo o resto.

Veja como exemplo uma pessoa que tem o hábito de praticar exercícios físicos no período matutino, antes de iniciar a sua jornada diária de trabalho. Por mais que esta pessoa não perceba, esta simples atitude tomada por ela faz com que o seu dia seja alterado e remodelado em um formato altamente benevolente: a sua disposição física durante a sua rotina de trabalho passará a ser maior, fazendo automaticamente com que o seu desempenho profissional também aumente; a endorfina liberada pela prática dos exercícios causará sentimentos de prazer e bem-estar, podendo contribuir por um ambiente de trabalho mais leve e agradável; a sensação de dever cumprido, o famoso "hoje tá pago", também impactará no seu estado mental e emocional, ocasionando sentimentos de realização e felicidade; isso sem contar o óbvio, que se trata da sua saúde física que será melhorada significativamente. Ou seja, todos os estados de equilíbrio que compõe a saúde ou a qualidade de vida desta pessoa terão uma parcela de crescimento devido a praticidade deste hábito saudável.

O exercício físico aqui citado é somente um exemplo a ser analisado, o mais importante é entendermos definitivamente que toda escolha que fazemos em nossas vidas, automaticamente um efeito é causado e refletido em nós mesmos, isso significa que ter uma vida repleta de boas precedências é sinal de uma vida mais saudável em todos os aspectos na qual ela é formada.

Se você pegar este conceito analisado e transmitir para a sua vida profissional, por exemplo, você perceberá facilmente que o TRABALHO em si é uma das áreas mais afetadas por esta combinação de resultados sendo, na maioria das vezes, de forma negativa. Quantas e quantas vezes você passou por momentos terríveis em sua rotina de trabalho que o fizeram pensar em jogar tudo para o alto ou pegar uma metralhadora e sair atirando para tudo quanto é lado? Quantas e quantas vezes você já disse a frase *"hoje eu mato um"* em um dia pesado e estressante no trabalho? Muitas vezes não é verdade?

E um dia de trabalho tenso como esse (repleto de estresses, iras e preocupações) não acaba quando se finda o horário do seu expediente. Todos os sentimentos destrutivos gerados em um dia como esse permanecem em seu corpo em companhia no trajeto para a casa. Ao chegar em sua residência carregado dessas más energias, o restante do seu dia é facilmente derrotado, o seu ambiente familiar também sofre as consequências e a sua noite que deveria ser de paz e de descanso acaba se tornando mais um período turbulento.

Agora, imagine como será o seu próximo dia depois deste episódio? Imagine como será o restante da sua semana? Imagine como será a sua vida caso esse tipo de rotina persista por muitos e muitos anos? Como ficará a sua qualidade de vida durante todo o percurso? Como ficará a sua saúde quando chegar o momento da aposentadoria?

Essas perguntas são necessárias fazê-las a si mesmo para que possa refletir sobre tudo o que está vivendo atualmente. Você deve se perguntar se realmente vale a pena viver sempre no extremo do extremo, na busca constante e incessante de um topo que não tem a mínima significância, ou simplesmente no conformismo de uma rotina de trabalho desanimadora e ao mesmo tempo aniquilante.

Na verdade, esta falta de equilibro de prioridades só está subtraindo tudo aquilo que há de mais importante na sua vida, a sua saúde, o seu bem-estar, os seus sonhos, a sua felicidade...

Percebe, então, o quão é importante equilibrarmos a nossa vida em todos os seus aspectos a fim de tê-la com mais felicidade e tranquilidade? O quão é importante priorizarmos na maioria das vezes o bem-estar e a qualidade de vida para o bem da nossa própria saúde?

E mesmo que você já tenha se convencido disso, continuarei a dissertar o assunto para que não fique nenhuma dúvida em relação à matéria. Por esse motivo, vou trazer aqui a nossa querida matemática para nos assessorar nesse saudável conflito de pensamentos sobre a priorização da saúde e da qualidade de vida em nosso dia a dia.

"RESOLVA ESTE PROBLEMA":

Se um dia contém 24 horas, e normalmente as pessoas passam em média 8 horas do seu dia dormindo e outras 8 trabalhando, podemos afirmar então que 2/3 do nosso dia é destinado ao trabalho e ao descanso, correto? As últimas 8 horas que restam são destinadas a todos os hábitos diários os quais não fazem parte da categoria trabalho e descanso padrão, isto é, o tempo com a família, com os amigos, os momentos de lazer e entretenimento, a prática de hobbies, projetos pessoais, deveres etc. Se pensarmos que a expectativa de vida do brasileiro está atualmente na casa de 75 anos de idade, logo podemos afirmar que o brasileiro passa em média 50 anos da sua vida trabalhando e dormindo. Assim, podemos concluir então que restarão 25 anos de uma vida inteira destinados a esses momentos de "relaxamento", isso sem levar em conta todos os trabalhos domésticos os quais todos nós sabemos que se trata de outra batalha diária. Se considerarmos, os 25 anos restantes destinados a esse "reabastecimento de boas energias", se transformarão em 20 ou 15 anos fácil, fácil.

Então veja, se de uma forma geral passamos mais de 50 anos de nossas vidas trabalhando e dormindo, por que então não darmos importância a essas duas áreas com mais precisão? Por que não priorizarmos uma rotina de trabalho mais leve e mais agradável a fim de transformar esta categoria em momentos mais desejáveis? Por que não priorizarmos o nosso bem-estar e a nossa qualidade de vida a fim de termos dias mais felizes e noites de sono mais tranquilas?

E ainda que tenhamos a consciência do rebalanceamento, ainda assim teremos um pouco menos de 1/3 do nosso tempo de vida destinado a esses momentos de prazeres, imagine agora se NÃO tivermos esta sapiência?

Consegue agora perceber quanto tempo da sua vida foi desperdiçado simplesmente por você não ter dado a devida importância para os tais segmentos?

Quanto tempo da sua vida foi registrado como infeliz, quando na verdade ele poderia ter sido incrível, agradável e produtivo?

Lembre-se, o segredo é ter equilíbrio em todos os aspectos da vida. Todos nós precisamos aprender a dosar a quantidade de tempo para cada segmento, devemos dar mais importância para as coisas mais simples da vida, necessitamos relaxar mais e se importar menos, saber equilibrar o pouco do muito e assim por adiante. Pois quando nos descontrolamos e bagunçamos nossas vidas em relação ao trabalho, ao descanso e aos desejos pessoais, o nosso corpo adoece, a nossa mente desapodera e a nossa qualidade de vida juntamente com a nossa felicidade, entram em decadência.

Uma coisa é você lutar com todas as forças e com todas as ferramentas disponíveis em busca dos seus objetivos, com consciência, sabedoria e perseverança. Outra, é você viver uma vida bagunçada, descontrolada e sem nenhuma direção, acabando com a sua saúde, com a sua felicidade e se distanciando das pessoas que mais querem desfrutar da sua existência.

Eu sei que muitas vezes ficamos limitados e impedidos de usufruir um pouco mais deste último terço de tempo de nossas vidas, devido às obrigações e as dificuldades que fazem parte do cenário de vida em que vivemos. Sabemos que muitas vezes não há opções disponíveis para passarmos um tempo a mais com a família ou realizar com mais frequência atividades que nos proporcione mais felicidade por carregar conosco uma grande dependência de uma pesada rotina na qual necessitamos cumprir e honrar.

No entanto, apesar disso tudo, eu acredito que sempre haverá uma brecha de oportunidade em meio a uma montanha de deveres a ser explorada, um pequeno espaço de oportunidade para diminuir um pouco do que judia e aumentar proporcionalmente aquilo que nos satisfaz. Mesmo que muitas vezes a face da mudança pareça assustadora, mesmo que o resultado de cada progresso pareça minúsculo ou imperceptível, sempre haverá uma chance disponível para reconstruir um novo cenário para as nossas vidas.

Com pequenos avanços extraídos da disciplina e da determinação, ao longo do tempo uma vida pode ser radicalmente transformada, proporcionando aos seus respectivos integrantes usufruir de mais sorrisos e menos aborrecimentos durante os seus percursos.

Muitas pessoas neste mundo afora não veem seus filhos dando os primeiros passos de vida, não estão com eles no primeiro dia da escola, não sabem com quem seus filhos andam no período da adolescência, não sabem o que eles mais gostam de fazer, o que os deixam felizes, quais são os seus sonhos... e quando se dão conta do tempo que passou, os filhos já cresceram, ficaram adultos e toda aquela magia da criação dos filhos foi desperdiçada.

Eu sei que se trata de um texto forte e constrangedor para algumas pessoas, mas é preciso ser dito, para que não exista de maneira alguma a hipótese de você cair nessa lamentável ilusão, caso você tenha outras opções disponíveis em suas mãos.

No início da nossa vida adulta, na fase de construção e estruturação familiar, podemos até priorizar uma alta remuneração, por exemplo, a fim de garantir um futuro mais tranquilo a nossa família. Mas desde que tenhamos inteligência e disciplina para reprogramarmos nossas vidas em busca de mais qualidade. Não podemos carregar esse peso por toda vida. Não podemos deixar a nossa ambição tornar-se grande demais a ponto de ser destrutiva. Não podemos nos iludir por meros números e quantitativos, deixar o ego e a vaidade nos manipular a ponto de perdemos a nossa própria visão, pois o arrependimento futuro será inevitável e o tempo perdido será a nossa penitência perpétua.

Warren Buffett (o maior investidor do mundo) disse a seguinte frase: *Ter dinheiro sem tempo é inútil. Ter tempo sem dinheiro também é inútil.* Ou seja, não podemos ultrapassar a linha entre o trabalho doentio e a zona de conforto exagerada, não podemos sair por aí como doidos visando lucros e lucros e esquecermos dos verdadeiros tesouros que temos na vida. Do mesmo modo que não podemos deixar a procrastinação e a preguiça roubar as nossas forças e a nossa capacidade de conquistar tudo aquilo que sonhamos. Nenhum dos extremos são benéficos. Manter o equilíbrio entre a ambição e a qualidade de vida é fundamental para adquirirmos riqueza em todos os seus aspectos.

Na verdade, a vida lhe cobrará constantemente este equilíbrio, quer você queira ou não. Se você passar do ponto, logo levará uma rasteira. Se você se acomodar, logo será atropelado pelas obrigações. Resta saber se você quer lutar no caminho da sua própria FORTALEZA ou passar a vida toda apanhando e sofrendo por viver em total desiquilíbrio.

Outra dádiva que necessitamos tê-la sob a nossa companhia se tratando de felicidade e prosperidade é a PAZ INTERIOR. A paz interior nada mais é do que a conservação da saúde espiritual, emocional e psicológica no melhoramento da nossa qualidade de vida, sem ela é praticamente impossível alcançar a plenitude da prosperidade.

Inclusive, acerca disso, se neste momento presente você estiver em meio a execução de um projeto de vida, seja um projeto pessoal ou profissional, e de certa forma este mesmo está tirando a sua paz lhe trazendo angústias e preocupações, garanto a você que este projeto NÃO tem viabilidade na sua vida, principalmente se a razão for o dinheiro.

A sedução por uma alta remuneração no início te enganará lhe proporcionando ilusórios sentimentos de ânimo, satisfação e felicidade. Mas no decorrer dos dias você depositará em seu corpo pequenas fagulhas de infelicidade causadas pela baixa qualidade de vida, e chegará o momento em que você se dará conta de que aqueles sentimentos se transformaram em desânimo, insatisfação e tristeza. E quanto mais tempo essas energias daninhas perdurarem em seu corpo, virão até você as doenças como sinais de emergência pelo seu esgotamento físico e emocional, e será neste momento que você perceberá a real importância da qualidade de vida na conservação da sua saúde.

Aquele alto salário que você tanto priorizou já não é capaz nem de mantê-lo saudável, que dirá proporcionar lazer e conforto a você e a sua família. Os seus objetivos de vida já não têm mais nenhuma importância, pois mantê-lo vivo no jogo passará a ser forçadamente a sua principal prioridade.

Por outro lado, é necessário entender e se atentar aos paradigmas criados pela mente humana que transformam a imagem do dinheiro como algo pejorativo. O dinheiro em si absolutamente não é o problema, o problema é o desiquilíbrio de prioridades estabelecido durante a execução dos nossos projetos, sem levar em conta os sentimentos destrutíveis e as atitudes diabólicas as quais muitas pessoas constroem em busca dele. Além do mais, se você tratar o dinheiro como algo ruim, como achas que um dia alcançará a sua prosperidade em função das coisas que o dinheiro é capaz de proporcionar?

Enfim, se você está se sentindo sufocado, estressado e preocupado na execução de um determinado projeto, sendo o dinheiro, a principal razão que o faz continuar com o tal empreendimento, afirmo a você que está trabalhando de graça, pois o valor financeiro pago a você no último dia do mês já se tornou insignificante, simplesmente porque você deixou de lado uma das principais e necessárias prioridades da vida, o EQUILÍBRIO. No começo, você pode até achar que esta frase não tem fundamento, mas depois de um certo tempo você entenderá, de uma maneira muito triste, a comprovação da sua autenticidade.

Saúde versus Trabalho

Bom, agora que expus praticamente tudo aquilo que eu gostaria de dizer em relação aos conceitos sobre saúde, qualidade de vida e a importância do equilíbrio na construção da sua PROSPERIDADE, gostaria de aproveitar o momento para fundir a prática e a teoria em relação a tudo que foi apresentado neste capítulo.

Na segunda parte do livro, onde abordamos os principais assuntos relacionados à TRANSFORMAÇÃO de vida, eu pude aproveitar o momento para expor o resumo da minha vida relatando as mais importantes experiências que vivenciei. E em meio a esses relatos, precisamente no capítulo no sete (O Trabalho Engrandece), eu comentei brevemente sobre a perda do meu amigo Felipe, que era um dos meus parceiros de trabalho na "Construtora Blue" no ano de 2016. E neste momento eu gostaria de compartilhar com mais detalhes este episódio, relatando exatamente como tudo aconteceu. Na verdade, eu separei propositalmente esta passagem por se tratar de uma situação que está diretamente ligada não só em relação a saúde e a qualidade de vida, como também ao assunto principal desta trama, o EQUILÍBRIO.

Em 2016, quando decidi sair do meu emprego na "Construtora Blue" para atuar como profissional liberal, recebi muitos conselhos de amigos, familiares e colegas de trabalho sobre os prós e contras em relação a minha decisão. O principal alerta seria em relação ao termo "trocar o certo pelo duvidoso", afinal, eu estava saindo de um bom emprego, ganhando um bom salário e possuindo uma certa estabilidade financeira para me aventurar em um modelo de trabalho de renda variável, com poucas perspectivas de mercado e uma projeção futura totalmente incerta.

Entretanto, na minha visão, o meu emprego na "Construtora Blue" não era tão diferente daquelas instáveis projeções em que eu estava me metendo, até porque o setor de atuação da Construtora se tratava de execução de obras públicas e com contratos firmados através de licitações de menor preço. Ou seja, o "cliente" da "Construtora Blue" na verdade era o próprio governo, sendo que, naquele período de 2016, o Brasil estava passando por uma das piores crises política da sua história, em meio ao impeachment da então Presidenta da República, Dilma Rousseff, e sob a companhia de um cenário mercadológico totalmente pessimista. De fato, esta realidade também se tratava de um fator determinante na viabilidade dos meus planos, pelo menos na minha concepção.

É claro que o motivo maior para eu encarar tais mudanças seria a intenção de melhorar a minha qualidade de vida, eu não estava mais feliz naquele lugar, eu me sentia sufocado o tempo todo e percebi que aquele modelo de trabalho já não dava mais para mim, eu precisava mudar aquela realidade pelo bem da minha própria saúde. Até porque, eu já tinha conquistado alguns objetivos pertencentes ao meu planejamento de vida que me davam condições de seguir em frente com aquela decisão.

Em meio a este hiato, várias coisas estavam acontecendo simultaneamente na minha vida: a construção da nossa casa estava entrando na fase final de obras; minha esposa e eu estávamos planejando os detalhes da nossa festa de casamento; o financiamento da casa da minha Mãe estava em fase de conclusão; fora todos os meus planos profissionais que estavam sendo pautados constantemente no meu dia a dia. Logo, aquele turbilhão de emoções envolvendo aquele importante ponto de inflexão da minha vida me conduziu a enfrentar de forma descontrolada um obstáculo já muito conhecido por mim, a ansiedade.

Por se tratar de um dos vilões da minha FORTALEZA, a ansiedade tomou conta da minha mente mais uma vez. A pressa para concretizar aqueles objetivos o mais rápido possível transformou o meu ambiente de trabalho em um verdadeiro calvário. Em vários momentos me senti como aquele "prisioneiro de uma noite" citado no início do livro, só que no meu caso cada dia parecia uma nova sentença.

Em meio àquela angústia e aflição, também somada a uma pequena porcentagem de receio para encarar tal feito, o destino deu o ar da graça de forma totalmente irônica com um acontecimento diretamente relacionado à saúde e à qualidade de vida.

No dia 20 de julho de 2016, exatamente um mês antes da minha saída da "Construtora Blue", perdi meu *brother* e companheiro de trabalho, Felipe Fagundes Weinert, que faleceu precocemente aos 33 anos de idade justamente no dia em que se comemora o Dia do Amigo. O Felipe sofria com as dificuldades causadas pela obesidade e o sedentarismo, mas o resultado deste triste acontecimento não foi por conta somente deste fator contribuitivo. Na verdade foi um conjunto de fatores diretamente relacionados a sua própria qualidade de vida que fez com que ele partisse de forma prematura. Se introduzirmos este fato à analogia que citei anteriormente sobre sorte e capacidade, posso dizer que o Felipe dependia mais da sorte do que da sua própria capacidade se tratando do jogo da vida, mas em relação a valores pessoais como caráter, bondade, simpatia e irmandade, o danado tinha mestrado e doutorado no assunto.

A real causa da sua morte foi devido às complicações causadas por uma pneumonia mal curada, que comprometeu seus pulmões de forma irreversível. E digo mal curada porque um mês antes deste ocorrido, o Felipe precisou se ausentar do trabalho (depois de muita resistência do mesmo) para tratar um forte resfriado que evoluiu para esse quadro pneumônico. Mas antes mesmo de estar 100% curado da doença, o Felipe retornou as suas atividades profissionais motivadas principalmente pelo seu comprometimento e preocupação em relação as suas obrigações.

Contudo, pouco tempo depois do seu regresso, ele começou a apresentar os mesmos sintomas de algumas semanas atrás, e cada dia que passava, a sua condição física piorava. Apesar disso, ele resistia aos cuidados com a saúde e dava prioridade as suas obrigações em relação ao trabalho.

Eu vendo o meu amigo naquela situação, ofegante e visivelmente debilitado, aproveitei a oportunidade que o diretor da "Construtora Blue" visitaria a obra naquele dia e lhe fiz uma pergunta um tanto quanto intimidante:

– Felipe, se eventualmente o Diretor da empresa chegasse hoje até você e o demitisse, o que seria da sua vida daqui para frente?

E ele me respondeu com um olhar surpreso:

– De certa forma eu aceitaria e continuaria a minha vida normalmente.

A minha estratégia deu certo e assim contra-ataquei:

– Isso mesmo, a sua vida continuaria. Então por que você ainda está aqui? Você não está nada bem.

Vá se tratar, fique 100% e depois você volta às atividades, até porque você estando saudável o seu rendimento no trabalho será maior. Priorize a sua saúde neste momento, pois caso você não fizesse mais parte do quadro de funcionários da Construtora, a obra continuaria da mesma forma e a empresa permaneceria do mesmo jeito.

Aquela conversa entre dois amigos surtiu efeito, o Felipe sentiu o choque de realidade e naquele mesmo dia fez as malas para cuidar da sua saúde na capital Paulista, cidade na qual ele residia. Porém, esta atitude tomada por ele ocorreu no dia 19 de julho de 2016, sendo que vinte quatro horas depois desse nosso diálogo ele faleceu. Infelizmente já era tarde demais para tal feito e só o que resta de lá para cá é a saudade, as boas lembranças e as lições que a vida nos deu em relação àquela batalha perdida.

Como convivi ao lado do Felipe durante aquele período de "Construtora Blue", pude acompanhar literalmente de perto suas limitações devido à obesidade e senti na pele o que muitas pessoas passam quando querem ajudar alguém que necessita de socorro e a mesma não corresponde com aceitação e cooperação. É uma sensação de impotência e ao mesmo tempo de angústia, pois no fundo todo mundo sabia que aquilo ali não acabaria bem.

A morte desse meu amigo mexeu comigo, afinal, dividíamos a mesma sala de trabalho, morávamos no mesmo apartamento e dividíamos o mesmo quarto, realmente foi o estopim para eu largar tudo aquilo e virar a página da minha vida de uma vez por todas.

E assim fiz, conforme relatei nos capítulos anteriores.

Esta nova fase da minha vida de fato não foi nada fácil, mas eu sabia disso o tempo todo. Eu sabia que não bastava eu pisar o pé para fora da "Construtora Blue" que tudo na minha vida se tornaria lindo e maravilhoso. Pelo contrário, eu tinha a consciência de que estava saindo de uma fase estabilizada para entrar em uma nova completamente instável e incerta. Praticamente eu tinha de ralar tudo novamente para construir o meu nome no mercado de trabalho, só que agora de uma forma diferente. Na verdade, eu estava lutando justamente por aquelas brechas de oportunidades sob uma montanha de deveres para mudar a minha realidade, eu estava disposto a enfrentar o que fosse para adicionar uma porcentagem maior de qualidade e felicidade em minha vida.

E de fato foi um início desafiador, eu bati de porta em porta em construtoras e imobiliárias em busca de parcerias de trabalho, encarei todo tipo de serviço voltado à engenharia e construção que aparecia pela frente, desde os mais intensos aos menos remunerados, e, inevitavelmente, neste período eu passei por vários momentos de sufoco financeiro.

Contudo, em nenhum momento eu pensei em desistir ou que havia tomado a decisão errada, pelo contrário, aquela mesma convicção positiva que senti quando decidi mudar de vida no período de separador de lixo, eu também senti naquele momento, era somente mais um ponto de inflexão que eu estava vivenciando. A única diferença é que, graças as minhas experiências passadas, eu tinha também ali a total convicção de como transformar todos aqueles objetivos profissionais em realidade.

Eu sabia que os resultados esperados dependiam unicamente das três principais características que compõe a força do trabalho: **a determinação, a dedicação e o foco**, eu seguindo este passo a passo as conquistas se tornariam uma questão de tempo, como de fato foi. As coisas foram se encaixando e tudo foi dando certo, aos poucos fui eliminando os trabalhos menos remunerados e os que me proporcionavam menos qualidade de vida. E com esta organização e disciplina, fui reconstruindo a minha vida no formato em que eu havia planejado alguns meses atrás.

Se foi o que havia de melhor para a minha vida, isso já não cabe a mim responder, somente o Cara lá de cima é quem tem essa resposta. Só sei que naquele momento tudo que foi planejado, foi conquistado, pois segui à risca todo o passo a passo comentado e contido neste livro.

E olha como é a vida, pouco tempo depois de eu ter tomado a decisão de sair da "Construtora Blue" em 2016, um ano e meio depois deste ocorrido para ser mais exato, recebo a notícia de que a obra em que estávamos trabalhando foi embargada por questões ambientais e políticas, o que acarretou a empresa demitir 70% dos seus funcionários, e praticamente tudo aquilo que vivíamos pouco tempo atrás foi extinto. Fiquei triste de certa forma pelos meus colegas de trabalho, pois eles ficaram sem emprego e foram embora para suas cidades não por opção, e sim por necessidade. Por outro lado, tive a certeza naquele momento de que havia feito a coisa certa e que minha maneira de pensar mediante aquele cenário prevaleceu.

E por coincidência ou não, na mesma semana que escrevi estas memórias, recebi uma mensagem de um grande amigo que convivia e trabalhava comigo naquela equipe de trabalho dizendo o seguinte: "*Preciso descansar e sair deste ritmo de trabalho que estou vivendo, quero construir a minha família. A minha intenção é trabalhar fixo na minha cidade e melhorar de vida. Você fez a coisa certa e hoje vejo você como um exemplo.*"

Confesso que fiquei muito feliz por essas palavras, pois considero meu amigo Jonas como um verdadeiro *brother,* e torço muito para que ele realize todos os seus objetivos de vida. Inclusive, naquela equipe de 2016, o Jonas e eu morávamos em um apartamento juntamente com o nosso saudoso amigo Felipe, e juntos formávamos o "Trieto Fantástico" (uso esse termo devido a uma promoção do *Mc Donald's* da época que vinha três minis super-heróis de brinquedo. Na verdade se trata da Liga da Justiça, mas "Trieto Fantástico" soou melhor para esse nosso time). Em alguns momentos de descontração, dizíamos que o Felipe era o Batman, eu o Superman e o Jonas a Mulher Maravilha...kkk, inclusive tenho esses bonequinhos guardados até hoje, estão expostos na estante do meu escritório como símbolo de boas recordações. Trabalhar no trecho também tinha suas vantagens, fiz muitos amigos durante este período e guardo muitas boas lembranças em meu coração.

Não sei se esta última resenha era realmente necessária, mas quis colocá-la em exposição para demonstrar a você, leitor, que sim, faz bem para a alma relembrar de bons momentos vividos com pessoas amadas, mas quero que você entenda e leve em consideração como ponto mais importante: a saudade se torna a pior das opções quando se tem em mãos a possibilidade do encontro presente.

Considerações pessoais

Devo ressaltar mais uma vez que as decisões que tomei para minha vida são decisões particulares, condiz somente com os meus planos de vida e os meus desejos pessoais. O fato de eu ter saído do trabalho convencional para trabalhar como profissional liberal sempre fez parte dos meus planos, sem contar que o ramo de atividade que faz parte da minha profissão é mais propício atuar como profissional liberal em cidades menores. Enfim, cada pessoa carrega consigo os seus próprios objetivos pessoais e profissionais, e independentemente da profissão ou da área de atuação, o importante é trabalhar sempre com honradez e se sentir feliz naquilo que está fazendo.

Inclusive, todos os meus trabalhos anteriores foram extremamente importantes na minha vida e sou muito grato a todos eles. O fato da mudança não caracteriza necessariamente que uma coisa é melhor do que a outra, o ponto de vista do analista é quem determina o que de fato faz bem para ele mesmo, levando-se em conta os seus próprios desejos pessoais e a etapa de vida na qual se encontra. Hoje na sua vida o plano B pode ser melhor do que o A, mas amanhã o plano B poderá já não fazer mais sentido a ela, ocasionando assim o surgimento dos planos C, D, E, ou até a retomada do plano A com alguns ajustes devido a sua experiência adquirida durante o percurso. Isso explica o significado da palavra EVOLUÇÃO.

Os cenários da vida real mudam constantemente, por isso não podemos ficar estacionados nos mesmos pensamentos ou acomodados de certa forma após alcançar determinados objetivos na vida. Na verdade, temos que viver intensamente em prol dos desejos do nosso momento presente e, com passar do tempo, ir se moldando em relação às aprendizagens que a vida nos impõe. Aliás, o que me garante que terei um futuro melhor seguindo por esta trilha? O que me garante que serei mais feliz seguindo por esse caminho ao invés do outro? Meu amigo, nesta vida somos meros aprendizes e o futuro só a Deus pertence.

Portanto, não se molde em função do outro, trace seus objetivos em função dos seus próprios desejos e vá em busca da sua felicidade. Só não se esqueça de que durante o trajeto, os desafios serão inevitáveis, os ajustes em relação aos seus planos de vida serão necessários, mas o que será determinante para a conquista da sua felicidade e prosperidade é a implantação da plenitude do EQUILÍBRIO, pois este, sim é simplesmente o segredo dessa porra toda.

A REDENÇÃO

Os sonhos e planos os quais escolhemos fazer parte de nossas vidas representam, na maioria das vezes, uma significância para a nossa própria existência, além de servir como um guia turístico onde o lugar paradisíaco ao qual estamos visitando é justamente a preciosa vida que nos foi minuciosamente concedida por Deus.

Não apenas alegrias e diversões, muitas vezes durante o percurso nos sentimos insatisfeitos e incompletos por alguma situação, seja em nosso ambiente de trabalho, em nossa residência ou na própria sociedade em que vivemos. E esses sentimentos danosos, na maioria das vezes, são justamente derivações e consequências da nossa própria falta de objetividade.

Muitas pessoas no presente momento não sabem exatamente distinguir o que de fato as motivam a acordar cedo todos os dias, quais os prêmios, quais as gratificações, o que pretendem arrecadar com tamanha labuta que possa fazer sentido a realização dos seus devidos confrontos. Talvez a única razão seja somente o fato de sobreviver, sustentar pessoas e pagar boletos, embora talvez nem sejam de fato razões, mas sim alguns fáceis argumentos que as impedem de crescer e progredir na vida.

Como resultado, toda essa hibernação leva a impaciência, a insatisfação, ao abatimento e a infelicidade, afetando não somente o seu estado físico e mental, como também o relacionamento com o colega ao lado, com o seu cônjuge, com os seus filhos, com os seus pais, e até mesmo com a sua própria aceitação humana, abrindo espaço e oportunidade para introdução de vários comportamentos e decisões que poderão levar à destruição de uma família, de uma carreira ou de uma vida.

Contudo agora, bem sabemos que toda essa situação desagradável pode ser de certa forma facilmente revertida através da nossa própria capacidade, da nossa própria inteligência e sabedoria para transformar uma matéria-prima com pouca qualidade em uma autêntica e espetacular obra de arte, simbolizada por uma vida repleta de realizações, prosperidade e felicidade.

E tudo isso é resultado de uma mente inabalável, de uma força indomável e de uma sabedoria de vida que não se vê fim, assim como bem vimos na Equação da Prosperidade exibida no prefácio desta obra, que nos leva, consequentemente, A CAMINHO DA FORTALEZA.

Acerca disso, devo admitir também que a FORTALEZA do ser humano não tem linha de chegada, o nosso corpo pode sim ter limitações, mas a nossa mente, que se trata da ferramenta de trabalho mais importante do nosso corpo, não tem limites.

Não existe uma capacidade finita quando o assunto é sonhar, desejar, querer e acreditar, menos ainda quando se trata de capacidade, força, habilidade e inteligência humana.

Desse modo, fica praticamente impossível nós seres humanos alcançarmos o cume daquilo que somos capazes, pois sempre estaremos aptos a irmos mais além de onde já chegamos.

Na verdade, o que diferencia uma pessoa feliz e realizada de uma outra com realidade relativamente oposta é justamente a quantidade de passos dados no caminho da sua própria FORTALEZA, que nada mais são do que os níveis de empoderamento cravados em suas mentes correspondentes a frequência da praticidade da fé, da gratidão, da humildade, da disciplina, da determinação, da dedicação, do foco, do trabalho, dos níveis de força e sabedoria extraídas das suas adversidades, da capacidade do autodescobrimento, da missão, do sentido, do significado, do propósito...talvez pareça muita coisa a ser feita, talvez pareça ser extremamente difícil alcançar e vencer todas essas etapas da vida, mas tudo dependerá de como cada um reagirá ao ver os buracos existentes na estrada que lhe pertence.

Quanto mais formos capazes, quanto maior for o avanço em cada segmento aqui exposto, maior será a nossa capacidade de prosperar, de vencer, de superar, de progredir... e assim, maior será também a nossa FORTALEZA, que nos levará às premiações e conquistas as quais pretendemos alcançar, independentemente se estas forem dinheiro, qualidade de vida ou uma medalha de honra ao mérito pendurada no pescoço.

Obviamente que muitas situações acontecerão no meio do caminho: frustrações, ilusões, erros, equívocos... assim como você também tem razão em pensar que é humanamente impossível planejar-se para uma vida de forma estupenda, exata, precisa... sim, concordo. A questão é chegar mais próximo do ideal, com objetivos claros, coerentes, com a total convicção de que tudo aquilo é o que você realmente pretende e é o que mais importa na sua vida.

É como um casamento entre duas pessoas: ambas de fato criam um amor puro e verdadeiro a ponto de terem a total convicção de que ambas nasceram uma para outra. Logo, bem sabemos que nem todos os casamentos se mantêm perpetuamente, e isso não tira a autenticidade das convicções que ambas obtiveram no início.

Da mesma forma os nossos objetivos de vida. Por mais que sejam minuciosamente bem planejados e projetados, eles podem perfeitamente não vingar, e isso não transforma o fato em uma total incoerência de informações, já que falamos tanto neste livro sobre preparação, planejamento e programação. É uma questão até de autoconsciência, de experiência de vida, de sabedoria para entender que somos pequenos demais perante o maior Gestor deste universo que planeja perfeitamente tudo o que há de melhor para as nossas vidas.

E é aqui que entra também a importância da praticidade da gratidão, do autodescobrimento, do equilíbrio, e de todas as outras capacidades as quais formarão a nossa gigantesca e necessária FORTALEZA, que nos guiará, nos protegerá e nos condicionará a alcançar tudo aquilo que desejamos, com menos aborrecimentos, menos frustações, e tudo no menor tempo possível.

Aproveite também o teórico planejamento de vida que elaboramos neste livro, implante este conceito na sua vida e crie objetivos de curto, médio e longo prazo que o levará ao encontro de tudo aquilo que deseja. Não perca mais tempo criando empecilhos e obstáculos que o impedem de crescer e evoluir. Não fique estacionado reclamando e questionando a vida por qualquer coisa, olhe em sua volta, analise o que tem feito ultimamente para mudar a sua realidade. Desperta-te, levanta-te. Pois da mesma forma que a raiz da prosperidade está em suas boas atitudes, esses maus hábitos ocultos em uma postura vitimista é a grande praga que destrói a sua própria fotossíntese.

Chega de viver por viver, de simplesmente trabalhar para pagar contas, ficar sem dinheiro e repetir todo o processo torturante perpetuamente, a vida é muito mais do que isso. Insira na dramaturgia da sua vida real novas experiências, novos integrantes, novos cenários, novos protagonistas que contribuirão para transformar a sua vida incrivelmente prazerosa e feliz. E não somente numa sexta-feira quando se livra do trabalho que mais parece uma prisão, e não somente uma vez no ano quando sai de férias com a família e quando sai, e não somente quando se aposenta aos 40 minutos do segundo tempo acompanhado de uma situação financeira insuficiente para entregar uma qualidade de vida que tanto foi esperada..., mas sim e, necessariamente, em todos os dias da sua magnífica e abençoada VIDA, porque é exatamente isso que você merece, SER FELIZ todo santo dia.

Por tudo, não deixe de acreditar na importância da sua existência, tampouco na imensa FORTALEZA que existe dentro de ti, pois quando você se desmotiva ou desiste da luta, automaticamente você se apequena diante do que está em redor e, consequentemente, a sua chance de vitória também morrerá na companhia conjunta da sua fé.

Não há mais tempo a perder, lute com todas as suas forças e faça tudo com muito amor, pois quando você escolhe essas alternativas na vida, o arrependimento futuro simplesmente não existirá, e muito em breve você perceberá que a medalha de honra ao mérito sempre esteve pendurada em seu pescoço.

Um Engenheiro, formado pela UNIFEB da cidade de Barretos no ano de 2013, que saiu da função de separador de lixo para a conquista dos seus principais objetivos de vida, e que descobriu, através da escrita, uma forma de transformar vidas e pessoas em função da maneira de agir, de pensar, de viver e de se planejar em busca de tudo aquilo que se pretende.

Pai, marido e empresário, Odair também é dono e criador do projeto "FILHOS QUE POUPAM", presente nas principais redes sociais, como Youtube e Instagram. Em função da criação do seu filho Artur, aborda temas que contribuem para um futuro com menos endividamentos, menos preocupações financeiras e, principalmente, com mais princípios e valores na vida de filhos, que um dia pais se tornarão.

www.youtube.com/filhosquepoupam

instagram.com/filhosquepoupam